产业融合发展促进乡村振兴的路径研究

常 颖 著

东北大学出版社

·沈 阳·

ⓒ 常　颖　2023

图书在版编目（CIP）数据

产业融合发展促进乡村振兴的路径研究 / 常颖著
. — 沈阳：东北大学出版社，2023.4
　ISBN　978-7-5517-3236-9

　Ⅰ．①产…　Ⅱ．①常…　Ⅲ．①乡村—农业产业—产业
发展—作用—农村—社会主义建设—研究—中国　Ⅳ.
①F323

中国国家版本馆 CIP 数据核字（2023）第 052933 号

出 版 者：东北大学出版社
　　　　　地址：沈阳市和平区文化路三号巷 11 号
　　　　　邮编：110819
　　　　　电话：024-83680176（总编室）　83687331（营销部）
　　　　　传真：024-83687332（总编室）　83680180（营销部）
　　　　　网址：http://www.neupress.com
　　　　　E-mail: neuph@neupress.com
印 刷 者：抚顺光辉彩色广告印刷有限公司
发 行 者：东北大学出版社
幅面尺寸：185 mm×260 mm
印　　张：11.75
字　　数：255 千字
出版时间：2023 年 4 月第 1 版
印刷时间：2023 年 4 月第 1 次印刷
策划编辑：刘桉彤
责任编辑：白松艳
责任校对：刘桉彤
封面设计：潘正一

ISBN　978-7-5517-3236-9　　　　　　　　　定　价：48.00 元

前　言

新时代，在乡村振兴的大背景下，乡村产业振兴无论在内容、结构与布局，还是在组织或功能方面都迫切要求农村产业走融合发展的路子。在当前乡村振兴战略提出的背景之下，中国乡村在发展与建设过程中应当探索多业融合、共生发展的发展模式，促进农村一二三产业的深度融合。基于此，加强乡村产业振兴，实现对农村现有产业的有效整合与利用，是乡村产业融合发展的重要途径。农村地区要大力推进产业综合改革，推动农村产业融合发展，重点支持农业科技创新，加强农业基础设施建设，促进农村在产业融合发展道路上越走越好、越走越宽。

本书是产业融合发展促进乡村振兴的路径研究方向的著作。本书从农业产业融合概述入手，针对产业融合的理论基础、农业产业融合的内涵与类型、农业产业融合的动因和形成机制、产业融合促进现代农业发展的经济效果进行分析研究；此外对农村一二三产业融合的理论及乡村振兴背景下新型农业发展路径、旅游业发展路径、生鲜电商发展路径、特色农产品发展路径做了一定的介绍；还剖析了乡村振兴背景下农村职业教育发展路径、城市化场景下的乡村振兴之路等内容。主题明确、结构合理、内容全面，对于研究产业融合发展促进乡村振兴的路径具有重要的现实意义，对乡村振兴背景下的产业融合提供了一定的参考。

在本书的策划和编写过程中，参阅了国内外大量有关文献和资料，从其中得到启示；同时也得到了有关领导、同事、朋友大力支持与帮助。在此致以衷心的感谢。本书的选材和编写还有一些不尽如人意的地方，加上著者学识水平和时间所限，书中难免存在缺点，敬请同行专家及读者指正，以便进一步完善提高。

本书为山东省社会科学规划党的创新理论与实践问题研究专项"山东省农业新动能培育机制研究"（20CDCJ03）的阶段性研究成果。

著　者

2023年2月

目 录

第一章
农业产业融合概述

第一节　产业融合的理论基础

◆〉一、产业融合的基本内涵

产业融合是指不同产业或同一产业的不同行业，通过相互渗透、相互交叉、产业重组等方式最终融为一体，逐步形成新产业的动态发展过程。20世纪70年代以来，信息技术和互联网的发展促进了产业融合的发生。产业融合经过萌芽酝酿、探索实践等历程，已经成为产业经济发展的新趋势。国内外学者从不同视角对产业融合现象进行了界定。

（一）技术视角

产业融合的研究最早是从技术视角展开的。美国学者罗森伯格在对美国机器工具产业演化历程进行研究时发现同一技术向不同产业扩散的现象，并把这种现象定义为技术融合。即产品功能和性质完全无关的产业，因采用通用技术而导致的独立化过程称为技术融合。此后，相关学者对产业融合的研究均沿用了罗森伯格的技术融合的思路。也有学者从产品视角出发，将产业融合定义为采用数字技术后原来各自独立产品的整合。

（二）产业视角

日本学者植草益认为，产业融合就是通过技术创新和放宽限制来降低行业间的壁垒，加强各行业企业间的竞争合作关系。美国学者格林斯坦认为，产业融合是为了适应产业增长而发生的产业边界的收缩或消失。欧洲委员会的标准化绿皮书认为，产业融合是指产业联盟和合并、技术网络平台及市场三个角度的重合。国内学者认为，产业融合是高新技术产业作用于传统产业，使得两种产业或多种产业融为一体，形成一种新的产业。

（三）市场视角

融合是消除市场准入障碍和产业界限后，各分离市场的汇合与合并。融合型产业出现萌芽状态后，这种融合是否成功乃至能否持续下去需要经过市场的检验。对于市场而言，需要达到相应的收入弹性条件和生产率上升条件，该产业才具有市场潜力。

◆ 二、产业融合方式

产业融合会以不同的方式演进，最终将促成整个产业结构的合理化，并构建出融合型的新产业体系。产业融合方式主要有以下四种。

（一）渗透型融合

产业渗透融合发生在具有一定技术和增长率落差的产业之间，往往是高新技术产业向传统产业不断渗透，提升传统产业的发展水平，加速传统产业的高技术化，如生物芯片，计算机、通信和媒体的三网融合。

（二）替代型融合

替代型融合指具有相似特征及功能的独立产品或服务，在共同的标准元件束或集合中得以替代整合的过程。替代型融合的产生需要满足两个前提条件：一是融合的产品之间具有相似的特征及功能，是可替代产品；二是这些产品之间具有共同的标准元件束或集合，如电子商务。

（三）延伸型融合

延伸型融合即通过产业间的延伸赋予原有产业新的附加功能，使其具有更强的竞争力，形成融合型的产业新体系。延伸型融合通常是在原本各自独立的产品已经具有互补关系的情况下发生的，所以，也可以称为互补型融合。延伸型融合通常发生在产业链自然延伸或拓展的部分，更多地表现为服务业向第一产业和第二产业的延伸和渗透，如农产品加工业等。

（四）重组型融合

重组型融合指原本各自独立的产品或服务在同一标准元件束或集合下通过重组完全结为一体的整合过程。重组型融合通常发生在具有紧密联系的产业或同一产业内部不同行业之间，通过重组型融合而产生的产品或服务往往是不同于原有产品或服务的。如农业内各子产业的融合、农业与上下游关联产业的融合等。

◆ 三、产业融合的过程

（一）产业融合的条件

1. 技术融合

技术创新是产业融合现象产生的内在驱动力。产业技术革新开发出了替代性或关联性的技术、工艺和产品，可以对传统产业进行渗透，从而改变原有产业的技术路线及产业经营的内容和形式。同时，由于这些产业技术的互联性和互换性加强，彼此之间的交叉和融合加速，从而改变了产业的竞争与合作关系。但技术融合并不一定意味着产业融合。技术融合出现以后，企业需要调整原有的产业发展战略，整合企业的物质、技术、人力和管理资源，在技术创新的基础上，积极开展新业务，努力提高企业的核心竞争能力。

2. 企业融合

企业融合是指不同产业系统中的企业主体在进行并购或战略联盟等互动的过程中，逐步向对方领域扩散，使得不同产业和企业的经营业务内容向同一个方向汇合。产业融合的结果是改变了企业之间的竞争和合作关系，提高了整个产业的运作效率。由于融合而形成的竞争、协作、合作的范围涉及信息产业、制造业和服务业等领域，这种新型的关系不仅是由于产业间行业障碍降低而出现的产业协作关系，而且是更为激烈的竞争关系。企业通过多元化战略可以加强相关产品知识的积累，从而为未来产品的创新奠定基础。但多元化并不是目的，企业从事多元化业务并不能够直接促进产品的融合，只有把多种产品知识整合到一个独立的产品中，才能促进产品融合，进而促进产业融合的产生。

3. 产品融合

产品融合是指不同产业产品通过模块整合或替代等设计活动而引起的产品功能的统一。产品融合按照产品的有形性或无形性可以分为实体产品融合与服务产品融合。产品融合的结果是产生融合型产品。随着不同产业系统相互作用的增强，融合型产品越来越多，产品融合对于促进产业系统的演化发展有着重要的影响，一旦融合型产品出现，就会反过来促进原有系统中的技术、企业、市场等各子系统的演化与发展。因此，可将产品融合或融合型产品的创新看作产业融合产生的重要标志之一。

4. 市场融合

技术融合和业务融合应以市场融合为导向，市场融合是产业融合得以实现的必要条件。只有创造出足够的需求，才能实现技术融合和市场融合的价值。在市场融合的过程中，企业应建立新型的竞争合作网络，以实现资源共享，降低市场融合的风险。

总之，不同方面的融合都是产业融合过程的体现，只有把这些方面整合起来，才能构成产业融合的整体内容。因此，从这个视角看，产业融合的外延也是产业融合的构成要素。正是因为这些不同要素之间的互动，促进了产业融合的发生与实现。

从市场经济视角分析，产业融合是供给和需求两个方面有效对接的产物。具体而言，技术融合和企业融合是市场从供给方面为产业融合做的准备，而市场融合、产品融合是产业融合在需求方面的条件。

(二) 产业融合的过程

从微观上看，产业融合的发生，经历了技术融合到产品融合，再到市场融合，最后达到产业融合，这是一个逐步实现的过程。具体而言，产业融合分为以下三个阶段。

第一阶段：不同产业分立阶段。当不同的产业分立时，存在进入和退出壁垒，即产业之间存在着各自的边界。

第二阶段：不同产业由分立走向融合阶段。技术创新在不同产业之间的扩散导致了技术融合，技术融合逐渐消除了不同产业之间的技术性壁垒，使不同产业形成了共同的技术基础。

第三阶段：产业融合阶段。原先分立的产业拥有相同或相似的技术基础，为消费者提供相同的或相似的产品，出现产业边界模糊化，产业融合趋势形成。

第二节　农业产业融合的内涵与类型

◆〉一、农业产业融合的内涵

狭义地讲，农业产业融合就是同一农业经营主体在从事农业生产的同时，在同一区域从事同一农产品加工流通和休闲旅游，进而分享农业增值增效收益的经营方式。广义地讲，农业产业融合是各类经营主体以农业为基本依托，以资金为纽带，以创新为动力，通过产业间的相互渗透、交叉重组、前后联动、要素聚集、机制完善和跨界配置，将农村一二三产业有机整合、紧密相连、一体推进，形成新技术、新业态、新商业模式，带动资源、要素、技术、市场需求在农村的整合集成和优化重组，最终实现产业链条和价值链条延伸、产业范围扩大、产业功能拓展和农民就业增收渠道增加的经营方式。

综合国家发展改革委、农业农村部、专家学者对农村一二三产业融合内涵的解读可知，农村一二三产业融合发展指的是以农业为基本依托，以产业化经营组织为引领，以利益联结为纽带，通过产业联动、要素集聚、技术渗透、体制创新等方式，将资本、技术及资源要素进行跨界集约化配置，使农业生产、农产品加工和销售、餐饮、休闲及其他服务业有机地整合在一起，使得农村一二三产业紧密相连、协同发展，最终实现农业产业链延伸、产业范围扩展和农民增收。

社会化大生产决定了产业间相互制约、相互促进的关系。在农业产业融合中，第一产业是基础，第二产业是水平，第三产业是引领。一方面，农业为二三产业发展提供产品基础；另一方面，第二产业通过对农产品的加工、特色农产品开发等，促进第一产业的种养业和第三产业的餐饮业、住宿业、旅游业等的发展。第三产业的现代服务业、休闲旅游业的发展，促进了农业产业升级，增强了种养业和农产品加工业的发展后劲。

二三产业通过为农业发展提供产品或服务，推动了自身与农业的融合；与此同时，农业产业的融合发展拓宽了二三产业的服务空间，提升了自身技术水平和能力。因此，农业与二三产业的融合，也是农业、第二产业、第三产业发展与共赢的过程。产业融合体现了二三产业对农业发展的支撑力，也成为农业对二三产业的拉动力。

农业产业融合要以农业为基础，以农产品加工业为带动，以现代服务业为支撑，释放农业发展潜能，培育经济发展"新增长点"，同时，提升现代农业品质，大力发展"文化创意+"等产业，构建多类型的农业产业融合体系。

◆〉二、农业产业融合的类型

产业融合以不同的方式演进，最终将促成整个产业结构的合理化，并构建出融合型的新产业体系。本书梳理了现有产业融合相关文献，总结出以下几种农业产业融合类型。

（一）重组型融合

重组型融合指农业产业内融合。农业内部种植业、养殖业、畜牧业等子产业在经营主体内或主体之间建立起产业上下游之间的有机关联，形成相互衔接、循环往复的发展状态。其典型业态是低碳农业、循环农业等。

（二）渗透型融合

渗透型融合集中表现为现代生物技术、信息技术、航天技术等高新技术向农业领域渗透、扩散，进而引起农业生产方式和经营管理方式的变革。其典型业态是生物农业、精准农业、智慧农业、植物工厂、农产品微电商等。

（三）交叉型融合

交叉型融合指拓宽产业链，构建多功能产业体系。交叉型融合是通过开发、拓展和提升，使农业具备生态休闲、旅游观光、文化传承、教育体验等多种功能，进而与文化、旅游、教育等产业交叉融合，最终带动与农业多功能性相关的消费需求扩张，提升农业发展的增值环节和空间。其典型业态包括观光休闲农业、创意农业、会展农业等。其中，观光休闲农业体现了农业与旅游业的融合，创意农业体现了农业与文化创意产业的融合，会展农业体现了农业与商务、教育产业的融合。

（四）延伸型融合

延伸型融合指产业链的延伸，即以农业为中心，向产前和产后延伸链条，进而把种子、农药、肥料供应，以及农产品加工、销售等环节与农业生产连接起来。农产品加工业是农业向第二产业的延伸，农业生产性服务业则是第三产业向农业的延伸。

第三节　农业产业融合的动因和形成机制

◆ 一、产业融合"钻石模型"四要素分析

"钻石模型"是由美国战略管理学家迈克尔·波特提出的，用于分析一个国家某种产业为什么会在国际上有较强的竞争力。波特认为，决定一个国家某种产业竞争力的要素有四个，即生产要素，需求条件，相关与支持性产业，以及企业战略、结构和同业竞争。此外，还存在政府与机会两个辅助变量。"钻石模型"的每个要素都可单独发生作用，同时，每个要素都会对其他要素产生影响。机会和政府是通过对某一产业的四个要素产生影响来对产业竞争优势起作用的。

（一）技术创新

技术创新是技术融合的原动力。技术创新是推动产业结构升级最活跃、最积极的因素，也为农业与服务业价值链上高度相关部分的断裂、分解、重组提供了内在动力。以信息技术、生物技术为代表的现代技术创新，使服务业与农业边界的技术渗透扩散成为可能。技术上的融合，促使服务业与农业的技术壁垒逐渐消失，使不同产业形成共同的技术基础，并使产业间的边界趋于模糊，最终带动产品融合、市场融合、业务融合，乃至产业融合。

技术创新推动产业高端发展。在经济活动中，各产业之间存在广泛的、复杂的和密切的技术经济联系，这种联系使产业融合成为可能。而现代服务业具有的高新技术、现代管理方法、经营方式及组织形式等方面的优势，恰恰是现代农业产业链发展中最为重要和最为活跃的环节；现代农业创造价值的过程，也是现代服务业实现其创新理念或创新模式的物化过程，符合服务业赢得效益的需要。创新内容成为新的经济增长点，推动新兴产业的出现，推动着产业的进步。

（二）消费需求变化

消费需求变化影响服务业的市场空间。在市场经济条件下，需求的动力是产业发展的源泉，进而决定着政府经济政策走向。随着分工的深化和技术的进步，农业生产服务需求也在发生变化。因为农业固有收益率不高、人口老龄化加速和城镇化使农业劳动力流动性加大，所以农业生产更需要专业化服务及良种、化肥、农药、市场信息的及时提供。同时，城市生活水平的提高、少子化和人口老龄化、文化气息浓厚等因素影响着消费者需求，使地方与特色旅游、各类户外休闲运动需求增加，精神消费需求增加，便捷高效服务需求增加。相对于第一产业而言，服务业更具有需求收入弹性，市场需求变化将更多地向服务业转移，消费需求的增长也将带动服务业比例的上升。

消费经济实力决定产业的独立性。根据新制度经济学的观点，专业化分工产生的服务收益大于分工产生的交易费用，那么分工就会持续。服务"内部化"向服务"外部化"演进的内在机制就是服务收益大于成本，且这一优势能长期保持。基于这一理论，专业化服务能为农业生产需求持续提供"服务商品"的前提条件是，农业生产者必须有一定购买能力从外部专业市场购买生产者服务，且这一能力足以支撑农业服务成为一个独立于农业生产的产业而生存和发展。消费经济实力影响着服务业的产业规模、市场空间和发展前景。消费者有闲暇时间和足够的支付能力购买农业体验及服务化活动，才能促使农业生产提供更多服务性商品。根据经济学的原理，比较高的收益率、边际成本等于平均成本、边际成本等于边际收益，是农业服务业发展的必备条件，农业服务经营的收益水平只有在社会生产的平均利润之上，才能够促进农业服务业发展，其劳动生产率才可能达到社会劳动生产率的平均水平，农业服务业才能步入现代化，达到发展的目的。

（三）社会分工程度

随着社会进步和经济发展，社会分工的专业化需求成为推动农业服务业发展的本质。随着农业生产力水平的提高，农业生产专业化分工逐步细化、市场化水平不断提高，农业生产过程被分解为一个个专业化的节点。各节点生产效率的提高，不能仅从农业自身技术进步考虑，还应该考虑在农业生产中融入更多的生产性服务作为中间投入因素，以实现农业生产方式和组织方式的变迁，这便是我们通常所说的农业产业软化，即在农业生产过程中从市场购买更多的服务作为中间性投入要素。服务作为一种生产要素投入到农业中，可以促进农业分工的进一步细分，提高农业生产效率，从而带动整个农业的产业化和市场化，提高农产品的市场竞争力和农民的收入。

（四）价值链高度相关

根据迈克尔·波特的基本价值链理论分析可知，农业基本价值链是由种植、生长、施肥、收获、销售组成的，其中，从种植到收获统一归为农业生产价值活动。农业辅助活动则包括研发、采购、销售、农产品初加工、培训和质量管理等，这部分活动由农业生产和服务业共同创造价值。从产业耦合视角看，农业与服务业共同创造价值的环节具有高度线性相关性，这些环节为服务业与农业的融合奠定了基础。随着社会分工的扩展，原来由生产者提供的服务，转而由专门机构向消费者或生产者提供，或消费者和生产者有偿使用由专门机构提供的服务。因为服务活动本身具有商品属性，所以为农业提供的各种社会服务也是一种"商品"。在分工的基础上，产业链条上的产前及产后的农业良种、技术、农机作业、养殖业的饲料加工供应、优良种苗及防疫治病等环节，可以由专业的服务机构提供，价值链条上相关部分的服务需求和供给分离开来，使专业化、社会化、现代化的服务发展成为可能。

（五）企业协同竞争

在分工的基础上，农业和服务业面临着竞争带来的严峻挑战。在整个农业现代化的发展过程中，农业和服务业都需要不断探索如何实现利润最大化和保持长期的竞争优势。由于专业化分工，现代农业产品创造的价值链可分解为一系列互不相同但又相互关联的增值活动。在价值增值环节方面，农业生产组织可能在某一环节有优势，但在另一些环节上，服务企业可能有优势。竞争可以使资源得到合理配置，例如，农业生产价值创造辅助活动，如研发、采购、销售、加工是可以外包的，而服务业在这些环节具有比较优势，可以创造更多价值。农业服务外包衍生了更多的就业机会，生产、技术、物流、信息、经营管理、电子商务等服务组织被聚集起来，最终形成了新的产业形态。

（六）政府政策导向

规范和限制放松消除了产业融合壁垒。政府政策对产业融合的影响主要表现在，一些宏观调控措施或制度促使农业与服务业价值链断裂分解为散落的价值链条，然后价值链条再重新进行交叉、重组、整合，形成新的产业形态。不同管理主体有着不同的利益追求，当不同产业分别由不同管理主体进行管制时，不同产业之间存在着各自的边界和进入壁垒，导致产业系统的封闭和产业结构的稳定。因此，政策在一定程度上决定了产业的结构形态。美国学者施蒂格勒认为，在严格的政府经济性规则下，进入壁垒是新企业进入过程中比旧企业多承担的成本。规范和限制直接决定了生产性服务业进入市场的难易程度和机会，如果在政策、资源与行动上能得到政府的支持，那么服务业发展速度、市场结构及竞争能力将会发生巨大变化。因此，要通过产业融合实现产业结构升级，就需要放开一些制度限制，允许更多的市场主体加入这些产业当中。

激励政策促进产业融合。政府可以增加必要的激励政策，促使服务业加入农业竞争中，使服务业价值链活动与农业价值链活动相互配合，从而逐渐促进生产性服务业与农业融合。例如，创造良好的投资环境，引导集体、个人投资；国家给予支持，财政资金、信贷资金和其他各种资金都相应提高投入比例。政府要强化多元市场主体发展格局，促进服务业企业数量和规模的增长。在融合过程中，政府应关注服务业与农业的发展动态，把握技术创新和技术融合对服务业与农业融合的影响，同时实行监管融合。

◆ 二、产业融合的动因和内在机制

根据"钻石模型"可知，产业融合主要改变了生产要素、需求条件、相关与支持性产业，以及企业战略、结构和同业竞争这四个因素，从而形成了各自的优势。产业融合的动因就在于单个产业或企业不具备的却由产业融合带来的一系列发展优势。

（一）创新驱动要素条件变化是产业融合的技术动因

要素在产业间的竞争优劣态势，必然影响基于追求效益最大化的企业的行为。而在开放的产业系统中，要素、信息的自由流动，必将通过融合将原有产业资源禀赋带来的比较优势或比较劣势弱化，最终形成相对稳定的新型产业形态。在产业融合发展过程中，技术创新发挥了重大作用。20世纪70年代以来，产业融合成为全球产业发展的重要趋势，其主要原因就在于各个领域发生的技术创新和扩散，以及各种创新技术的整合。各企业通过创新、引进和学习新技术，对本产业的技术进行改造，并与自己原有的技术相融合，创造出新工艺，开发出新产品。技术创新能快速适应和影响市场需求。在信息化快速发展的时代，要素在企业间自由流动、集聚与分散，使不同产业或同一产业不同部门之间形成了共同的技术基础，并使不同产业间的边界趋于模糊，最终促进产业融合现象的出现。企业通过要素的融合，实现优势要素的强强联合，实现了"1+1>2"的目标；而非优势要素则借助其他产业优势，让产业效益和竞争力得到提升。

（二）国内市场需求变化是推动产业融合的消费动因

国内市场需求结构的变动对于产业结构的变动有着巨大的影响。生产的最终目的是满足市场需求，生产结构或者产业结构必须服从市场需求的中间产品的数量和结构。从发展趋势上看，市场消费需求将越来越多样化、综合化和高级化，这必然带动产业结构向多层次和高层次升级。细分的国内市场需求变化，给原有产业的产品或服务带来了新的市场需求，为企业提供了更大的市场空间，从而使企业在竞争合作战略方面做出调整，改变投资结构、投资方向和规模；市场需求的变化又进一步促进了产品的创新，进而影响生产要素使用的价格差异和关联产业变化。

（三）企业合作竞争压力和追求范围经济是产业融合的企业动因

合作竞争理念源于经济全球化和信息化。在经济全球化和信息化将时间紧密联结在一起的背景下，企业必须面对产品寿命周期不断缩短、顾客忠诚度降低、顾客消费个性化回归等现代市场环境特点。传统的建立在产业分工基础上的独立经营竞争优势失去了生存的环境，合作竞争成为企业竞争的新模式，竞争使企业个体保持了足够的发展动力。合作又使企业与合作方优势互补，企业能最大限度地进行功能调整以提升自身的竞争优势。企业与消费者、企业与生产资料供应商、企业与其他相关群体的合作竞争关系变化，影响了关联产业价值链条的重新组合、要素条件优劣态势变化、市场需求结构变化等，进而发展出新的价值传递链和网络中心，使传统产业的边界变得模糊甚至消失，从而完成产业融合过程。

范围经济是指扩大企业提供的产品或服务的种类所引起的经济效益增加的现象，最根本的内容是以较低的成本提供更多的产品或服务种类。不同产业中的企业为追求范围经济进行了多元化经营、多产品经营，企业通过技术融合创新改变了成本结构，降低了生产成本，通过业务融合形成了差异化产品和服务，通过引导顾客消费习惯和消费内容实现了市场融合，最终促成了产业融合。

（四）关联产业交易成本变化是产业融合的利益动因

由于产业与产业之间存在着互为投入产出条件、互为技术支持的互动优化关系，所以某一产业与上下游其他产业的密切联系程度、产业链和价值链各环节之间的竞争关系，决定了该产业竞争力的可持续性。同时，产业间的技术经济联系是动态的，随着技术的发展，有些本来不存在密切关联的产业会产生关联，有些旧的关联可能被新的关联替代。

利益诉求是企业行为的主要驱动力，合理的利益分配能够调动各方积极性。在信息化背景下，企业通过将原本分立的价值链部分全部实现融合，也就是产业链的纵向或横向联合，使关联产业经营主体建立新的利益联结机制，从而降低关联产业的开发、交易成本，来快速响应多变的、个性化的消费需求。关联产业之间的协作，改变了部门间生产技术联系的中间产品直接消耗，联结方式、关联程度等也出现了一系列变化，从而形成了不同的产业关联特征。融合后的产业比原有产业具有更高的附加值和更大的利润空间，使新型产业形态得以形成和维持稳定。

（五）政府放松管制是产业融合的制度动因

政府并不能凭空创造出有竞争力的产业，只有通过引导"钻石体系"其他要素发展才能做到。政府的作用是为产业和企业的发展提供良好的环境，而非直接参与企业经营活动。对于生产要素，政府需要加大教育投资，与企业共同创造专业性强的高级生产要素。关于竞争，政府需要鼓励自由竞争，严格执行反垄断法。政府对经济的另一大影响措施是政府采购，在这一点上，政府可以扮演挑剔客户的角色，这对国内企业产业升级和技术创新尤为重要。随着社会发展，政府的作用越来越重要，政府管制的放松使得其他相关产业的业务加入农业产业竞争中，从而逐渐走向产业融合。

（六）经济信息化、服务化发展是产业融合的机会

经济的信息化、服务化趋势带来的机会是产业融合发展的外在动力源泉。外部需求、经济、社会等环境的变迁，牵引企业发展。在工业经济时代，物资和能源是重要资源，物质流是产业之间联系的主导方式，产业信息传递主要靠实物。进入信息经济和服务经济时代，产业之间以信息流、服务流为基础联结方式，改变了传统以物质流为基础的产业联结方式。信息的适用性、精确性、时效性、易用性和可获得性等属性得到充分发挥，使用价值大大提高，信息的共享性被各行为主体广泛利用。当前，信息资源、信息技术和信息运行平台在整个产业经济中发挥着重要作用，信息化促进了经济、社会等环境的变迁，成为牵引产业融合化发展的重要力量。

第四节 产业融合促进现代农业发展的经济效果

◆ 一、农业产业融合发展的理论解释模型

现代农业发展实践中的纵向及横向产业融合，意味着更多资源在市场需求引导下向农业和涉农产业部门流动，资源在农业和涉农产业部门产生了更高的配置效率，实现了更多的价值增值。同时，价值增值可分为纵向上的价值增值和横向上的价值增值。现代农业产业融合发展的理论解释模型（图1-1），从融合的纵横方向、融合的纵横目标、融合的最终目标三个维度建立。纵轴与横轴表示融合方向，纵轴表示农业产业化发展路径的纵向产业融合，横轴表示多功能农业发展路径的横向产业融合；纵向、横向的双向箭头表示融合的纵横目标，纵向的双向箭头表示农业产业链的纵向延长，横向的双向箭

头表示农业产业链的横向拓宽，加粗的斜线表示融合的最终目标，即形成既长又宽的块状农业产业链。

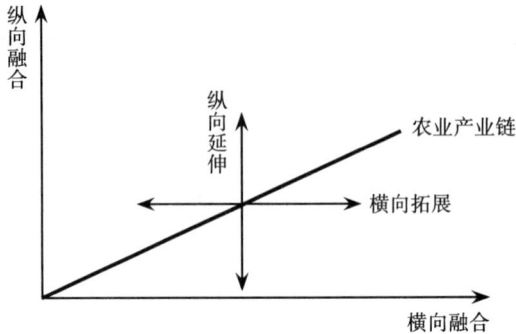

图1-1　现代农业产业融合发展的理论解释模型

（一）纵向上

农业链条单个环节的利润率较低，且受农产品价格周期性波动的影响较大。农业产业化可以增加农业的纵向价值增值环节，延长农业产业链。农业产业化以市场为导向，以加工企业或合作经济组织为依托，以广大农户为基础，以科技服务为手段，将农业再生产过程中的产前、产中、产后诸环节联结为一个完整的产业系统，是实现种养加、产供销、农工商一体化经营，引导分散的农户小生产转变为社会化大生产的组织形式。农业产业化往往以某种农产品为中心，构建农业产前、产中和产后的纵向产业组织关联，形成完整的农业市场化产业链，同时，通过工业、服务业技术及其产业化成果在农业部门的广泛应用，增加农业产前、产中和产后各环节的增值机会和增值空间，延长农业产业链。农业产业化发展目标是从纵向上延长农业产业链，增加农业市场化的增值环节，提高农业产值和竞争力。

（二）横向上

通过发展多功能农业，增加农业的横向价值增值环节。多功能农业的发展，往往以农业生产经营为基础，将高新技术及其产业、服务业的技术成果、经营理念、经营业务渗透到农业的经营管理过程，与农业发展有机融合，在挖掘农业多重功能的同时，增加横向产业融合发展中的农业增值机会与增值空间，加宽农业产业链，发展目标是从横向拓宽农业产业链，增加农业市场化的增值环节，提高农业产值和竞争力。

在农业产业链的构建过程中，第一、二、三产业的融合发展体现在不同农产品的产前、产中和产后的所有价值环节和价值系统的联结之中。纵向上的产业链长度与横向上的产业链宽度的乘积，是农业产业链的价值增值总量，所以长度延伸与宽度扩大，将提高农业产业链条的价值增值总量。这种融合发展，将拓宽农业的就业空间和增效空间，使农业的发展空间和产业竞争力得到较大提高。现代农业发展中,纵向与横向产业融合的最终目标是按照"横向交叉、纵向延展"的趋势,拓宽和延长产业链。

◆〉二、产业融合促进现代农业发展

产业融合化发展是现代农业产业体系构建的基础。产业融合优化了农业资源的配置,它所引发的农业生产、经营、组织等一系列技术和制度创新极大地促进了农业产业结构的高度化和农业综合效益的提高。

(一)产业融合促进农业结构的合理化和高度化

农业结构优化包括农业结构的合理化和高度化。农业结构的合理化是指经济资源在涉农产业之间的优化配置,高度化则意味着配置到各个涉农产业部门的资源被有效利用。从产业属性看,农业内部经过创新技术的注入和融合,改变了农业的产出方式或产出结果,最终使农业的产业属性向新兴产业转移。我国著名经济学家张培刚在《农业与工业化》一书中做了精辟的论述:在以信息技术为代表的高新技术产业的发展过程中,与农业的渗透融合为这些产业的成长提供了新的增长点和广阔的发展空间。农业与相关产业纵向与横向融合发展,实现了农业与相关产业对技术、市场等资源的共享,提高了资源配置效率。农业从单一的种植业、养殖业转向了农资供应与农产品生产、加工及流通服务相融合,农业与旅游业、高新技术产业融合发展,最终跨越传统产业分割的藩篱,改善了农业产业结构。从产业投入要素看,农业内部传统的有形实物资源投入相对弱化,而信息、研发、咨询、管理、广告、人力资源、金融服务等"软"的无形投入比例相对增加。农业生产经营过程中融入了大量的信息、金融、知识等"软"要素,从而使现代农业投入产出结构高度优化。

(二)产业融合推动现代农业多功能拓展

农业是国民经济的基础,农业的基础地位具体表现为其在人类历史发展的不同阶段,对经济社会发展所起的"重要作用"和作出的"巨大贡献"。20世纪60年代,库兹涅茨在《经济增长与农业贡献》一书中,将工业经济时代农业部门对经济增长和发展的功能概括为产品、市场、要素和外汇四大贡献。随着工业化的推进,经济社会的发展和人们生活水平的提高,包括经济功能在内的社会、生态、文化等农业多重功能逐步显现,现代农业的多功能性特征逐渐体现出来。农业除了具有传统意义上的"四大贡献"外,还具有粮食安全、生态保护、社会稳定和文化教育等新功能。农业多功能的发挥和拓展,需要在农业与相关产业的融合发展中实现。产业创新形成了融合型产业属性的新型产业,如生物农业、休闲农业、数字农业、工厂化农业、生态农业、循环农业等,拓展了农业的生产、生态、文化、教育等多种功能，也生产出了多样化产品，满足了消费者需求的多样性和高级性。

（三）产业融合促进新型现代农业经营体系构建

从产业融合的角度来看，农业产业化经营或农业的外部规模化经营，就是依托适当的组织形式，使农业生产与产前、产后环节形成相对稳定的结合。这种结合通过传统农业与第二、三产业的深度融合拉长了农业的产业链条，扩大了农业的获利空间，农民的生产模式从单纯的"生产型"转变为综合的"经营型"，农业的内涵和外延得到扩展。而且，农业产业化经营或农业外部规模化经营的一个更重要的作用是，通过农户之间的联合与合作，客观上提高农户的市场地位，提供了改善农户经营效益的条件，这是农业家庭内部经营规模扩大无法实现的。农户通过合作社购买农用物资、销售农产品并获得生产经营过程中所需要的服务。农业外部的相关工业和商业通过合同制经营把相关的资金、技术和市场力量带入农业生产领域，促进了一二三产业的融合发展。通过产业化经营，农业突破了单纯依靠自身发展的单一形式，能够在更大的产业空间中整合发展资源，而相关的工业、商业、服务业也在农业生产经营领域找到了稳定的经济增长点。因此，农业和第二、三产业的融合发展，是市场经济条件下现实利益驱动的结果，是农业生产力发展到一定程度所要求的农业生产经营的社会协作的结果。

第二章
农村一二三产业融合理论

第一节 农村一二三产业融合发展的含义与特征

◆ 一、农业的多功能性理论

多功能农业一词于20世纪80年代末首次出现在欧盟的革命性文件《乡村社会的未来》中。同期，农业多功能性也出现在日本的"稻米文化"中。多功能农业的出现已有多年的历史，尽管其间有过很多的努力，但仍没有一个严格的统一的定义，不同地区、不同国家、不同学者、不同学科对此理解不同。多数研究并没有兴趣为多功能农业下一个严格的定义，而是更关注具体的问题。简单地讲，农业多功能性是指农业除了提供食品、纤维等商品的经济功能外，还具有维护农村环境、农业景观、农业文化遗产、生物多样性、动物保护、农民就业等政治、社会、文化、生态等方面的功能。

（一）农业多功能性和多功能农业的概念不断深入人心

农业多功能性和多功能农业是20世纪80年代末欧洲和日本几乎同时提出的概念。日本学者提出了"稻米文化"的概念，他们认为日本的文化与水稻的种植有着密切的关系，保护水稻生产就保护了"稻米文化"，因此水稻种植具有文化及文化传承的功能。

20世纪90年代初，联合国环境与发展大会在巴西里约热内卢国际会议中心隆重召开。180多个国家和地区派代表团出席了会议，103位国家元首或政府首脑亲自与会并讲话。参加会议的还有联合国及其下属机构等70多个国际组织的代表。会议讨论并通过了《里约环境与发展宣言》（又称《地球宪章》，规定国际环境与发展的27项基本原则）、《21世纪议程》（确定21世纪39项战略计划）和《关于森林问题的原则声明》，并签署了联合国《气候变化框架公约》（防治地球变暖）和《生物多样化公约》（制止动植物濒危和灭绝）两个公约。《21世纪议程》虽然是一份没有法律约束力的文献，但是它将环境、经济和社会关注事项纳入一个单一政策框架，具有划时代意义。《21世纪议程》载有2500余项各种各样的行动建议，包括如何减少浪费和消费形态、扶贫、保护大气、海洋和生活多样化，以及促进农业可持续发展的详细提议。这是国际文献中最早出现农业可持续发展这一概念。

20世纪90年代末期，欧盟向世界贸易组织（WTO）提交了第一个关于多功能农业的正式文件，这是欧盟在定义多功能农业方面的一次全面尝试。之后，日本、韩国主张将生物多样性、粮食安全、地区风光、文化遗产及乡村发展等考虑以多功能农业的方式写进GATT（关税及贸易总协定）AoA（the Agreement on Agriculture，农业协定）的回顾中；OECD（经济合作与发展组织，简称经合组织）部长会议将多功能农业引入该组织，同时指出"因为多功能特性，农业在农村地区扮演着极为重要的角色。对于那些成本和收益不能内部化因而缺乏有效率的市场的公共产品，存在政府发挥作用的空间"。OECD部长宣传时提出了一个共同目标：认识农业的多功能性并期望做到对市场信号的灵活反应。

联合国粮农组织在荷兰东南部城市马斯特里赫特专门召开了100多个国家参加的国际农业和土地多功能性会议。由"可持续农业与乡村发展"演变而来的"农业与土地的多功能特性"包含了与农业和土地使用有关的所有经济、环境与社会功能。这次会议，强化了农业多功能性和多功能农业的国际地位。

虽然有关农业多功能性和多功能农业的内容在WTO的谈判桌上未能达成一致意见，但是实际上多功能农业作为一个概念已经深入人心。

（二）农业的多种功能及其特性

OECD在多功能农业研究方面作出了开创性贡献。20世纪90年代末期，OECD着手研究多功能农业问题，并形成了一系列报告，成为以后各种研究的基础。OECD集中研究了三个方面的问题：一是农业多产品的联合生产与产品之间的关系、外部性和公共产品；二是关于非经济品的需求、国内政策目标、政策标准、制定程序，以及政策评价机制的方法与实证问题；三是政策研究，包括国内政策改革及其对贸易自由化的影响。21世纪初，OECD发表了第一篇研究报告《多功能农业：一个分析框架》，提出了从联合生产、公共产品、外部性与市场失灵等角度出发的一个理论分析框架；之后，OECD发表了第二篇研究报告《多功能农业：政策含义》。这两篇报告侧重理论框架的构建，随后对理论框架提出的问题进行了分步研究。

农业多功能性是指农业具有提供农副产品、促进社会发展、保持政治稳定、传承历史文化、调节自然生态、实现国民经济协调发展等功能，且各功能相互依存、相互制约、相互促进。构成农业多功能性的要素有以下几类。

一是农用自然资源，包括土地、光、热、水、地形、地貌、生物等资源。各种农用自然资源本身就是构成生态环境的主体，具有生态功能，由于生态环境为人类社会提供生存和发展的环境条件，涉及环境的承载力问题和人类健康问题，从而具有社会功能；由于自然资源和环境的差异性，构成了独特、优美的自然景观，从而具有良好的生产、旅游等经济功能；由于自然资源的构成、分布、变化和环境状况影响人类思想观念的形成，从而具有文化教育功能。

二是农业生产过程。农业除了向社会提供优质、安全、足够的农副产品外，最主要的功能是吸纳大量的劳动力就业，这不仅是一个社会问题，而且是一个重大的政治问题；农业生产过程本身就是经过几千年的历史积淀而形成的一种文化，对保持社会文化的多样性有积极的作用，因此具有极大的旅游、教育价值；农业生产过程本身就直接关系到自然资源和环境的合理开发和利用问题，直接影响生态环境状况。

三是农副产品。农副产品首先能直接满足城乡居民的生存和健康需要，其社会、政治作用显而易见。其次是为工业生产提供原材料。再次，农副产品本身就是人类几千年选育的结果，包含十分丰富的历史文化内涵，直接影响着人们的生活方式和观念，从而具有文化价值。因此，农业表现出来的多功能作用要比等值的第二、三产业的产品的价值大得多，产生的作用是乘数效应，甚至可能是指数效应。

农业的多功能性包含的功能主要有以下五个方面。

一是经济功能。主要表现在为社会提供农副产品，是以价值形式表现出来的功能，是农业的基本功能。其中心作用是满足人类在生存和发展中对食品的需要，还有以依托农业提供服务获得的不可估量的经济价值，对国民经济发展起基础支撑作用。经济学家库兹涅茨的经典研究结果表明，农业对国民经济发展作出了产品、市场、要素和外汇四大贡献。

二是社会功能。主要表现为劳动就业和社会保障，以及促进社会发展方面的功能。农业作为一个产业，不仅能容纳劳动力就业，而且农副产品质量、数量及其安全性本身就直接影响着居民的健康状况、营养水平、最基本的生存需要及优美的环境等，涉及社会发展问题。因此，农业的社会功能作用很大，搞不好就会破坏经济社会发展的良好势头。

三是政治功能。主要表现在农业保持社会和政治稳定上。从很大程度上讲，农业生产状况决定了社会秩序的状况，农业生产力方式决定了社会组织制度的样式。农业发展的好坏直接关系到绝大多数人的切身利益，在很大程度上影响他们的政治选择；同时，农副产品还是国家的战略储备物资。因此，农业具有重大的政治作用。

四是文化功能。主要表现为农业在保护文化的多样性和提供教育、审美及休闲等的作用上。一方面，农业是一个古老的产业，其内部蕴藏着丰富的文化资源；另一方面，农业对教育、审美等有关人们的世界观、人生观和价值观的形成有积极作用，有利于人与自然的和谐发展，农业正承担着传承传统文化的职能。

五是生态功能。主要表现在农业对生态环境的支撑和改善上。农业各要素本身就是构成生态环境的主体因子，因此，农业的功能可直接表现为生态功能。农业的生态功能，对农业经济的持续发展、人类生存环境的改善、生物多样性的保护、自然灾害的防治，为第二、三产业的正常运行和分解消化其排放物产生的外部负效用等，均具有积极的、重大的正效用。

农业多功能之间是相互依赖、相互促进和相互制约的。从经济功能看，其功能的大小，不仅影响农业总功能的大小，而且直接和间接影响社会、生态、文化和政治功能作用的发挥；从生态功能看，其功能的大小，不仅影响农业总功能的大小，而且直接和间接影响经济、社会、文化和政治功能作用的发挥；其他功能依此类推。农业多功能性有以下几个特征。

一是公共性和外部性。农业的社会、政治、文化和生态等功能的最大作用特点就是公共性，对全社会产生作用。对工农业产业来说，农业的多功能性对其本身发展具有巨大的潜在价值，但更主要的是发挥对农业外部，对整个社会、经济、文化和生态的基础支撑作用。因此，外部性是农业功能的基本特征，内部性和专用性功能只占农业总功能的一小部分。为此，农业有充分的理由得到全社会的支持和保护，以达到重视程度与总功能基本一致。当然，公共性和外部性的特点也表现为比较容易被破坏，保护困难。如生态环境中的林木、草等植被，毁坏非常容易，恢复就特别困难，其根本原因是农业活动中的自然资源和环境形成的周期长、投入大，而人类个体和组织行为又短期化，以及农业多功能性的外部性和公共性特点。因此，必须加强农业多功能性的教育和宣传，倍加爱护和保护农业的多功能性。

二是功能的多样性和整体性。农业具有经济、社会、政治、文化和生态五大功能，各功能又有多个不同的子功能。同时，农业各功能、内部各子功能之间又表现出极强的关联性。以生态功能为例进行分析，可得出一些关联链条：生态环境—人类生存质量—人口素质—经济、社会、政治、文化发展—生态环境，生态环境—农业生产—农产品—人类生存—社会基础—政治稳定—国民经济协调发展—人与自然、经济社会协调发展，等等。各功能共同构建了一个有机整体，表现出整体性的特点，表现出各大小功能之间的多重关联性及作用的全面性和整体性。对此，必然要强调在发挥农业多功能作用时，应综合考虑各功能的关联性，以求得个体功能作用充分发挥、总体功能最大的理想效果。

三是区域间的差异性。由于农业赖以生存和发展的基础是自然资源（如土地、光、热、水、地形、地貌、生物等），而这些资源又存在地域上的客观差异性，因此，农业的多功能性也必然因为地域的不同而产生差异，导致各功能的强弱差别等。如西南喀斯特地区有山多、生物资源丰富的特点，提供生物产品就有优势。此外，人口素质的差异、人口密度和经济文化发展水平的差异，也是形成农业多功能区域差异的主要原因。这就要求在制定农业政策、进行决策时，不仅要考虑农业多功能的客观存在，而且还必须考虑其在空间上的差异性，才能有利于充分发挥农业的多功能作用。

◆ 二、产业融合发展理论

产业融合是以技术创新和技术融合为基础与核心的产业发展趋势，是近年兴起的理论课题。产业融合作为一种新的经济现象，最初出现在电信、广播电视和出版部门，之后伴随着新科技的快速发展和企业跨行业、跨地区的兼并重组，产业的边界逐渐趋于模糊，全新的融合型产业体系逐渐形成。现在，产业融合这一新型的产业革命，正以一股浪潮席卷着传统产业，影响个人、企业和国家的各个层面。

（一）产业融合发展的思想渊源及内涵

马克思指出，分工在一定条件下将趋于收敛，出现在分工基础上的结合生产，这是产业融合思想的发端。马歇尔在《经济学原理》中也展示了他对产业融合的朦胧感知，他说："当分工的精细不断扩大时，名义上不同的各种行业之间的分界线，有许多正在缩小，而且不难越过。"虽然马克思和马歇尔萌发过产业融合的思想，但没有明确提出产业融合的理论框架。最早的产业融合概念可以追溯到罗森伯格（Rosenberg）对美国机械工具产业技术的演变研究。20世纪60年代，罗森伯格在《机械工具产业技术进步》一文中指出，相似的技术应用于不同的产业时，一个独立的、专业化的机械产业就出现了。他将这一过程称为技术融合，即不同产业在生产过程中应用同一套生产技术，因此从技术角度看，原先分立的产业变得联系紧密了。

产业融合是指不同产业或同一产业内的不同行业相互渗透、相互交叉，最终融为一体，逐步形成新产业的动态发展过程，它是在经济全球化和高新技术迅速发展的大背景下提高生产率和竞争力的一种发展模式和产业组织形式。周振华在专著《信息化与产业融合》中指出，产业融合是产业发展及经济增长的新动力，不但导致了许多新产品与新服务的出现，开辟了新市场，使更多的新参与者进入，增强了市场的竞争性，还促进了资源的整合，带来了就业增加和人力资本发展。

从产业的角度来看，产业融合可分为产业渗透、产业交叉和产业重组三类。产业渗透是指发生于高科技产业和传统产业边界处的产业融合（如智能制造）。产业交叉是指通过产业间功能的互补和延伸实现产业融合，往往发生于高科技产业链自然延伸的部分（如自媒体）。产业重组主要发生于具有紧密联系的产业之间，这些产业往往是某一大类产业内部的子产业（如循环农业）。

（二）产业融合发展的动因

产业间的关联性和对效益最大化的追求是产业融合发展的内在动力。从当今世界产业融合的实践看，推动产业融合的因素是多方面的。

1. 技术创新是产业融合的内在驱动力

技术创新开发出了替代性或关联性的技术、工艺和产品，然后渗透、扩散、融合到其他产业之中，改变了原有产业的产品或服务的技术路线和原有产业的生产成本函数，从而为产业融合提供了动力。同时，技术创新改变了市场的需求特征，给原有产业的产品带来了新的市场需求，从而为产业融合提供了市场空间。重大技术创新在不同产业之间的扩散导致了技术融合，技术融合使不同产业形成了共同的技术基础，并使不同产业的边界趋于模糊，最终促使产业融合现象的产生。例如，20世纪70年代开始的信息技术革命改变了人们获得文字、图像、声音三种基本信息的时间、空间及成本。随着信息技术在各产业的融合及企业局域网和广域网的发展，各产业在顾客管理、生产管理、财务管理、仓储管理、运输管理等方面大力普及在线信息处理系统，使顾客可以即时即地获得自己需要的信息、产品、服务，致使产业间的界限趋于模糊。产业融合自20世纪90年代以来成为全球产业发展的浪潮，其主要原因就是各个领域发生的技术创新，以及将各种创新技术进行整合的催化剂和黏合剂——通信与信息技术的日益成熟和完善。作为新兴主导产业的信息产业，近年来以每年30%的增速发展，信息技术革命引发的技术融合已渗透到各产业，促进了产业的大融合。技术创新和技术融合则是当今产业融合发展的催化剂，在技术创新和技术融合基础上产生的产业融合是"对传统产业体系的根本性改变，是新产业革命的历史性标志"，成为产业发展及经济增长的新动力。

2. 竞争合作的压力和对范围经济的追求是产业融合的企业动力

企业在不断变化的竞争环境中不断谋求发展扩张，不断进行技术创新，不断探索如何更好地满足消费者需求以实现利润最大化和保持长期的竞争优势。当技术发展到能够提供满足多样化需求的手段后，企业为了在竞争中谋求长期的竞争优势，便在竞争中产生合作，在合作中产生某些创新来实现某种程度的融合。利润最大化、成本最低化是企业不懈追求的目标。产业融合化发展，可以突破产业间的条块分割，加强产业间的竞争合作关系，减少产业间的进入壁垒，降低交易成本，提高企业生产率和竞争力，最终形成持续的竞争优势。企业间日益密切的竞争合作关系和企业对利润及持续竞争优势的不懈追求是产业融合浪潮兴起的重要原因。范围经济是指扩大企业所提供产品或服务的种类从而引起经济效益增加的现象，反映了产品或服务种类的数量同经济效益之间的关系。范围经济最根本的内容是以较低的成本提供更多的产品或服务种类，范围经济意味着若对多种产品进行共同生产相对于单独生产所表现出来的经济，一般是指由于生产多种产品而对有关要素共同使用所产生的成本节约。假定分别生产两种产品 A、B 的成本为 $C(A)$ 与 $C(B)$，而当两种产品联合生产时，总成本为 $C(A, B)$，则联合生产带来的范围经济可表示为 $C(A, B) < C(A) + C(B)$。不同产业中的企业为追求范围经济而进行多元化经营、多产品经营，通过技术融合创新改变成本结构，降低生产成本，通过业务融合形成差异化产品和服务，通过引导顾客消费习惯和消费内容实现市场融合，最终促使产业融合。

3. 跨国公司的发展成为产业融合的巨大推动力

一般说来，只有超巨型的国际直接投资，才能实现并支持跨国生产经营。因此，每一家跨国公司的产生和发展，实际上就是国际金融资本的融合、产业融合的发展史。跨国公司根据经济整体利益最大化的原则参与国际市场竞争，在国际一体化经营中使产业划分转化为产业融合，正在将传统认为的"国家生产"产品变为"公司生产"产品。可以说，跨国公司是推动产业融合发展的主要动力。

4. 放松管制为产业融合提供外部条件

不同产业之间存在进入壁垒，这就使不同产业之间存在各自的边界。美国学者施蒂格勒认为，进入壁垒是新企业比旧企业多承担的成本，各国政府的经济性管制是形成不同产业进入壁垒的主要原因。管制的放松导致其他相关产业的业务加入本产业的竞争中，从而逐渐走向产业融合。为了让企业在国内和国际市场中更有竞争力，产品占有更多的市场份额，一些国家放松管制和改革规制，取消和部分取消对被规制产业的各种价格、进入、投资、服务等方面的限制，为产业融合创造了比较宽松的政策和制度环境。值得说明的是，技术进步加上放松管制并不一定就导致融合。产业的技术进步大多发生在本产业内部，而不是发生在产业边界，产生被学术界称为"死尸融合"的现象。"死尸融合"迫使实业界对企业传统经营观念进行创新，提出了企业重组（BT）、业务流程重组（BPR）、虚拟企业等管理模式，并在20世纪90年代中期为促进产业融合开始直接进行管理创新的实践。他们通过将管理创新、技术进步、放松管制结合起来，使产业融合变为现实。正是美国政府放松了对电信业的经济性管制，使得电信业、有线电视业之间的产业边界模糊，导致出现产业融合现象。

◆ 三、农村一二三产业融合发展

农村一二三产业融合发展属于产业融合发展的范畴，是农村一二三产业渗透、交叉、重组的结果，也是现代科学技术改造传统农业，充分挖掘农业多功能性，打造多功能农业，延长农业产业链的结果。要加快推动农村一二三产业融合发展，必须对农村一二三产业融合发展的概念、内涵、特征有一个比较透彻的认识。

（一）什么是农村一二三产业融合发展

先有农村一二三产业融合发展的政策研究，才会有农村一二三产业融合发展的理论研究。所谓农村一二三产业融合发展，简单地讲就是指以农业为基、农村为域、农民为本，通过产业联动、要素集聚、技术渗透、组织创新，延伸产业链，提升价值链，完善利益链，形成新产业、新业态、新模式，推动乡村产业兴旺，构建繁荣兴盛的乡村产业体系，以实现农业农村现代化。

（二）农村一二三产业融合发展的特征

从农村一二三产业融合发展的含义出发，农村一二三产业融合发展具有以下四个特征，这四个特征是识别和评判农村一二三产业融合发展的标志。

1. 农村一二三产业融合发展的靶标是"三农"

以农业为基、农村为域、农民为本是农村一二三产业融合发展的首要特征。第一，农村一二三产业融合发展必须以农业为基础或者与农业有密切的联系，离开了农业，离开了发展，现代农业就一定不是农村一二三产业融合发展。第二，融合产业必须在"农村"这个特定区域内实现产业的内部化。原产业之间的分工在新的融合产业内进行重组，会改变原有的产业内的市场结构，从而改变利益的分配机制。而如何将产业融合产生的利益更多地留在农村、留给农民，是开展农村一二三产业融合发展的关键。日本"六次产业化"发展过程中出现的一个最突出的问题，就是资本与劳动力对于农村的脱离。由于产业融合后在新的产业分工体系下，下游的厂商相较于农业体现出更高的回报水平，许多参与"六次产业化"的农业劳动力和农业资本都纷纷弃农而去，导致"六次产业化"反过来给农业生产带来威胁。因此，农村一二三产业融合必须将分工的内化过程控制在县、乡和镇、村的农村地区，这样所有参与融合的产业内的生产要素都能围绕农业最基本的生产要素——土地进行组合，使得三产融合既能够保障分工内部化后的生产效率，又能够保护农业的基础地位，还能保证农民的增收。判断各产业是否在农村发生融合，必须以产业间的分工是否在农村发生了内化为标准。第三，农村一二三产业融合发展形成的新模式、新业态、新产业与农民的关系如何，是否增加了农民创业就业岗位，是否拓宽了农民的就业渠道，是否增加了农民收入。农村产业和农民是一枚硬币的两面，农民在家门口就能挣钱，农村产业才会兴旺，农村才能振兴。

2. 农村一二三产业融合发展的动能来自"三动"

产业联动、要素互动、创新驱动是农村一二三产业融合发展的第二个特征。产业联动是指在一个区域的农村产业发展中，一二三产业间通过产业的交叉、重组、渗透、互补、延伸，形成合理的产业分工体系，实现区域内产业的优势互补，实现区域产业的协同发展，从而达到优化区域产业结构、提升产业能级、增强区域产业竞争力的目的。农村一二三产业融合发展可以是一产带动二产、三产，也可以是二产带动一产和三产，还可以是三产带动一产和二产，使其形成一个紧密衔接的产业体系。要素互动在农村一二三产业融合发展中十分重要，土地、资本、人才这些产业发展最基本的要素要通过市场配置，实现城乡之间良性的、双向的循环，才有利于构建乡村产业体系。近阶段，就是要通过推动农村一二三产业融合发展的政策落实，吸引资本和人才向农村流动，提升农村土地价值。创新驱动包含技术创新的内容，但更主要的是通过技术创新推动组织创新和制度创新。通过新理念的引领，推动乡村产业制度、管理制度、组织制度的变迁，从而真正体现技术是第一生产力。要将产业链、价值链、供应链的组织方式引入现代农业产业，提升农业的质量、效益和竞争力，从而提高农民收入。

3. 农村一二三产业融合发展的表征是"三新"

新产业、新业态、新模式的产生是农村一二三产业融合发展的第三个特征。新产业、新业态是现代生产技术及管理要素与传统的农业农村产业体系深度融合和创新的产物，遵循一二三产业融合、产业链延伸、农业多功能拓展的创新路径和生成机理，应充分发挥农村自然资源、生态环境、民俗文化和特色产业等优势，通过要素聚合、叠加衍生和交互作用，生成新的经济形态，创造出新产品、新服务供给和增量效益。从产业融合来看，农业与信息产业、农业与文化产业、农业与旅游业、农业与工业的相互融合，不断创造出多种多样的新产业、新业态。从产业链延伸来看，农业通过延长产业链，形成农工贸一体化的全产业链结构，可以实现农业产业链整合和价值链提升。从功能拓展来看，呼应现代人们越来越强烈的"乡愁"情结和对自然生态、田园风光的向往，农业本身正在发挥和创造着越来越多的生态、文化、旅游功能和价值。特别是随着现代信息技术的应用，大数据、云计算、物联网等与农业农村经济活动深度"联姻"，催生了农业农村电子商务，以及电子商务背景下连锁经营、物流配送等新的经营模式，成为引领农村生产生活、服务消费的新动力。从当前来看，随着居民收入增加和消费需求升级，现代信息技术快速发展和创新应用，农村改革不断深化和发展活力有效释放，农业农村资源要素的组合利用方式正在发生新的变化，"互联网+""旅游+""生态+"，深度渗透并融入农业农村发展的各个领域和各个环节，不断催生诸多新产业、新业态和新的经营模式，成为增加农民收入、繁荣农村经济的重要支撑。所以，没有农村新产业、新业态和新商业模式的形成，就谈不上农村一二三产业融合发展，至少产业的融合水平和融合质量不高。

4. 农村一二三产业融合发展的关键是"三链"

产业链延伸、价值链提升和利益链完善，是农村一二三产业融合发展的第四个特征。21世纪初，中央农村工作会议首次提出"推动一二三产业互动"时就要求，"要将产业链和价值链的组织管理方式引入现代农业"。产业链是产业经济学中的一个概念，是各个产业部门之间基于一定的技术经济关联，并依据特定的逻辑关系和时空布局关系，客观形成的链条式关联关系形态。产业链是一个包含价值链、企业链、供需链和空间链四个维度的概念。这四个维度在相互对接的均衡过程中形成了产业链，这种"对接机制"是产业链形成的内在模式，作为一种客观规律，它像一只"无形的手"操控着产业链的形成。产业链最初被用来描述一个具有某种内在联系的企业群结构，它是一个相对宏观的概念，存在二维属性：结构属性和价值属性。产业链中大量存在上下游关系和相互价值的交换，上游环节向下游环节输送产品或服务，下游环节向上游环节反馈信息。农村一二三产业融合发展所要求的产业链是基于农业多功能性的农业产业的时空结构和价值结构，以产中为核心，向产前、产后延伸，向二产、三产延伸，新型农业经营主体按照产业链结构进行互动衔接。价值链在经济活动中是无处不在的，上下游关联的企业与企业之间存在行业价值链，企业内部各业务单元的联系构成了企业的价值链，企业内部各业务单元之间也存在价值链联结。价值链上的每一项价值活动都会对企业最终能够实现多大的价值造成影响。价值链对收益、国际分工及经营战略具有重大作用。波特的"价值链"理论揭示企业与企业的竞争，不只是某个环节的竞争，而是整个价值链的竞争，而整个价值链的综合竞争力决定企业的竞争力。用波特的话来说："消费者心目中的价值由一连串企业内部物质与技术上的具体活动和利润构成，当你和其他企业竞争时，其实是内部多项活动在进行竞争，而不是某一项活动的竞争。"所以，提升价值链就是提升竞争力。而利益链的完善目标指向主要是将更多的增值收益留给农村、留给农民，完善农民与各新型农业经营主体和乡村产业主体间的紧密的、共享式的利益分配机制。

第二节　农村一二三产业融合发展的机制与模式

通过含义和特征，我们初步了解了农村一二三产业融合发展的外貌。当然，在阐述特征和与农业产业化作比较的时候，也比较粗浅地涉及了一些内在机制和动力等问题。

农业一二三产业融合发展与产业融合发展一样具有其自身内在的发展机制。

◆ 一、农村一二三产业融合发展的相关理论基础

农村一二三产业融合发展的学术理论研究相对于政策理论创新而言比较滞后，但涉及一些基本的经济学理论。农村一二三产业融合发展理论基础涉及交易费用理论、契约选择理论、分工合作理论、集体行动理论和制度变迁理论。

（一）交易费用理论

从广义上讲，交易费用是经济制度的运行费用，包括制度的制定成本、实施成本、监督或维护成本、变革成本。就某一具体交易而言，可看作衡量和明确交易单位特征和实施契约的成本。交易费用被视为市场经济的噪声，发生在存在利益冲突的人与人之间的社会关系中，根源于日益专业化和复杂化的劳动分工，取决于受到限制的理性思考、机会主义所产生的不确定性、交易频率及资产专用性等。在不同制度结构下，交易组织方式不同，交易费用也就不同。交易费用的变化可以体现出制度结构的变化，好的制度具有降低交易费用的内在动力。

（二）契约选择理论

契约，即合同、合约或协约，是指几个人或几方面之间达成的协议，规定了交易当事人之间的各种关系、权利与义务。契约安排是市场交易的前提，界定了相应的行为秩序。不同的契约安排对应不同的组织关系，产生的激励机制、实施程序不同，涉及委托—代理问题和不完全契约问题。在不同的契约安排下，交易实施特征不同，交易费用也就不同。人们不断改进契约安排以降低交易成本，以期获得更高的收益。经世模式可以理解为契约的不同组合方式。交易费用是影响农户选择不同契约方式的重要因素，降低交易成本的契约安排是农户的选择方向。

（三）分工合作理论

分工提高效率，也形成了人们之间的相互依赖性。分工程度越高，相互之间的交易越密集、越复杂，交易成本也就越高。通过正式制度和非正式约束建立互信关系可以减少在达成、实施、监督合约或更多非正式讨价还价中的交易成本。组织形式的选择受到产品或劳务特性的影响，如不相容程度、排他成本、提供服务成本等。互信关系的实质是一种合作，通过合作产生合作剩余，如市场中的"抱团取暖"行为。但合作本身是一种博弈行为，存在"囚徒困境"，需要制度来保证合作博弈的达成，即互惠制度。可见，相互依赖产生对制度的需求，而制度又强化了相互依赖。

（四）集体行动理论

是否参与集体行动是理性分析和选择的结果，主要考虑个人获益度、效益独占的可能性、组织成本和"选择性"激励等，与集体规模、团队异质性有关。把集团分为相容性集团和排他性集团，前者指利益主体在追求共同利益时是相互包容的正和博弈，后者指利益集团在追求共同利益时是相互排斥的零和博弈。较之排他性集团，相容性集团可以达成集体一致行动，但需要满足两个重要条件，即组成集团的人数足够少和存在迫使个人努力谋取集体利益的激励机制。对于规模较小、组织较好的利益集团，通过产权结构调整，集团成员都会有较大的收益，也容易获得、控制和加工信息。但个人理性不是集体理性的充分条件，存在"搭便车"问题，需要一套行为准则和互惠模式或监督制裁机制，增强彼此间的信任和依赖感，将个人理性转化为集体理性，突破"集体行动困境"。

（五）制度变迁理论

制度包括正式规则、非正式规则和实施机制。制度变迁会改变交易成本，引发新的习俗和准则。制度变迁的诱致因素在于经营主体期望获取最大的潜在利润，而潜在利润在现有制度安排中无法实现。上述提到的降低交易成本、优化契约安排、合作互惠共赢、理性集体行动等都能实现潜在利润，都有引致制度变迁的需求。制度变迁一般是连续渐进发生的，诺思认为这是对正式规则、非正式规则和实施机制三方面组合所做的边际调整。理性的个人必然会选择交易费用最低的组织结构，这框定了制度变迁的方向。但制度变迁不是随机的，而是有"路径依赖"的，一旦进入某个路径，就会在惯性作用下自我强化，锁定在特定路径上。其变迁过程依赖于政治、社会、人文等初始条件，具有强烈的本地依赖特征。

◇ 二、农村一二三产业融合发展的动力机制

产业分工与产业融合没有固定的界限，随着技术的进步、管制的放松和管理的创新，产业间和产业内会按照交易费用降低的内在逻辑进行融合和再分工，产业的分工和融合意味着新的产业、新的业态和新的模式的产生，这就是在新的技术条件和制度条件下新的产业分工体系的形成。通过这样的作用机制不断推动产业的发展和转型升级，推动产业不断走向更高的层级。农村一二三产业融合发展的动力机制就是以农业的技术进步和农村不断深化的改革为基础，以交易费用减低为动力，实现组织创新和管理创新，不断推进农业的专业化分工和与二三产业的交叉、重组、融合，推动农村产生新产业、新业态和新的商业模式，加快新的乡村产业体系形成。所以，从这个意义上讲，推动农村一二三产业融合发展的过程就是推动乡村产业不断转型升级的过程，是世界前沿科技

向农业产业渗透应用的必然结果，也是深化农业供给侧结构性改革和体制机制改革的必然结果。

（一）农村一二三产业融合发展的发生条件

"产业融合如何发生？"具体表现为以下三个方面：第一，产业融合发生的前提条件是产业之间具有共同的技术基础及随之产生的技术革新。产业之间存在共同的技术基础，就能够首先发生技术的融合，即某一产业的技术革新或发明开始有意义地影响和改变其他产业产品的开发特征、竞争和价值创造过程。"共同的技术基础及技术革新"的概念被进一步总结为"产业公地"的概念，即共享的一系列劳动力、组织、技术和制造能力的集合。产业的"公地"植根于供应商、消费者、合作伙伴、技术工人和地方机构（如大学）中，对那些需要共享能力的产业而言，产业公地就是竞争力之源。第二，产业融合的发生源于技术进步和管制的放松。一方面，技术革新是产业融合的内在原因，技术革新给产业融合带来了必要性和可能性。另一方面，管制的放松导致其他相关产业的业务加入本产业的竞争中，从另一角度逐渐促使产业走向融合。产业融合与放松管制之间存在着一个互动的过程：经济管制的放松为产业融合创造了制度环境；技术融合和产业融合的内在要求促使管制理论与政策不断改善，以适应变化了的技术和经济条件。第三，产业融合最终得以形成的标志是新技术、新业态和新商业模式的诞生。根据有关学者的描述，产业融合必须经过技术融合、产品与业务融合，然后到市场融合，才算最终完成产业融合的整个过程。学者也经常用是否形成新的技术、新的业态和新的商业模式，来判断经济中是否发生了过程完整的产业融合。产业融合的发生条件对农村一二三产业融合发展同样适用。从当前来看，工业化、信息化、生物化各种技术日新月异，正在不断地改造传统农业农村产业，不断提升农业及相关产业的技术水平，农业农村现代化的过程就是技术不断进步的过程。同时，农村改革不断深入，城乡融合的体制机制正在形成，一系列支持推动农村一二三产业融合发展的政策文件相继出台，积极鼓励土地、资本、人才等要素资源向农业农村集聚，进入农业农村产业的各种管制逐步放松，农村一二三产业融合发展的发生条件日趋成熟。

（二）农村一二三产业融合发展的分工融合机制

马克思指出，分工在一定条件下将趋于收敛，出现分工基础上的结合生产。分工源于交换的需要，它提升了生产效率，推动了生产力的发展。人类社会最早出现的是个人与个人间的社会分工，随着社会分工的不断深化产生了企业组织，企业组织通过将社会分工内部化的方式实现了组织内分工对市场分工的有效替代。当市场中各个企业组织内部的分工深化到一定程度时，企业之间为了减少交换过程中产生的交易费用，同类型的或者关联性强的企业之间开始形成产业组织，使得原先存在于企业组织之间的分工被内化为产业组织内部的分工。同样，当产业组织内部的分工深化到一定程度时，各个产业组织之间出于减少交易费用的需要，打破了原先存在的清晰的产业组织间的界限，将原先存在于产业组织之间的分工内化为一个新的组织内部的分工，而最后这个过程正是产业融合的过程。人与人之间的分工深化到一定的程度后出现了企业，企业与企业之间的分工深化到一定程度后出现了产业，产业与产业之间的分工深化到一定程度后出现了产业融合。以上所有这些过程都具有一个共同的特点：主体间的劳动分工在深化到一定程度后，都会被一个新的范围、更大的主体内部化。产业融合的本质是产业间分工的内部化，产业融合表现的是一个产业间分工转变为产业内分工的过程和结果。需要强调的是，分工与融合虽然在字面上是反义词，但是在对经济问题的解释上并不矛盾。从对产业融合的定义可知，产业融合虽然消灭了产业间的分工，但同时扩大了新生成的融合产业内部的分工。可以通过两个方面对其进行理解：一方面，参与融合的原产业内部的企业之间的分工依然存在，产业的范围和界定的扩展并不影响原先在产业内部已经存在的分工；另一方面，新生的融合产业内部出现了新的分工，即原有业务与融合创新业务之间的分工，实质上是社会分工和市场分工转化为企业内分工，是一种特殊类型的融合双方的一体化。总之，融合不仅没有消灭分工，还进一步促进了分工。农村一二三产业融合的最终形式是横向或纵向一体化，其中，横向一体化可以通过农村一二三产业内部的专业化分工，实现规模报酬递增；纵向一体化则可以通过农村一二三产业融合，向前后延伸，实现生产链、价值链的延长。不管是横向还是纵向一体化，其作用机制都是专业化分工与产业融合，即分工与协作的共同作用。制度经济学中的交易成本理论认为，分工与一体化的出现取决于交易成本与交易收益的大小，当一体化的收益大于分工时的收益且大于一体化时的交易成本时，一体化就会出现。当下中国农业的分工弱小而散乱，农业全产业链短小而封闭，仅依靠农业自身的分工演进难以快速发展，从"四化同步"的理论总结及产业发展的现实来看，只有实现第一产业与第二、三产业的相互融合，各取所需、共生共赢，才能融合实现新产业新业态等新的分工职能和模式出现。综上所述，农村一二三产业融合发展，既是一个专业化分工的过程，又是一个产业间融合的过程。专业化分工形成新产业、新业态、新模式，产业间融合也将产生新产业、新业态、新模式。从延长农业产业链来看，就是一个不断专业化分工的过程；从农业多功能挖掘，与其他产业交叉、渗透、重组来看，就是一个产业间不断融合的过程。理解这一点有利于促进农村一二三产业融合发展。

（三）降低交易费用是产业融合内在的动力机制

作为市场交易的最初表现形式，人与人之间的直接商品交换加速了市场分工，提高了生产效率和生产力水平。市场交易的频繁发生，使得交易费用急剧上涨。作为具有相似或相同技能的两人或多人联合的组织——企业成为价格机制的替代物，有效降低了市场交易费用。至此，单个企业间的产品交易成为市场交易的主要内容。此时的企业主要从事单一产业部门的产品生产，即单一型企业。随着交易产品的日益多样化、产品交易的日益频繁化，一对一的企业间交易也面临交易费用上涨的问题。当市场交易费用高于企业组织费用时，原来由两个或多个企业组织的产品生产将被一个企业组织替代，此时便出现了"联合"，即跨产业部门的复合型企业。而这一联合过程就是产业融合过程。在这个过程中，人与人之间的市场交易产生了单一型企业，单一型企业与单一型企业之间的市场交易产生了跨产业部门的复合型企业，即在企业内部发生了产业融合。具体来讲，面对同一消费主体表现出的多样化市场需求，各企业一开始只是针对需求的某一方面，利用自身比较优势，满足消费者的部分产品服务需求。随着企业生产规模的不断扩大，为了寻求交易费用降低和规模经济、范围经济、要素集聚效应等，企业通过产品功能深化或拓展等方式，把消费者的多方面需求纳入同一企业经营范围，表现为产业间的融合发展。因此，产业融合的本质是企业交易成本的内部化，其过程为产品供给由多个企业主体分别完成转变为由同一企业主体单独完成。从世界各国的农业实践看，一家一户的分散型家庭经营是农业生产的组织基础。随着农业生产从自给自足的自然经济发展到专业化、集约化的商品经济，农业的家庭经营方式使得农户需要小规模、高频率地进入市场，交易费用急剧增加，大致包括获得价格信息、谈判、维护及签约成本，以及监督、解决争端、重新协商、仲裁、诉讼成本等。从现阶段农户所处的市场环境来看，农业的家庭经营方式已经不能适应城乡居民对于农业生产的消费需求与综合开发农业多功能的生产需求，需要借助先进的组织形式。根据交易成本理论分析，只要单个农户所分摊的组织制度成本小于一般的市场交易费用，农户就有动力选择一定的组织形式进入市场。因此，农业生产要适应目前我国城乡居民消费结构升级的新形势，改变以往简单的农业生产状态，就必须采用新的组织模式，降低交易费用。作为农村产业发展的新形态，从市场的角度看，农村一二三产业融合的初始动因和最终目的都是节约交易费用，改善农产品（服务）的供给效率。主要表现在：一是能够缩短农产品生产与消费间的交易距离。农村一二三产业融合后，通过互联网等信息技术，低成本、全方位地搜集市场需求信息，由复合型市场经济组织统一完成农业多功能开发，增强农产品供给结构对其需求结构变化的适应性，实现供需一体化。二是跨产业存在的扁平化、柔性化经济组织能够降低市场交易费用，充分发挥生产要素的集聚效应。在农村一二三产业融合中，不同产业的企业利用战略联盟、兼并收购等组织创新，通过农业与旅游、文化、创意等产业的横向融合，以及生产、加工、销售、服务等环节的纵向融合，节约交易费用。

◆ 三、农村一二三产业融合发展的路径模式

农村一二三产业融合发展本质上依然是新型工业化、新型城镇化、信息化与农业

现代化的同步发展，总体上有两条路径。一是纵向路径，是农业产业不断分工，不断专业化、精细化的分工发展路径；二是横向路径，是农村各产业互相交叉、重组的融合发展路径。农村一二三产业融合发展的模式，因路径不同而不同。按照国务院办公厅《推进农村一二三产业融合发展的指导意见》和政策导向，农村一二三产业融合发展主要有六大类融合发展模式，分别是产城融合模式、重组融合模式、延伸融合模式、跨界融合模式、渗透融合模式和复合融合模式。

（一）产城融合模式

所谓农村一二三产业融合发展产城融合模式，通俗地讲就是打造"一业一镇""一村一品"，但这仅仅完成了产业融合发展的前半段，后半段是"镇以业显""村以品名"。产城融合发展走融合发展的横向路径，目标是引导推进农业现代化与新型城镇化深度融合。其表现形态主要有创建特色小镇、特色田园乡村等。融合的途径是通过加强规划引导和市场开发，培育引导农产品加工、商贸物流等农村二三产业向县城、重点乡镇及产业园区等集中，打造专业特色小城镇，稳定吸纳农业转移人口。这些小镇依托小城镇优势农业产业，"政府搭台、企业唱戏"，生态宜居、创新创业、文旅结合，实现"产、城、人、文"有机结合。产城融合模式以产业为主导，做强特色产业，以城为产业集聚地，创造农村就业机会，拓宽就业渠道，从而增加农民收入。产城融合模式的关键是打造特色产业，特色产业的打造需要挖掘各地的资源禀赋和历史人文优势，使得产业在农村有根，能够在农村扎根。当然，在实践中，不必拘泥是农业一产推动二产、三产，还是工业二产带动一产、三产，或者服务业三产联合一产、二产，这些都是产业打造的具体形式。

（二）重组融合模式

所谓农村一二三产业融合发展重组融合模式，就是以农业生产为基础，通过推广农业新技术，打破农业各行业传统种养布局方式的一种发展模式。重组融合模式走融合发展的横向路径，目标是通过农业产业内部各行业农、林、牧、副、渔生产性重组，构建现代农业生产体系，提升种养效益，实现农业产业的转型升级和高质量发展。其表现形态有"水稻+""林果+"等不同种养组合及不同形式的循环农业。融合的路径有农牧结合、农林结合、循环发展，调优农业种养结构，使农业内部各行业紧密协作、循环利用、一体化发展，形成绿色农业、循环农业等经营方式。如发展种养结合循环农业，通过粮、经、饲三元种植结构协调发展，合理布局规模化养殖场；积极发展林下经济，推进农林复合经营；推广适合精深加工、休闲采摘的作物新品种；加强海洋牧场建设。种植融合模式通过农业生产技术的集成创新，增加亩均收入或种养收入，从而提高农民的收入。

（三）延伸融合模式

所谓农村一二三产业融合发展的延伸融合模式，就是通过深化农业产业经营分工，使得农业产业链延伸发展。延伸融合模式走融合发展的纵向路径，目标是通过农业产前、产中、产后的有机衔接和紧密相连，不断拓展农业产业链，构建现代农业经营体系。其表现形态有农业产业化联合体、农产品全产业链模式等。其融合的路径是以农业生产为中心向前向后延伸，将种子、农药、肥料供应与农业生产连接起来，或将农产品加工、销售甚至是消费与农产品生产连接起来，或组建农业产供销一条龙，实现农业专业化、标准化。如积极培育农业生产性服务业，产地初加工、深加工及特色加工业，农产品冷链物流体系，农超、农企对接、社区直销等农产品营销体系。其中包含了产业链、价值链、供应链、利益链的组织管理，新型经营主体要找到自身在产业链中的位置，凸显主体的价值。延伸融合模式，增加价值活动，拓展就业渠道，同时降低交易成本内化价值，通过密切的利益分配机制增加农民收入。

（四）跨界融合模式

所谓农村一二三产业融合发展的跨界融合模式，就是农业与二产、三产进行融合，在农村形成以农业为基础的新产业、新业态、新模式，形成新的大农业产业体系。跨界融合模式走融合发展的横向路径，目标是通过挖掘农业多种功能，使一二三产业联动、资源要素集聚，从而构建现代农业产业体系，形成大农业格局。其主要的表现形态有"现代农业+"（文化、教育、研学、旅游、休闲、康养、餐饮、文创、民宿等），如田园综合体、休闲观光园区、森林人家、康养基地、乡村民宿、农家乐、民族村等。其融合的路径是通过挖掘乡村历史、地域、民族特点，依托农业生产，拓展、创新农业多种功能，使农业从过去只卖产品转化到兼卖风景观赏，卖感受参与，卖绿色健康。跨界融合模式扩张现代农业产业的就业容量，大量的就业岗位从一产转向三产，凸显现代农业产业的立体感。

（五）渗透融合模式

所谓农业一二三产业融合发展的渗透融合模式，就是世界前沿科技，包括信息技术、工业技术和生物技术等对传统农业改造渗透的模式。渗透融合模式走融合发展的横向路径，目标是推动高新技术与传统农业的结合，从而改造传统农业，加速农业现代化步伐。其具体的呈现形式为"互联网+"（现代信息技术应用于农业生产、经营、管理和服务），比如智慧农业、精准农业、农产品电商等。术，是指工业技术对传统农业的改造；据，是指云技术、物联网、生物技术、业的渗透，使得农业实现在线化、厂化、个性化，农业生产经营在线监测、统计、预警、分析、发布信息，实时监控管理，农产品线上预订结算、线下交易销售，形成农产品电子商务、农业众筹、个性化定制产品等新型业态。如：大田种植、畜禽养殖、渔业生产等的物联网改造；采用大数据、云计算等技术，改进监测统计、分析预警、信息发布等手段，健全农业信息监测预警体系；农产品电子商务、配送及综合服务网络；工厂化、立体化等高科技农业；农产品个性化定制服务、会展农业、农业众筹；等等。渗透融合模式利用高科技改造农业，推动要素跨界，大幅度提高劳动生产率、单位面积土地产出率，降低交易成本，增加农民收入，加速农业现代化进程。

（六）复合融合模式

所谓农村一二三产业复合融合模式，就是通过创建农村一二三产业融合发展平台，形成农业产业集群，用供应链、价值链、产业链方式推动组织创新和管理创新的一种模式。复合融合模式走混合路径，既包含纵向路径也包含横向路径。目标导向是通过要素集聚和组织管理方式创新，推动新型工业化、城镇化、信息化与农业现代化在同一平台同步发展，通过示范带动，逐步构建乡村产业体系。其主要的形态有现代农业产业园区、现代农业示范园区、现代农业科技园区等，从融合政策来看，国家正在打造的融合发展示范区、融合发展先导区和示范园也属于复合融合发展模式。其融合路径是通过集聚资源要素，完善配套服务体系，形成农产品集散中心、物流配送中心和展销中心，培育农业科技创新应用企业集群。如推动县（市）、乡（镇）为区域，打造农产品区域公用品牌和特色农产品品牌，形成以特色产品为核心的产业集群。复合融合模式主要是发挥"1+1>2"的作用，通过要素的集聚效应和溢出效应，形成内部的供应链，降低交易成本，形成农业产业集群，有利于品牌塑造和价值提升。农业产业的集聚同时又能够集聚资金、人才和其他生产要素，使得乡村产业形成体系。

第三节　农村一二三产业融合发展体系的构建

◆ 一、融合产业链、融合价值链与融合利益链及其关系

推动农村一二三产业融合发展就是要把产业链和价值链的组织方式引入农业农村。农业产业链的组织形式属于管理范畴（与农产品链和农业产业化概念是有区别的），主要由生产者驱动，对不同农产品链在产业间的物流链、信息链、价值链、组织链等方面进行管理，侧重农业产业链中的人、财、物及信息、技术等要素管理。而价值链组织方式主要由消费者驱动，品牌、科技、销售渠道、市场运作、供应链管理能力等无形资产

对构建农业全球价值链的作用不断提高。农业一二三产业融合体系本质上是产业链管理和价值链管理在农业农村产业上的综合有效运用及其机制和秩序。在此，引入融合产业链、融合价值链、融合利益链三个概念。由于产业融合体系不同于农业产业体系，所以引入融合链替代农业产业链，同样，产业融合的价值不仅是市场价值和效益，还有社会和政治价值，所以虽然此处沿用价值链概念，但内涵不同。

融合产业链及其组织形式是指融合主体（企业、合作社、家庭农场等农村一二三产业的经营者）在一定的"产业公地"上，通过要素集聚、技术渗透、制度创新形成的新业态、新商业模式及新技术的应用，体现农村一二三产业融合发展的状态和管理水平。融合产业链的生成和管理方式有两条路径，一条是农业产业链延伸，为产业融合发展的纵向路径；另一条是产业跨界、交叉、重组等融合方向性选择，为产业融合发展的横向路径。

融合价值链是融合主体涉及价值提升的一系列组织活动。理解融合价值链首先需要正确领会农村一二三产业融合发展的政策目标。农村一二三产业融合发展的目标表述为三个方面：① 提升农业质量。农业是农村的基础产业，必须加快构建现代农业的产业体系、生产体系和经营体系，提高农业创新力、竞争力和全要素生产率。② 增强农村活力。村庄空心化、农户空巢化、农民老龄化使得农村缺人气、缺活力、缺生机，是当前农村比较突出的问题。农村发展的活力和动能需要通过产业融合发展来集聚和注入。③ 促进农民增收。通过农村一二三产业融合发展，产业链延伸、价值链提升、新业态产生，不仅可以创造农民就业岗位，同时也可以为农民创业提供平台，这是拓宽增收渠道的基本逻辑。所以，融合价值链是指农村一二三产业融合发展所产生的经济价值和社会价值，包括农民创业平台的构建和完善、农民就业岗位的增加和增收渠道的拓宽、农产品附加值的提升和农村各类资源的增值，以及由此形成的农业质量提升、农村活力增加。

融合利益链是指价值链收益的分配和联结机制。利益链管理的目标指向是促进农民增收，要让农民合理分享农村一二三产业融合发展带来的增值收益。

融合产业链延伸是产业融合发展的外在表达，是"形"；融合价值链提升是产业融合发展的内在要求，是"神"，没有融合价值提升，融合产业链延伸就没有动力；融合利益链是产业融合发展的客观要求，合理的利益分配机制是产业融合发展的"魂"。

◆ 二、开发农业多功能，推进融合产业链延伸

农村一二三产业融合发展过程是农业多功能性不断开发的过程。随着农业多功能性的不断开发，融合产业链不断向纵向和横向延伸，农村一二三产业融合发展的态势不断呈现。建设现代农业，必须注重开发农业的多种功能，向农业的广度和深度进军，促进

农业结构不断优化升级。随着实践的深入，对农业多功能性的认识也正在逐步深入，但是总体的理解还是不够。前面已经述及，现阶段我国农业多功能性主要体现在五个方面：① 农业的经济功能。农业是国民经济的基础。农业的经济功能是农业的基本功能，体现为农产品的经济价值，主要是为人类生存和发展提供充足的食品和工业原材料。② 农业的政治功能。我国农业的政治功能主要体现在粮食安全和农民增收两个方面。我国是人口大国，14亿人民的口粮不是一个小问题，保证中国人碗里的中国粮是一个政治问题。同时促进农民增收，农民"生活富裕"是我们党对农民的承诺，也是党的使命，而现代农业是重要的增收渠道。③ 农业的社会功能。农业的生产方式决定了农村社会秩序和农村社会的组织形式。农业作为一个产业，不仅能够容纳劳动力就业，而且农副产品的数量、质量直接影响人民的营养和健康水平，所以农业的社会功能主要体现在农民创业就业和食品质量卫生上。④ 农业的文化功能。我国上下五千年的历史实际上就是一部农业史、农耕史，我们的文明绝大部分是农业文明，农业长期以来影响着我国人民的世界观、人生观和价值观，蕴涵着丰富、独特的农耕文化和乡愁记忆。农业承载着农业文化保护、传承、审美、教育及农村景观营造的职能。⑤ 农业的生态功能。农业对生态环境的支持和改善作用现在已经被人们熟识和重视。农作物在为人类提供食物和工业原料的同时，默默地在固碳释氧、调节气候、水土保持、净化环境、维护生物多样性等方面发挥着积极和重要的作用。

农业这些功能的开发需要新理念、新知识、新技术，需要融入第二产业和第三产业，这个过程涉及产业链管理和价值链管理。农业多功能开发路径就是融合产业链不断延伸的过程。通过融合产业链的延伸，农业多功能价值不断开发和深化，农业价值链不断提升，农民增收渠道不断拓宽，这也是农村一二三产业融合发展的基本逻辑。以上述及融合产业链延伸总体呈纵向和横向两条路径，但针对不同农业功能的开发，会呈现不同的组合，产生不同类型的融合发展模式，经济和政治功能的开发主要是纵向路径，而社会、文化、生态功能的开发主要是横向路径。

（一）农业经济功能开发的农业产业链延伸融合模式

农业产业链融合模式以农业生产为中心向前向后延伸产业链，将种子、农药、肥料供应与农业生产连接起来，或将农产品加工、销售与农产品生产连接起来，或组建农业产供销一条龙。这一模式包含了农业生产性服务业的发展，产地初加工、深加工及特色加工业的发展，农产品冷链物流体系的建设和发展，农超、农企对接、社区直销等农产品营销体系的构建，等等。产业链延伸融合是农业产业内部一二三产业融合类型，属于纵向路径。催生了农业生产性服务业、农产品加工业、"互联网+农业"等新业态、新商业模式，内化农业收益，增加农民就业率。

（二）农业政治功能开发的农业行业内部重组融合模式

农业政治功能的保障，以粮食安全为重，必须保持和提升农业生产能力，同时又要增加农民收入，所以必须按照供给侧结构性改革要求，守住农业耕地红线，其中农业行业内部重组比较合适。比如，农牧结合、农林结合、农渔结合、种植业与养殖业结合。这种融合是一些新型农业经营主体，以农业优势资源为依托，将种植业、养殖业的某些环节甚至整个环节连接在一起，使得农业内部紧密协作、循环利用、一体化发展，形成绿色农业、循环农业等经营方式。

（三）农业社会功能开发的产城融合模式

将农业现代化与农村新型城镇化建设有机结合，引导农村一二三产业向县城、重点乡镇、村庄及产业园区等集中。在加强规划引导和市场开发的前提下，发展农产品加工、商贸物流业，形成新的农村组织形式。例如，传统的、新兴的、农业的产业特色小镇、特色田园乡村、农业风情小镇，这些小镇依托优势产业，"政府搭台、企业唱戏"，实现"产、城、人、文"的有机结合。这种模式更多的是横向融合。

（四）农业文化功能开发的跨界融合模式

农业与其他产业交叉型融合，主要是横向路径。例如，农业与文化、观光旅游业融合，打造农田艺术景观、阳台农艺等创意农业；农业与生态、文化、旅游等元素结合，打造休闲农业。这一模式大大创新和拓展了农业原来的功能，使农业从过去只卖产品转化到还卖农田风景观赏，卖感受参与，卖绿色健康。

（五）农业生态功能深化的城乡融合

生态产品和生态环境是城市居民对美好生活的向往，有着城市居民的乡愁记忆。一方面，通过城乡规划，守住耕地红线，释放农业对城市的气候调节功能，同时通过农业产业化示范基地和现代农业示范区，通过完善配套服务体系，形成农产品集散中心、物流配送中心和展销中心，将生态产品输送到城市；另一方面，通过农家乐、农村民宿等载体，吸引城市居民走进农村、留宿农村，切实感受农业农村的良好生态。

◆ 三、农村一二三产业融合发展体系及其特征

以农业多功能开发及融合产业链、价值链和利益链，构建基于农业多功能的农村一二三产业融合发展体系。以农业多功能通过不同的融合路径形成的融合产业链为基本形态，通过产业链管理和价值链管理的组织形式，使农业多功能价值不断得以开发，形

成内在的融合价值链。这些价值包括农业质量和竞争力提升，农产品加工业、特色制造业不断深化，农村资源不断集聚，新技术渗透，新业态、新商业模式不断创新，农民创业就业容量不断增加、创收渠道不断拓宽，等等。在融合价值提升的同时，各融合主体及融合发展的参与者的利益分配应该得到满足，形成紧密的利益链。这是融合发展体系的核心。融合产业链、价值链和利益链的延伸或收缩是一个动态的过程，其中起核心作用的是利益链的完善。融合产业链，提升融合价值链；融合价值链，配置融合利益链；融合利益链，决定融合产业链。融合发展体系主要表现出以下五大特征。

（一）农业生产过程的基础性

基于农业多功能的农村一二三产业融合发展体系显示，开发农业多功能、推进农村一二三产业融合发展的基础在农业生产环节。没有农业的生产过程就没有农业的多功能性，也就谈不上农业多功能的开发，体系的融合产业链也失去了延伸的载体。所以，第一产业在农村一二三产业融合发展体系中居基础地位。

（二）融合发展体系链的动态性

构建农村一二三产业融合发展体系必须清醒认识融合产业链、融合价值链和融合利益链的辩证关系，这种辩证关系决定了融合发展体系的动态性。拓宽农民就业渠道，需要延伸融合产业链使分工深化，融合产业链的延伸能够不断开发农业多功能，使得农业价值不断提升，但是归根到底还是要满足农村一二三产业融合发展参与主体各方的利益诉求。只有政府与市场一起努力，做大利益"蛋糕"，以及分好"蛋糕"，融合发展体系才能有序发挥作用。

（三）农村产业融合业态的创新性

产业的融合不是"1+1=2"，而是"1+1>2"。农村一二三产业融合发展是"1×2×3>6"。所以，农村产业融合的实质是在新经济技术条件下旧产业的聚变与新生。无论以何种方式或呈现何种业态，农村产业融合发展必须形成新技术、新业态、新商业模式，否则不能称为农村一二三产业融合发展。比如，农产品电商企业、农业旅游等都是传统农村没有的新业态和新商业模式。

（四）高新技术的渗透性

农村一二三产业融合发展，新业态、新商业模式不断出现，是高新技术在农业上渗透应用的结果，特别是生物技术、信息技术及其他领域高新科技的飞速发展带来的生物化、信息化、智能化成果在农业农村的应用。互联网技术的应用使得农村各类产品的供需得以衔接，无线网络技术的应用使得城市文明不断向农村延伸，等等。高新技术对农业农村的渗透是农村一二三产业融合发展体系构建的新动能。

（五）人与自然和谐共生

人具有自然和社会双重属性。农业多功能的开发，农村一二三产业融合发展的逻辑是满足人们特别是城市居民对生态农产品、农村生态环境、农业生态景观的需求，是满足离乡进城的城市人根深蒂固的传统农耕文化的乡愁思绪的需求。说到底，基于农业多功能的农村一二三产业融合发展体系开发的是人与自然和谐共生的体系。

◆ 四、构建农村一二三产业融合发展体系的启示

（一）构建农村一二三产业融合发展体系必须树立科学的现代农业发展观

走中国特色社会主义农业现代化之路，绷紧粮食安全这根弦，提升农业生产能力，是构建农村一二三产业融合发展体系必须牢固树立的科学的现代农业发展观。农业生产能力是保障"中国饭碗装中国粮"的基本要求，不仅是保障农业政治功能的要求，也是开发农业多功能性的前提。"皮之不存，毛将焉附？"没有农业生产，就没有农业的多种功能，农村一二三产业融合发展体系的构建也就失去了产业基础。所以，我们认为，一要严格保护基本农田红线，加强高标准农田建设，确保农业用水、土壤质量安全，确保农业生产安全。二要加大农业高新技术研发和应用力度，良种良法配套，确保农业生产能力的持续提升。三要利用WTO"绿箱"政策，制定农业绿色生产的生态补偿法律法规，按照农业供给侧结构性改革的要求，进一步激励农业绿色生产的积极性。

（二）构建农村一二三产业融合发展体系必须以融合利益链的完善为核心

推动农村产业融合发展和构建农村产业融合发展体系的着力点有所不同。前者主要关注融合产业链，而后者必须首先关注融合利益链。从融合产业链、价值链和利益链三者的动态关系看，融合利益链是农村产业融合发展体系的"牛鼻子"。要完善融合利益链，一要探索利益分配机制，强化农民与融合主体之间的紧密联结纽带，不管是保底分红、股份合作还是利润返回，都要让农民合理分享全产业链增值收益。二要激励融合产业链延伸。通过建立产业融合主体认证制度，建立相应标准，对融合主体实施精准扶持，不能一刀切，使真正推动融合链延伸的主体获得政府的扶持和资助。三要提升融合价值链。加强财政扶持资金的绩效评估，按照绩效排序进行后期补助和后期项目支持。对深化农业多功能、增加农民就业岗位、提升农产品附加值、促进农民增收等政策目标，制定奖励标准，推动融合发展。

（三）构建农村一二三产业融合发展体系必须把农村一二三产业人才创新能力的培育作为重点

人才是第一资源。农村产业融合发展业态的创新性和高新技术的渗透性决定了农村一二三产业融合发展需要各种各样的人才，尤其是具有创新能力的人才，这不是现有农村劳动力所能承担的。一要创新新型职业农民培养培育的方式。各地培育新型职业农民的热情非常高涨，政策支持力度都比较大，但是传统的培育模式对创新能力的培养显然是不够的。要以复合人才（农业专业+其他专业）的复合方式（学历教育+非学历培训）为抓手创新培养方式，提升新型职业农民创业就业的创新能力。二要加大有志于农村创业的城市居民的培养培育力度。城市中的人信息多、眼界宽，最重要的是了解城市中的人的心理，有利于有针对性地开发农业多功能。

（四）构建农村一二三产业融合体系必须加快推动新技术向农业农村的覆盖

在抓好农产品冷链、物流、农村"四好"公路建设和"厕所革命"的同时，必须加大作为农村一二三产业融合发展体系新动能的信息技术等高新技术在农业农村的覆盖，提升技术饱和度，加快渗透应用。一是加强信息高速公路建设，让光纤不断向农村延伸，提高带宽、提升网速、降低资费。二是加快智慧农村建设，要像建设智慧城市一样，完善智慧农村建设，要让农民享受到技术革命带来的好处，开阔视野，同时提升城市居民下乡的文明体验。三是认真做好农村互联网技术培训，大力推动农村互联网经济，使得农产品需求实现城乡对接，把手机和电脑变成新时代发展现代农业的新农具。

（五）构建农村一二三产业融合发展体系必须以绿色生态产品开发为主线

让绿水青山变成金山银山，关注产品才有产业。农村一二三产业融合发展销售的是农业文化、农业生态、乡愁、农村体验，归根到底是农村特有的绿色生态产品，包括农业生态景观、农村生态环境、农耕文化及绿色生态农副产品。所以，一是要严格保护和修复农村生态环境。绿水青山就是金山银山，没有绿水青山，也就没有金山银山。农村生态环境的保护既要完善法律体系，严格执法，也要加强农村环保公共设施的配套，既要转变传统农业的生产方式，也要改变农民原有的不良生活习惯。二是要加大绿色生态农副产品的生产和开发。转变农业生产方式，大力发展绿色循环农业，提升农副产品质量、保障质量安全不仅是生产标准，而且要成为社会的责任。三是要以农耕文化为内核，加强农业农村景观的营造，使消费者强烈感受和体验到农业农村的清新气息。

第三章
乡村振兴背景下新型农业发展路径

第一节 农业发展在乡村振兴中的地位与作用

◆〉一、农业发展在乡村振兴中的地位

在党的十九大报告中，习近平总书记将表征农业农村生产力发展进步的"产业兴旺"列为乡村振兴五点总体要求的第一位，农业发展成为国家乡村振兴战略的刚性基础、首要任务和目标构成。

顾名思义，农业发展是指发展广义农业所涵盖的各项产业，包括做大做强农业，提高农业的质量和安全性，完成农业产业化，丰富农产品及延伸的功能性产品，发展农产品加工业，加快第一、二、三产业融合发展的步伐，推进农业的二产化和三产化，提升农业的整体盈利水平。

农业发展是时代要求。长期以来，农业一直遵循"产量为王"的宗旨，忽略了农产品的质量提升，大部分产品均处于粗放型增长的状态，高品质产品十分缺乏；农产品溯源体系尚未建立，追踪难、问责难，食品安全事件频发，农药残留、重金属超标、抗生素滥用等问题触目惊心；在农业经营过程中，小农思想泛滥，围湖造田、毁林开荒、生态破坏行为比比皆是，生态平衡遭到威胁；农产品品牌意识薄弱，产品开发千人一面、缺乏地域特色和文化底蕴，产品营销不到位，信息化水平低下。随着我国社会主要矛盾的变化，新时期农业需要解决的已不再是基本的温饱问题，而是高水平的生活品质所需要的高质量农产品供给不足的问题，农业发展是破解农产品供需矛盾的关键所在，坚持农业农村优先发展被提上乡村振兴战略的发展议程中。

农业发展是国民经济的刚性基础，农业现代化是国家现代化必不可少的重要组成部分，没有农业发展，国家现代化就是不完整的。第一，农业是整个国民经济的基础，是解决人民衣食住行所需的基础性产业，为工业的发展提供原料，尤其是粮食生产关系到国家安全和稳定；第二，农业农村是我国经济社会发展的短板，没有农村的全面小康，

就没有整个国家的全面小康，没有农业农村的现代化，就没有整个国家的现代化；第三，弱势农业及相对落后的农村隐藏着巨大的内需和发展潜能，激发农业农村发展的活力，就是从全局上激发经济社会发展的新动能、新活力。因此，中央提出坚持把现代农业建设作为保持经济社会持续健康发展的重要任务，任何时候都不能放松；坚决加强耕地质量保护与提升，坚决强化农业科技支撑，坚决转变农业发展方式，坚决完善农业支持保护体系，使农业逐步由目前的小规模、高成本、低效益、弱竞争力转变到适度规模、低成本、高效益、强竞争力上来，坚决防范"农业过关论""粮食过关论"的泛滥。

农业发展是根治城乡居民收入差距拉大的重要手段。我国是典型的"二元经济"发展中国家，城乡差距和工农业发展差距巨大，工业品和农业品价格"剪刀差"长期存在，农业发展不力直接导致农民收入与市民收入差距迅速拉大，进而引起诸多问题。例如一些农民"弃农离农就工从商"，一些农民同时从事多份工作，兼业"两栖型农民"越来越多，前者导致合格农民越来越少，甚至"抛荒"农田农地越来越多，后者导致农业产出低下、生产效益下降，进而反过来影响农业的发展。由于农业是农民增收的主要来源，这些问题的解决有赖于未来较长时期内的农业发展。

农业发展对农村生态环境的改善具有重要的保障作用。多年来，农村面貌总体变化不大，农村基础设施建设滞后、生产生活条件低下、基本公共服务不完善、乡村治理机制"原始粗暴"，农村生态环境的发展长期得不到重视。只有农业发展了，农民富裕了，才有资金对农村生态环境进行治理；如果农业发展不起来，农民增收的效果不能实现，不但缺少进行治理农村的资金，而且农民"穷则思变"，还可能间接引发资源环境的恶化。

2018年中共中央一号文件围绕着实施乡村振兴战略，提出了"三农"发展的"三步走"目标任务：第一步是"到2020年，乡村振兴取得重要进展，制度框架和政策体系基本形成"，第二步是"到2035年，农业农村现代化基本实现"，第三步是"到2050年，乡村全面振兴，农业强、农村美、农民富全面实现"。农业发展是乡村振兴战略的三大最终目标之一，牵涉我国全面建成小康社会总目标的实现，也体现着中国特色社会主义"五位一体"总体布局在农业发展中的具体展开，具有重要的基础性地位。

◆ 二、农业发展在乡村振兴中的作用

（一）奠定经济基础

农业发展是农业现代化的必由之路。党的十九大报告提出了实施乡村振兴战略的总要求，即"产业兴旺、生态宜居、乡风文明、治理有效、生活富裕"，其中"产业兴旺"

位居其首，意味着农业发展将在乡村振兴战略中起到奠定经济基础的作用。农业强不强、农村美不美、农民富不富，决定着亿万农民的获得感和幸福感，决定着我国全面小康社会的成色和社会主义现代化的质量。推进农业发展，才能实现农业强、农村美、农民富，我国经济发展就有了扎实的基础和强劲的依托；否则，实现农业强、农村美、农民富就成为无源之水、无本之木。在当前乃至21世纪中叶"把我国建成富强、民主、文明、和谐、美丽的社会主义现代化强国"前，农业发展仍是解决我国一切问题的基础和关键。就多数农村地区而言，如果农业不发展，即便"生态宜居、乡风文明"，广大农民"看着美景跳着舞"，实现乡村振兴也无异于天方夜谭；如果农业不发展，乡村振兴战略的推进也将是不可持续的。

发展农业，最根本的是发展粮食产业，粮食生产是一国的立国之基。要结合完善质量兴粮、绿色兴粮、服务兴粮、品牌兴粮推进机制和支持政策，鼓励新型农业经营主体、新型农业服务主体带动小农户延伸粮食产业链、打造粮食供应链、提升粮食价值链，积极培育现代粮食产业体系，鼓励发展粮食加工业、流通业和面向粮食产业链的生产性服务业，促进粮食产业链创新力和竞争力的提升；要结合推进农业支持保护政策的创新和转型，深入实施藏粮于地、藏粮于技战略，通过全面落实永久基本农田特殊保护制度、加快划定和建设粮食生产功能区、大规模推进农村土地整治和高标准农田建设、加强农村防灾减灾救灾能力建设等举措，夯实粮食生产能力的基础，帮助粮食生产经营主体更好地实现节本增效和降低风险，将保障粮食安全建立在保护粮食生产经营主体种粮营粮积极性的基础上；要结合优化粮食仓储的区域布局和加强粮食物流基础设施建设等措施，全面提升粮食产业链和粮食产业体系的质量、效益和可持续发展能力，为"把中国人的饭碗牢牢端在自己手中"打下扎实基础。

发展农业，是发展农产品加工业的基础。农业是基础产业，位于所有产业链的最上游，农业是工业特别是轻纺工业的主要原料来源，我国轻工业产值的一半左右是依靠农产品做原料生产出来的，这些产业的发展有赖于农业的成本下降、效率和质量的提高及技术的进步。只有农产品成本下降了，相关轻工业的成本才能下降、生产效率才能提升；只有农产品的质量提升了，安全性提高了，轻工业产品的品质和安全性才能得到信赖，才能真正实现发展。

在我国经济已由高速增长阶段转向高质量发展阶段，农业作为国民经济的基础，农业的高质量发展将为我国整体经济的高质量发展奠定基础。

（二）催生农业经营服务主体

我国是一个农业大国，但不是农业强国，家庭联产承包责任制强化了农业基本经营制度的"分"、削弱了"统"的力量，未能形成较强的农业竞争力。在乡村振兴战略下，农业发展起来以后，农业生产规模扩大，农业结构更趋于合理和紧凑，各地区陆续形成符合区域资源禀赋和比较优势的特色，达到一定水平的农业开放程度和外向化程度，一些颇具国际和国内影响力的品牌先后创立，国内农业相关经营服务主体也将随之出现并壮大，共同推动我国农业综合竞争力水平的提高。

第一，催生更多的农业龙头企业。农业龙头企业是农业发展过程中联系农户与市场的桥梁，是乡村振兴战略的重要依托主体，农业发展将有利于农业龙头企业的孵化、培育和壮大。通过建立"风险共担、利益共享"的利益联结机制，农业龙头企业将小农户与大市场有效地联结起来，提高了农产品附加值和市场竞争力，实现自身规模和实力的大提升。农业发展的基础地位也将使国家更加重视农业龙头企业的发展，对其实行政策倾斜。

第二，壮大农业行业协会。农业行业协会是农业中实行行业自我管理的非政府组织和非营利机构，是政府与市场主体之外的"第三种力量"或"第三部门"，是沟通政府与农业市场主体的平台，在整个社会中主要扮演"协调人"的角色。农业行业协会向协会会员收取会费，取得的收入全部用于自身发展，主要涉及政府与企业都不能或者不宜涉及的领域，代表农业经营者的权益，通过与政府有关部门的对话与沟通，与国内外其他组织的沟通与合作，以及通过创建业内统一的产品和服务品牌三大渠道，及时准确地将农业经营者的意愿进行制度化的利益表达，独立地开展或参与反侵权、反倾销、反补贴、反垄断的诉讼等维权活动。我国农村采取的是家庭联产承包责任制，规模小、分布分散的小农户经营主体未能有效联合起来，农业行业协会的作用长期被忽视，导致国内农业行业协会发育不健全。农业发展将推动农业市场化和农业结构调整，促进农业行业协会的壮大，弥补家庭经营制度的先天缺陷，缓解农业小生产与大市场的矛盾，提高农业的抗风险程度，提升农业的综合竞争能力。

第三，发展农业服务主体。农业发展将细化农业分工，小农经济将迅速瓦解，资本化农业运作可能出现，包括农机服务、农资服务在内的服务主体将出现并活跃在广大农村。农机服务主体拥有大型拖拉机、收割机、播种施肥无人机等，向农业经营主体提供机械租赁、机械使用指导等服务；农资服务主体提供良种、农药、化肥等生产资料的销售，并提供病虫害和相关技术指导服务；粮食收购加工主体常年或季节性从事粮食收购、烘干、脱粒及其他加工等服务，并通过多种手段线上线下销售粮食，赚取差价。这些农业服务主体将在农业发展之后发展壮大起来，并形成一定的经营规模，在全省乃至全国经营连锁门店，为农业生产者提供技术含量更高、更加及时、更加精准的专业服务。

（三）增加农民收入

改革开放以来农村居民收入得到了稳步提高，但是这些增长的收入大多并非来自农业，而是来自农业派生行业或非农行业，例如进城打工的收入或者从事手工业所挣的收入或者农产品批发零售收入等，据悉农业兼业化在农村十分普遍，农业之外没有一技之长的少数农户一般总是徘徊在贫困的边缘。此外，农民获得的收入有相当大的比例没有用于农业生产。有的村民举家移居到大城市或小城镇生活，将积蓄带离了农村；有的村民将绝大多数收入用于子女教育，待子女成年后留在城市，又将收入用于子女购房等支出；由于非农产业的回报率高，许多头脑活络的村民通过向亲友举债借贷的方式筹集资金，从事非农产业的经营。

农业规模化经营是公认的增加农民收入的方式，目前尚在持续进行的"三权分置"改革就是为了防止经营权变更引发权属争议，稳定农民的承包权，让农村土地流转发展得更为顺畅。但是，"三权分置"改革本身并不能增加农民收入，要使农民收入增加，仍然需要依赖农业发展。例如，对于那些种植果树、林木、盆景、中药材等经济收益较好的承包商，土地大规模流转就并非难事，这些地区并没有进行"三权分置"改革，关键是回报可观、土地流转后农民获得的收益较多，因而流转机制更加顺畅。可见，如果只抓体制改革、不抓农业发展这一关键问题，农民收入增加是不可能实现的。

目前我国仍有数亿人生活在农村，他们的生活并不宽裕，有的甚至在贫困线上下挣扎，农业发展涉及数亿人的福祉，也涉及经济新常态下的社会稳定。党中央对此非常重视，乡村振兴战略提出了让务农成为体面的职业、农民获得体面的收入和农村树起体面的形象"三体面"的终极目标。为了实现这一目标，农业发展应该承担起增加农民收入的重任。未来，在保证粮食安全的前提下，以农业产业为基础，丰富农产品结构，发展县域经济，发展休闲农业、观光农业、生态农业、互联网农业等，提高农业收益率和竞争力，改变农民工"两栖"生活方式，让更多人专注于农业生产，让现代公司经营制度取代当前的传统家庭经营模式，实现农业的转型升级和高质量发展，是农业发展的一条取胜之道。

（四）改善农村生产生活环境

"要想富，先修路"曾经是20世纪90年代广大农村致富的基本理念，但是广大农村的生产生活环境的提升较之城市和乡镇而言是相对缓慢的。农业发展将推动人们改善农村生产生活环境，让农村变得更美、生产更高效、生活更愉快。

推动农业生态环境改善。我国农业资源过度开发、农业投入品过量使用、地下水超采及农业内外源污染等一系列农业生态环境问题日益凸显，土壤污染、水体污染导致农村生态环境持续恶化，加剧了农产品质量安全风险，不仅带来了农业高质量发展的生态危机，而且打破了人与自然的平衡，甚至可能威胁人类生存、繁衍与文明的存续。农业发展将为改善农业生态环境提供资金支持和目标激励，改革产权制度，解决农业污染的信息不对称问题，健全农业生态环境补偿机制和激励制度，明确责任主体、补偿措施和激励细则，建立风险防范和保障机制。"绿水青山就是金山银山"是习近平总书记的一个著名论断，农业不仅将在生态优先的环境下发展，而且将推动生态环境的不断优化，最终实现资源、环境和经济社会的协调发展。

推动公益性基础设施建设。现代农业公益性基础设施包括纯公益性和准公益性两类：前者指生产经营主体在使用和消费过程中具有完全非竞争性和非排他性的农业基础设施，包括跨区域大型农田水利、农村交通、物联网等生产性农业基础设施，也包括天然林资源保护、退耕还林、种苗工程建设等农村生态环境基础设施，还包括农产品市场与信息化系统、农业技术研发推广系统、新型农业经营主体征信系统等农业服务基础设施；后者指农业生产经营与消费上具有有限的非竞争性或非排他性的农业基础设施，包括电力、饮水、燃气、新型能源、标准农业园区等生产生活基础设施，也包括保险、冷链、仓储、烘干、技术服务等现代农业服务系统，还包括物流及农产品批发、零售与电子商务等现代农业营销系统。由于这些基础设施具有完全或者半完全的公益性特征，无法将不交费的"搭便车"消费者排除在外，因而无法引入市场机制加以建设，导致农村公益性基础设施建设严重落后于我国各地平均经济发展水平。在农业发展的过程中，中央和地方政府应积极介入，设立牵头单位和相关负责主体，或建立由政府财政与私人资本共同出资的政府和社会资本合作（PPP）模式，或政府出资建设、私人资本运营，或由政府提供一定比例的补贴性资助，将更多的民间资本引入农村基础设施建设领域，激活现代农业公益性基础设施投资与运营。

推进农村法治建设。"依法治国"是我国的治国理政之本，理论上，法律手段是解决社会众多问题的主要手段，农村基层也不例外。但是，农村地域广阔、农民文化水平不高，受传统宗族、亲戚熟人等影响较大，最近十几年来，农业税的全面取消使乡村财政收入大幅度减少，能人志士纷纷迁居城市，农村基层自治组织的治理能力急剧弱化，农村法治基础越来越薄弱。农业发展一方面将增加农村剩余劳动力的就业，减少闲杂人等的聚集，同时宣传优秀村民，为农村生产生活注入更多的正能量；另一方面，农业发展也将为农村法治治理提供更多的资金支持，中央和地方政府将通过在农村设立基层司法机构和法律服务机构，加强行政执法队伍建设，实现村民自治和法律治理相结合，完善农村基层行政复议和行政诉讼制度，提高农民对法律的熟悉程度和信仰程度，推进农村法治建设。

（五）激发制度技术创新

农业发展将减少和消除对传统生产关系、体制机制及自然资源的路径依赖，呼唤制度变革和技术革新，最终起到稳步推动我国制度创新和技术创新的作用。

"经济基础决定上层建筑"，农业发展将激发农村制度创新。在国家层面，为了顺应农业和农村发展的要求，撤销农业部，将农业部的职责与国家发展改革委的农业投资项目、财政部的农业综合开发项目、自然资源部的农田整治项目、水利部的农田水利建设项目等管理职责整合，组建农业农村部；将农业部的渔船检验和监督管理职责划入交通运输部，将农业部的草原资源管理和确权登记管理职责划入自然资源部，将农业部的监督指导农业面源污染治理职责划入生态环境部，将农业部的草原防火职能划入应急管理部。除了组织架构，我国农村土地使用权制度模式也将不断进化，例如，农村土地股份合作制改革，短期来看是适应农村土地规模经营，实现农村土地使用权流转的资本化市场化，培育农村土地流转中介、价格评估和登记制度，加快农村土地流转体系建设，优化农村土地资源的优化配置。长期来看，农业发展还将促进现代农业经营制度的建立，例如，建立"以用促养、以养保用"的农作物轮作制度、建立现代栽培制度、建立粮食规范化生产制度、建立土壤培肥制度等。

在省市层面，针对农村集体山川湖泊普遍存在产权不够明晰、经营主体不够落实、经营机制不够灵活和利益分配不够合理等问题，农业发展将推动诸多制度创新。

农业发展也将推动我国农业技术的多项创新。现代农业的发展不仅是早期的机械化、水利化和化肥化，更包括信息化、互联网化、智能化和高端化。第一，农业技术方面将迎来发展的机遇期。农业发展对农业技术的发展、进化与应用提出了新的要求，过去的"机械化"不能脱离人工，现代农业让"百分百"的机器化作业成为发展方向，无人机技术已经被广泛应用在播种、喷洒农药、收集农作物信息等方面，未来被应用的领域将更广泛更深入；同时，农业发展也将同时加速农业技术变迁和标准化，例如，培育更多的农产品品种、满足不同层次的消费者需求；农业技术标准化、方便应用和质量管控等。第二，农业发展也将推动我国技术制度的革新，打破部门和学科限制，在更宽的领域实现产学研、农科教紧密结合，完善以产业需求为导向、以农产品为单元、以产业链为主线、以综合试验站为基点的新兴农业科技资源的组合模式，进一步完善农业科技成果的评价机制，加快农业技术转移和成果转化速度，引导农业教育科研单位、供销合作社、农业龙头企业、大中专学生等社会力量广泛参与农业技术的推广应用。第三，农业发展也将推动农业技术组织的创新。当农业生产力发展到一定水平，农业技术组织必然将随之变化。现代农业的起步和发展推动了相关企业的集聚、协调和合作，农业科技园、农业试验示范站及涉农企业孵化器等应运而生。20世纪90年代中期开始，我国提出并建立了农业科技园，如今农业科技示范园已遍布全国各地，对传统农业的技术和产业结构起到了改造、提升、引导和辐射等作用；在传统农业向现代农业过渡的过程中，农业技术推广体系建设催生了农业科技试验示范站，工作人员在那里使用生物学、植物学、农业病理学、食品加工等专业技术解决农业发展中的问题，实现农产品的优质高产；国家发挥了政府采购这一工具的作用，建立了成千上万的涉农企业孵化器，促进了农业科技成果转化和农业专业技术服务的开展，完善了农业科技创新链的衔接，培育了一批具有一定竞争力的龙头企业。未来农业发展到某种阶段，还将继续推动特定农业技术组织的创新。

（六）促进产业交叉融合

农业发展将加速农业与第二、三产业的交叉融合，使三大产业的边界越来越模糊，在原有的行业体系下衍生出许多新的分支。生态农业就是这样一个以农业为基本依托、三大产业多维融合的产业。它既具有生产特征，又具有环境保护和文化传播等功能，同时还和休闲旅游密切结合在一起。从生产上看，它包括种植业、林业、牧业和渔业，主导农产品有粮油、瓜果、蔬菜、棉麻、药材、禽畜、蛋奶和水产品等；从功能上看，它包括智慧再生能源管理、电子政务、信息协同、乡村文化传播、线上线下培训、互动评价、在线生态文化旅游、质量安全追溯、可视化绿色物流、营销、智能清洁化加工和精准生态化生产等；从关键技术上看，它包括循环种养技术、生态化加工技术、光伏技术、传感网技术、大数据技术、物联网技术、定位技术、云计算技术、人工智能技术、互联网技术和文化创意植入技术等诸多方面。通过使用不同的技术，生态农业能够实现不同的功能，既可以摆脱能源制约，又可以提高资源利用效率，也可以达到环境保护的目的。例如，在光伏农业中，使用太阳能杀虫灯可以有效解决大量使用农药化肥带来的土壤肥力下降、农产品农药残留严重及农业废弃物剧增等问题；在休闲观光农业中，既涉及种植业、养殖业，又涉及旅游、餐饮、休闲、教育培训、养生康复服务业，还涉及文化创意产业，甚至承载着多重文化的传播与传承使命。

随着农业发展提速，互联网的发展、储运效率和农产品冷链物流技术的进步对农产品销售模式产生了巨大的影响，冷链物流运输业迅速崛起，农产品开始越过层层批发代理从田间地头直接销售到千家万户，催生了众多生鲜电商，以京东、阿里巴巴和亚马逊为代表的诸多企业纷纷开展生鲜电商业务。新兴的生鲜电商公司，不少是以一、二、三线城市新鲜蔬菜刚需家庭为目标顾客群，抓住了现代城市年轻人和中产阶级生活节奏快的特点，通过APP线上订购、隔日线下自取的销售模式，打造"无剩菜、新鲜采摘、新鲜直送"的形象，配送基地邻近农产品生产基地，门店设立在邻近小区或城市交通枢纽位置，既最大限度地保持瓜果蔬菜的新鲜度，又解决了"最后一公里物流"问题，吸引了数以万计的用户，成为新时代促进农业新发展的后起之秀。此外，可以预见，大数据、人工智能及5G技术将进一步拉长农业产业链条细分行业的融合，以及产品的生产、销售与服务提供，让农产品安全追踪成为难题，在不久的将来将刺激产业链条不同环节的经营专业化，同时面临产品标准化问题，从而孕育出专门从事农产品质量安全监测与投入品安全管理行业。

第二节　新型农业产业体系发展的内涵

新产业、新经济的发展壮大，不仅可以缓解产品供求结构失衡，而且可以优化生产要素配置，同时还可以对生态环境和农民收入产生重大影响，在促进我国经济结构改革中发挥着重要作用。在现代农业发展中有许多新的要素和技术，充分利用这些新的要素有利于农村形成新的产业和模式。充分利用新一轮的技术和商业模式创新，依托农业，促进农业等产业融合发展，拓展多种新型农业功能，推广多种新型农业，进而促进农业产业链延伸，"拓展新产业、新业态"是中央特别指出的推进农业供给侧体制改革的重要方向，也是顺应农业发展规律和趋势的重大部署。

◆ 一、新型农业产业体系的内涵

（一）农业新产业体系概念

"新"不是一个刻板的概念，而是在比较中产生的。农业文化企业处在市场需求变化、竞争突出的发展背景下，采取了不断更新的产品创新和服务创新来应对这些挑战，使得农产品的形态、组织和管理都发生了一些动态变化，当数量变化达到质量变化时，就形成了一种新的农业形态。这是一种以智能经济、数字经济为主导，大健康产业为核心，现代农业为基础，通过各大产业融合实现产业升级和经济高质量发展的产业形态。现代产业体系是现代经济体系中的宏观产业结构，是发达国家可持续发展的工业形态，是智能经济时代发展中国家赶超战略的产业形态。其灵魂是高附加值，根本特征是创新、再生、生态、系统化，其规模和精度均达到一定程度。新型农业则是指多种生产要素与生产经营相结合，为适应市场需求变化而形成的差异化的农产品（服务）、农业经营和农业组织形式。由于农产品、管理和组织形式的多样性，通过不同的资源组合，可以创造出各种新的形式。在形式的逐步完善、改进、改造和升级的过程中，融入了新的思想和新的内容，于是不同于传统形式的农业新业态被创造出来。

（二）新型农业产业体系概念的内涵

1. 农业新业态是一个不断改变的概念

随着时代的发展，随着高新技术的渗透和需求的变化，出现了一些新的形式，每隔一段时间的更新发展，新业态将被未来更新的形式取代。例如，我们现在谈论的"新时代",可能有一个新的含义,再过十年,新时代可能又会是另一种意思。

2. 新型农业产业体系区别于传统农业产业体系

新的产业形式之所以可以称为新形式有一定的条件,只有和之前的产业形式不一样才能说是"新",有一定的经济规模才能说是"产业"。这种产业形式需要已经形成稳定的发展趋势,具有一定的规模。

3. 新型农业产业体系的出现是必然的

传统农业需要向顺应新时代的新型农业发展,农业产业的结构需要进行优化改革,就必然会有新型农业产业体系的出现,这是符合产业发展的内在规律的。

4. 新农业产业本质上是突破传统农业模式的产业创新

这种产业创新主要表现在原创新兴产业的诞生,如农业与旅游业的融合,形成了农村休闲农业,再如生物技术向农业的渗透,成为新的生物农业产业,出现了不同于其他产业的新格局。推动产业内部创新,让原有业态的某个环节繁复完整、越来越强、形成自己的特色,如通过对休闲农业和旅游新产品市场的细分,满足个性化消费市场的需求,形成了具有发展潜力的特色住宅产业。

5. 新农业产业的发展与该地区的科技经济水平密切相关

新农业产业的发展如果不以不同地区的经济发展水平为基础,将难以达到预期的效果。同时,也不可超越研发水平,盲目追求高水平的产业形态。

(三)构建新型农业产业体系的意义

加快新型农业产业体系建设,是现代农业发展到一定阶段的必然要求;是基于当前农业发展现状,根据自身自然禀赋,充分发挥自身优势,增强经济发展动力的战略选择。新型农业产业体系是衡量经济发展水平和综合实力的重要指标。

加快新型农业产业体系建设,是转变农业发展方式、解决农业发展问题的迫切要求。我国的农业发展中存在经济增长对资源和能源消费过度依赖、工业水平不高、积累的结构性和体制性矛盾日益突出、质量和效益不高、环境污染严重、城乡发展不平衡等问题,使得经济发展难以保持稳定快速的增长。要解决这些问题,增强经济发展活力,就必须加快建设附加值高、科技含量高、资源消耗低、环境污染少的现代农业新产业体系。努力实现新兴产业、现代服务业和现代农业的融合协调发展,转变经济发展方式,走质量效益型、结构优化型、全面协调可持续发展的道路。

加快构建新型农业产业体系,是顺应国际农业产业发展新趋势的现实需要。随着经济全球化的深入发展，国家、地区和城市竞相推动产业结构优化升级，提高产业水平，把产业发展的制高点作为提升核心竞争力的战略重点，而农业现代化的进程体现在农业科学产业化中的科技进步、农业产业结构的不断升级、农业产业水平的不断提高上。只有加快农业新产业建设，促进农业结构优化升级，才能在未来的竞争中赢得主动及发展。

◆ 二、新型农业产业类型

（一）农业新产业是融合发展的产业

当前，农业正处于转型发展时期，农业发展观念不断完善，产生了多种农业新品种，表现形式多样。

一是通过产业链的横向拓展，出现了服务农业，这种农业的新形式是充分发挥农业的服务功能，促进农业由第一生产向第三生产的拓展。其新模式的形成主要是由市场消费需求驱动的，如休闲农业、景观农业、旅游农业、会展农业、创意农业等不同于以往的服务型农业。随着经济和社会发展水平的提高，人们对休闲、医疗、教育等休闲消费的需求不断增加，可以看到人们越来越愿意为休闲买单，并且更追求多种多样的、具有个性的、高端的休闲服务。这也给新型服务型农业提供了广阔的市场平台。

二是高科技与农业相结合形成了新型农业，如现代生物技术和信息技术已经渗透到农业领域，形成了生物农业、智能农业、农业大数据应用等新的农业形态，创新农业新形式的形成主要依靠技术创新，新技术与农业的融合，以及地方产业化，形成了新的工农业形式。

三是在政治管理方面，以城乡协调发展为背景，受社会分工精细化和新型社会组织模式转变的影响，社会组织转型催生了农业众筹、承包农业、农村养老服务、农业社会化服务、社区支农、农产品定制新型社会化农业。

四是水产养殖业、畜牧业等农业产业一体化，形成了与现有农业生产方式不同的生态农业和循环农业等内部集成农业的新形式。

五是现代技术的融合和应用，形成了工厂化农业等新型综合农业，新的农业综合模式使农业生产呈现出准工业化，促进了农业生产的高效集约化。

（二）创新型农业新业态

目前，由于一、二、三产业的不断跨界整合，经济产业中出现了许多具有组织模式创新、运营模式创新、运营效率提升等的新业态。

第一，农村电商。农村电商是互联网企业与农业农村跨境融合的一种新形式，它包括农产品进城、工业品下乡、农村要素集聚、县级电子商务等，对组织模式进行了优化改革，有利于强化分工的专业化、提高人才的组织水平、降低交易成本、优化资源配置方式和提高生产率。

第二，智能农业。智能农业是利用现代农业生产设备配置资源的一种新型管理方式，现代农业生产技术主要包括计算机覆盖分析和云检测、3S技术、物联网技术、实时影音监控技术及无线通信技术和远程专家咨询服务，实现了农业生产过程中的可视化远程诊断、监控、灾害预警等智能化管理目标，使农业生产全过程在以下两方面更加科学：一是合理配置，农业生产要素配置更加合理，动态控制、精确管理；二是先进服务，为农业从业人员提供更有针对性的服务，这将是未来农业发展的一个重要趋势。目前，中国的智能农业技术已广泛应用于温室种植、畜牧养殖、质量安全检测和可追溯性检测四个领域。

第三，生物农业。生物农业是指用先进的生物技术和生产工艺栽培各种农作物的农业生产方式。其中包括种植业、林业、微生物发酵工程产业、畜牧业等生产项目。近年来，生物农业规模不断扩大，产业得到优化升级，生物农业的市场份额也在不断增加。生物农业大体上已初步进入大规模工业化阶段，发展势头强劲。随着现代生物技术在农业领域的推广应用，生物农业已形成覆盖农田的生物育种、生物肥料、生物饲料、生物农药、生物疫苗及制剂等产业。

（三）新型社会化农业

第一，休闲农业。休闲农业是农业的一种新形式，是乡村农业与旅游业跨界结合形成的，近两年来休闲农业发展迅速。一是发展田园综合体，即发展农业生产和农村市场。二是发展农村民宿产业。农村民宿是将农村休闲观光产业、农村闲置住房资源和短租服务平台融合发展的新产业。一方面，是国家大力支持休闲农业；另一方面，它也是人们对家庭住宿的认可和接受。此外，它还得益于双层保险的保障功能、地图索引和导航功能的不断优化，甚至是长期租赁服务及短租平台的不断创新。

第二，农村大健康产业。大健康产业将成为农村潜力最大的产业。在土壤污染的频次、程度、范围不断扩大，情况逐渐复杂的情况下，需要一个复杂庞大的修复系统，需要创新和优化耕作方式和模式，保护和发展农村饮用水资源，销售纯植物洗涤剂，生产和利用纯植物化妆品，发展植物油和生物能源，开发和种植新食品，回收有机肥料和其他新食品等，这些都将从真正意义上实现"绿水青山就是金山银山"的发展。

第三，市民菜园。消费者根据需求提前支付预订费和农资，是生产者和消费者共同承担风险和利益的新型城乡合作模式。社区支持农业建立了农民与消费者的直接联系，也为消费者提供了农产品安全保障途径，经过进一步的探索和完善，这种形式将焕发出新的商机。

第四，农业生产服务，是指贯穿农业生产经营链条的社会化服务，直接完成或协助完成农业生产前、农业生产中、农业生产后的各个环节，引导农民通过农机服务、农业技术服务、土地托管、动植物疫病统一防控等方式实现"服务外包"，为解决"谁种地""种地农业"问题提供了途径。

第五，农业众筹、农产品私人定制等农业项目尚处于起步阶段，是农业多元化的新趋势，主要服务于特定的高回报消费群体。

第六，生物工业化是工农业发展的高级阶段，是一个高投入、高技术、精细化的生产体系，结合生物技术与系统管理，使农业生产摆脱生态束缚，每年按照工厂化耕作制度计划生产植物产品。

第三节　发展农业新产业体系的路径选择

农业新产业体系的发展，是在农业产业化基础上对农业产业化的农业产业体系、生产体系和管理体制的调整和升级。这是中国特色农业现代化的新探索，是增加农民收入的关键。农业新产业体系发展强调新技术、新产业、新业态、新模式的"四新"融合发展。

◇ 一、建立绿色农业产业体系

绿色农业体系内涵丰富。重视资源节约就是依靠科技创新和劳动者素质的提高，提高土地产出率、资源利用率和劳动生产率，实现农业的成本节约、效率提高和收入增加。重视环境保护就是大力推广绿色生产技术，加快治理突出的农业环境问题，注重生态保护，培育可持续循环发展模式，关注增加优质、安全、特色农产品的供给，促进农产品供给由以满足"数量"需求为主向以满足"质量"需求为主转变。

建设城市绿色农业。做好城市土地利用规划，在城市边缘或郊区储备一定数量的农用地，严格使用土地，通过招标、拍卖、挂牌等方式依法出让土地使用权，建设都市绿色农业产业园区，依托农业园区建构都市绿色农业产业。绿色农业园区主要以市场化建设为基础招商引资。依托绿色农业园区，建设集农业研究、农业生产、有机农产品和无公害农产品配送、农业展示、文化体验、休闲娱乐于一体的绿色农业产业体系。此外，在城市规划用地上，设立农业主题公园，并在一些城市绿地上种植观赏作物。城市建筑和居住建筑可以由政府或者社区统一规划和安排，建立立体农业景观带。

加强农业主产区绿色农业建设。努力培育一批高产优质绿色商品粮、果蔬、鸡蛋生产基地。在自然湖泊密集、水资源丰富的地区，努力建设大型绿色渔业生产基地。具体组织模式可以通过培育和吸引农业龙头企业、龙头企业引导和支持绿色农业生产基地、农民建设来促进优质绿色农业生产基地建设；指导农民通过农业技术部门、农业龙头企业和农民来发展集体组织或者基层政府、专业合作社。引导专业合作社、农民生产基地采用统一规范的绿色农业生产模式。逐步统一标准化绿色农业生产体系建设，统一作物品种，统一化肥、高效农药和农业生产辅助产品投入，统一农业生产操作规程，通过类似生产确保产品质量。重视农产品深加工和废弃物回收产业的发展，形成并继续延伸绿色农业链。努力打造绿色农业产业化基地品牌，提高绿色农业产业化品牌效率。

加强生产条件差地区的绿色农业建设，如山区、丘陵、草原和沿海盐碱地的农业生产条件差，应该优先发展优质绿色有机特色农产品、保健食品生产，发展绿色优质特色农产品生产基地来培植绿色农业产业体系。林区大力发展山区和沿海盐碱地的绿色林果业，种植大量的用材林，同时发展经济林，如苹果、梨、桃、核桃、红花和板栗等。遵循绿色农业生产标准，建立无公害有机坚果生产基地。在城镇附近地区，可以适度发展观赏林苗木产业。依托林果产业，构建林果—散养禽蛋—野生食用菌农业产业体系，构建立体绿色农业生产体系。

进一步完善绿色农产品物流服务体系。农产品生产后，应在最有效的时间内形成有效的后生产过程、包装、储存、运输、配送和物流废弃物回收体系，以最小的生态环境影响为限，以低成本、减少农产品损失为目标，尽快推进物流系统技术创新，积极开发、改进和推广低霉菌储存保鲜技术、低碳环保包装技术和农产品物流信息传播技术等，构建与现代绿色农业产业体系相适应的现代绿色低碳、安全快速的农产品物流体系。做好农产品的回产回收工作。贮藏方面要尽可能减少农产品的腐烂和变质，节约能源，降低消耗，特别是冷链贮藏。交通和配送的核心是节约能源、降低消耗、节约碳、保护环境。更要明确落实物流企业农产品物流废弃物回收责任。

◆〉二、构建"农业新产业"融合发展体系

新的农业产业体系着力点在于促进农村第一、二、三产业一体化发展，促进产业链的增多、价值链的多元化和供应链沟通的"三链改造"，打造农业产业化升级版，全面提高农业产业化的质量和效益。"农业新产业"的融合发展，旨在增加农民收入，延伸产业链，促进农村三产业跨境整合，实现产业"1+2+3"。通过加工增值和服务增值，实现"1+2+3"的效益，产生倍增效应、效益"1+2+3"。

把农村集体产权制度改革作为发展"农业新产业"融合发展的坚实基础，产权制度是社会主义市场经济的基石，是发展"农业新产业"的基础。要广泛借鉴各地试点经验，促进资源向资产、资本向股份制、农户向股东转化，增加农民收入，发展壮大集体

经济。完善农村产权转让交易市场，整合市场资源，丰富交易品种，拓宽交易范围，创新融资方式，促进农村产权转让交易公开规范运作。同时，综合运用财政补贴、税收优惠、融资担保、风险补偿等政策，加大对农村产权交易政策的支持力度。

以新型农业经营为龙头的"农业新产业"融合发展，需要适当的经营模式，需要培育家庭农场、大型专业户、农民专业合作社、农业产业化龙头企业等新型经营实体。要适当倾斜涉农政策、资金、促进力量，确保新型农业经营主体数量科学增加，通过鼓励土地流转等方式，打造新型农业经营主体。抓住领导班子的龙头，实施新型农业经营主体领导干部培训工程，鼓励有文化、有创新精神的青年投入"农业新产业"。优化发展环境，通过专项资金、抵押担保、科技委员等方式，提供真正的政策、资金、科技支持；完善社会服务体系，建立"1+N"综合服务平台，大力发展社会服务组织，开展多元化社会服务。

构建利益联系的"农业新产业"融合发展共同体。"农业新产业"融合发展涉及多种主体，利益联动机制的建立是核心和关键因素。要创新利益联动方式，通过发展订单农业"保证分红+分红"和"农超对接"，形成订单合作、股份合作、产销联动等多种利益联系机制，使农民共享产业链的更多增值效益。加强利益链，注重产业链的不同环节，通过培育以企业为主导的农业产业技术创新战略联盟，建立纵向和横向产业联盟，建立共同营销基金，形成利益共同体。建立风险防范机制，建立农业风险咨询公司，建立农业风险链风险管理信息系统，运用农业风险基金、农业金融衍生工具、农业保险等规避农业风险。

要进一步建立健全"农业新产业"融合发展的监测指标体系和评价标准，加大科技指导、要素整合、动态活力、质量和效率提高的指标权重，引入第三方评价机制，提高典型品牌的科学性、针对性和有效性。大力实施品牌高端战略，构建农业品牌建设机制，实施标准化生产和全过程监管，积极打造一批区域性公共品牌、企业品牌、产品品牌和国际知名品牌。积极开展试点示范，引导各地建设一批"农业新产业"融合发展示范县、示范乡镇，创建一批农村产业一体化发展试验区，围绕产业一体化模式、主体培育、政策创新、投融资机制等大胆探索和创新，及时总结经验，推动农业新产业体系快速发展。

◆ 三、数字农业产业体系建设

农业智能设备的开发和应用，不仅是促进农业生产方式转变升级的关键，也是继将水利、机械、化学、育种、生物等先进科技产业引入传统农业之后的又一次技术革命。数字农业的目的是通过新的信息技术，数字存储、鉴别、捕获和汇总数据的图表显示，在线收集农业产业中所有领域、所有生产链、所有流程的各种数据源，实现"数据分析、数据决策、数据对话",全方位促进农业经济稳定持续健康发展。

(一)加强数字技术在农业生产领域的应用

大数据技术的发展使得可以全面和多维地感知农产品的流通。目前,在技术层面,物联网和射频识别技术广泛应用于整个产业链的生产环境,产品生产、采购、储存、运输、销售和消费,"信息技术+智能设备"是数字农业建设的基本特征。该领域的数据收集主要基于通过联合传感设备(红外扫描仪、3S远程感化系统、人工智能生物识别仪、环境感应仪、高光谱仪等)自动采集生产环境、育种对象和产前、产中、产后全过程的定制数据。例如,田间作物综合智能传感设备,畜禽饲养和饲养全过程智能传感设备,畜禽病虫害扫描和识别智能诊断设备,投入可追溯性智能表达设备(饲料、肥料和生长促进剂、农药和兽药、蜂药和蚕药),药物和蚕科农牧业机械和无人机操作等全过程数据的智能采集设备,通过网络传输到系统平台,用于数字模型的采集、计算、抓取和图表显示。

(二)利用数字技术提高农业管理效率

大数据应用与农业资源、环境管理息息相关。一是数字技术可以在农田污染方面得到应用。农田污染过程具有复杂性,造成土壤污染的原因很多,各种因素相互影响。要从根本上解决问题,需要利用大数据技术对农田污染的原因进行多元素融合处理,对各个污染源从不同污染路径产生的污染物的演变交杂进行分析,统筹规划治理方案,逐步推进,突破重点污染处理,确保我国农业生产清洁。二是大数据在改善农田退化中的应用。耕地质量的退化是一个复杂的动态过程,如何改善耕地质量退化对相关机构、机关来说是一个亟待解决却又无从下手的问题。而目前,大数据技术能在环保部门、农业部门和国土部门的数据支持下,提取隐藏在海量数据背后的有效信息和有用价值,预测生态环境的变化趋势,为提高耕地质量、防治耕地退化提供决策依据及相关初始方案。

大数据在精密农业中的应用。不同的土壤成分、空气湿度、照明条件、二氧化碳浓度和营养元素不同的地块会导致不同的种植结果。而大数据可以远程规划适宜的作物种植密度,预测气候、土壤水分含量、自然灾害、植物病虫害等环境因素,实时监测作物生长,准确灌溉和施肥,预测农产品产量,精细管理每块土地的投入和产出。同时,大数据技术的系统化、智能化等特征,可以帮助农民有效利用农业的上、中、下游信息,为农业精细化生产和精细化管理提供帮助。

大数据在农产品供求调节中的应用。我国农业生产流通中存在严重的供求矛盾,主要表现在农产品安全品质信息不对称和农产品价格长时间大幅波动。为此,可以依托大数据采集平台和大数据技术的分析预测能力,利用先进的人工智能交互系统,根据产业动态、供求关系、市场经济数据、质量管理数据等信息预测预警农产品风险，及时发布农产品消费需求报告和价格信息，积极引导农产品价格市场健康发展，有效推进农产品供给方面改革。

大数据在农产品安全管理中的应用。随着农业生产中产业分工的不断细化，农产品产业链越来越庞杂，要通过人工手段做到农产品生产过程可追溯越来越难。大数据技术的发展为农业生产的可追溯性提供了条件。大数据技术可以在生产端监测农产品的产地和来源，在运输环节进行监测以保证质量，而加工和零售环节的监测可以减少污染的发生，因而，大数据技术可以在各个生产阶段进行追踪记录，得到完整准确的商品信息。在消费者方面，可以通过质量可追溯系统生成的二维码快速查找农产品育种信息，从而快速跟踪来源。

（三）捕捉市场变化信号，引导市场交易预期

在市场经济中，最重要的是信息。利用信息引导市场和贸易，有助于控制在国际市场上的话语权，掌握市场交易中的主导权。与发达国家相比，中国在信息传播和数据利用方面仍有很大的改进空间。在中国成为世界农产品主要进口国的背景下，若想有效利用信息，必须把握市场及贸易话语权和定价权。

（四）加强农业管理领域数字技术的推广

农业管理不仅包括农业政府管理，还包括农业生产、管理和服务的综合管理。数字农业在农业管理中的应用还包括以下一些方面。首先，各级政府部门利用大数据/云计算技术，通过自下而上收集各类农业和农村数据，对数据进行捕获、分类、筛选和计算，利用授权方法对不同层次的管理人员进行数据调用、计算和智能图表分析，作为各级政府决策提高农业经济管理效率的重要依据。其次，养殖实体（园区、专业合作社和其他新的经营实体）收集生产、运营和服务流程及内部标准化管理流程的数据，协议式上传政府主管部门和内部智能化应用。

◆〉四、科技创新促进新型农产业体系

新型农业产业体系发展的主要动力来源于农业科技创新。要以工业繁荣为重点，依靠科技转变发展方式和增长动力，不断提高农业的发展创新力、产业竞争力和全要素生产率。要针对农业现代化科技需求，把高质量的发展要求作为衡量农业产业现代化程度的尺度，全面提升农业创新能力、成果转化能力和延伸服务能力，促进农业产业整体升级。

（一）加强农业基础科技创新

加强农业重点和基础技术创新。农业关键技术和基础技术是实现农业由增产向提高质量转变的重要科技支撑。以保障有效供给和高质量发展为发展目标，加强现代农业基础关键技术的突破性创新，与农业科研院所、农业大学、龙头企业研发中心等科技力量合作，开展联合研究，着力加快现代种子产业、生物工程、绿色生产等技术研究，增加、结合农业机械和农艺等，破解制约现代农业发展的重大技术瓶颈。通过培育新兴产业、新形式、新载体、新模式，努力构建农业与第二、三产业相互融合、相互渗透的现代工业技术体系。重点发展种植、养殖、加工一体化的技术模式，发展农村产业。经济、生态、文化等农业的内涵和外延功能将不断被深入探索和拓展，实现农业增值效益和农民持续增收。

（二）加强农业科技平台创新

完善高新技术平台，培育农业高新技术产业。一方面，建设和扩建一批特色农业产业园区，引导各类园区加快人才、技术、资金、项目、信息创新要素集聚，完善园区科技示范、成果转化、孵化带动、高端服务、产业一体化示范等功能，打造农业高新技术产业示范园区。另一方面，要完善基层创新创业平台，激发基层创新创业的积极性。推进科技转化平台和创新创业平台向县、镇、村延伸，加快建设创新型示范县和创新型村镇。充分发挥农业科技园区、涉农高校科研院所、农业科技企业、农民专业合作社、科技通讯员服务站等载体功能，建立和完善村镇科技创新链。

（三）加强农业科技成果转化和服务

积极创造科研成果向现实生产转化的机会渠道，使更多的农业科技成果应用于农业生产一线，从而让农业科技成果真正成为支持新型农业产业体系发展的中坚力量。一是大力建设涵盖展示、交易、共享、服务、交流等关键环节的全链条农业科技成果转化服务体系。建设业务特色化、服务专业化和手段标准化的农业科技中介服务组织，积极培育农业技术成果转化和交易专业市场。二是鼓励涉农高校、农业科研院所建立和做强农业科技成果转化推广机构，探索建立区域农业科教、科研、产学研一体化农业技术推广联盟和具有独特优势的种子产业区域创新平台，促进农业科技成果转化，为农村服务。

（四）进一步优化农业科技创新人才的培养

实现农业科技创新需要完整的技术人才体系支撑。推进农业科研机构改革，是农业科技创新人才队伍建设的基础。根据农业科技区域化、公益性、周期性的特点，加快我国现有农业科研机构的体制建设和体制改革。科研机构的改革包括将产品开发机构发展成企业，实现自主经营和管理；盈利的技术服务和咨询机构实现企业管理；研发一项基于政府财政支持的公益性产品，实现内部运行机制改革，重点突出人才的引进和培养。在农业科研机构，要积极实施学术带头人培养、科技创新团队培训、优秀技术人才工程、外籍专业人才就业等人才培养计划。加强科研骨干的培养和选拔。同时，要引进和吸引国际一流人才，建设一支高素质的农业科技创新人才队伍。要不断完善科技创新人才管理制度，建立高效科学的运行机制，营造公平公正的用人环境，完善技术人员聘用制度和人员收入分配制度，坚持按业绩计酬、按岗位计酬的原则，建立动态激励机制，为培养农业科技人才创造良好条件。

（五）完善农业科技创新管理运行机制

要加快实施农业科技创新启动机制改革，建立公开讨论和宣传项目启动制度，提高农业科研课题的科学性和有效性，认真听取各方面的意见和建议，紧密结合生产需要和顶层设计，实现满足群众生产需要的目标。不断完善项目管理制度和工程招投标制度。要完善农业科技管理部门的协调机制，落实国家农业发展规划的要求，坚持科技主管部门领导，解决财政、科技、农业、水利、环境等部门共同面对的重大科技创新问题。完善科技创新成果评价体系，运用学术影响力和行业认可度对基础研究成果进行评价，利用市场占有率和生产应用效应对应用研究成果进行评价。同时，要对具有自主知识产权的农业科技成果实行补贴，对在科技进步中作出突出贡献的人员和单位给予奖励。

第四节　发展农业新产业体系的政策建议

扩大新兴产业、新形式，不仅可以缓解农产品供求结构的失衡，还可以优化农业要素的错位，同时对生态环境和农民增收有显著影响，在农业供给侧结构改革中具有重要作用。今后，应积极推进产业链升级，引进现代元素，强化政府服务，加快新兴产业、新形式发展。

◆ 一、加强顶层设计创新管理

现代产业的组织和理念将促进农业多形式发展，进一步推进产业链、价值链和供应链的"三链"改造，促进农村第一、二、三产业的深度整合和发展。进一步探索和拓展新型农业模式的内涵和外延，提高新型农业的附加值。同时，通过对涉农企业和专业组织的财政补贴，为新农合经营者提供养殖、信息咨询、科技推广、营销等优惠服务。对新型农业实行税收优惠政策，严格执行企业所得税减半、企业所得税暂免等政策。对于从事农业的微型企业，可以进一步减税，加快固定资产的折旧。通过校企合作、政府政策鼓励等方式，吸引农业技术人员支持发展新型农技模式。

要统筹考虑发展新型农业，搞好点、线、面布局。第一，要做好"点"。重点发展优势项目，支持特色农业，形成符合各地特点的新型农业。第二，要连好"线"。依托地方重点工程，提升农产品价值链，完善农村第一、二、三产业服务体系。政府应主要提供规划、指导、协调、信息技术等服务，充分发挥其主导作用。第三，要形成"面"。要在已经形成一条或多条"线"的基础上，产生交叉利益，通过点与点结合，不断加强联系，形成新型农业发展网络。

在概念和内涵上，要明确新农村形式的基本概念和典型特征、主要范畴和识别基础，明确新农村建设模式与传统农村形式之间的联系和区别，以及"新产业"的"新"。在发展道路上，新农村建设模式是固定的，但也要坚持结合实际情况，综合考虑我国全国各地在地理位置、文化背景、经济基础和资源方面的特色，科学把握农村差异和发展趋势差异特征，分类实施政策，强化"硬约束"，进一步增强"灵活性"。同时，为突出"典型导向"，选择一些条件成熟、基础好、探索好、实践好的地区作为全国新格局的示范区。努力总结和完善经验与实践，以突出"典型指南"。在发展目标和任务方面，要遵循农村新格局的发展规律，要进一步完善新农村格式的核算范围和统计标准，加快新农村数据库建设，构建市场监测指标体系和新格式预警、预测和分析体系，加大对大数据发展新格式的支持力度。

◆〉二、丰富形式类型，增强创新意识

以"互联网+"和"生态+"为切入点，以拓展农业新形式、新功能为方向，以延伸产业链、发散价值面为目标，加快农村新格局转型升级及优质发展。在休闲农业和农村旅游中，要立足于地方和民族历史地理、传统文化、优美的环境和民俗情感，深入挖掘地方文化、节日文化、饮食文化、农耕文化。促进农业与旅游、文化、教育、卫生、体育等方面的深层次融合，因地制宜调整措施，打造特色鲜明、功能齐全、配套设施完备的休闲农村。在农产品加工业中，鼓励新型农业企业与涉农高校科研院所合作，围绕增产培育、品质提升、深加工、精加工等关键领域开展基础探索、前沿研究和系统性优化研究。加强品牌建设，培育一批代表"中国制造"优质形象的世界级品牌。在农村电子商务中，要完善对农村电子商务示范效果的评价，促进农村电子商务和第一、二、三产业的深层次融合发展，拓宽农产品、食品、乡村旅游等目标市场。支持各种农业生产

的新形式。与电子商务平台的运营商合作，鼓励农业企业建立电子商务平台。

积极激发农民创新意识，引进创新人才，吸引社会资本，为农业发展创造条件。现有格式应在深度和广度上进一步发展。同时，要积极探索其他新型农业形态。大力发展体验型、定制型、生态型、服务型农业。发展健康农业。发展农业与超市挂钩的超市农业。依托交通枢纽优势发展会展农业。将连锁经营模式引入新型农业模式，提高新型农业的经营成本，提高新形式的经营效率，为现代农业发展注入新动力。

◆◇ 三、区域均衡发展，加强政策支持

实现区域均衡发展，扩大新农产业圈的辐射范围。在延伸产业链的基础上，将产业链的不同环节分散到不同地区，促进各地区的共同发展。各地区结合自身资源条件，因地制宜地调整措施，积极引进或培育适宜的新型农业品种，提高地区综合收入，缩小农业差距。地方政府要加强沟通协调，避免重复建设同质化新形式，扩大和加强地方农业新形式优质项目和特色项目，着力形成具有自身优势的发展新格局。

◆◇ 四、推进产业整合，关注市场消费需求

一是为农村电子商务的发展提供技术平台支撑。在农村基础设施建设上推广现代信息技术，改善农村用户网络环境，鼓励阿里巴巴、京东、乐购、苏宁等电子商务企业及邮政储蓄、供销合作系统企业进驻农村电子商务领域。二是完善农村仓储、物流配送服务体系。借助农村乡镇客运站，因地制宜地建设配送仓储中转站，加强农村电子商务物流配送系统中的设备资源共享，以降低风险、增加资源的利用率。三是拓展服务功能，延伸农村电子商务产业链。借助农村电商推动传统产业向"微笑曲线"两端延伸，实现从单一销售网络向综合性销售服务的转变，基于对线上和线下电子商务平台的优势结合，促进实体经济与网络经济的共同发展。四是建立电子商务产业园。鼓励地方政府在农村建立县级电子商务产业园，通过完善人才、资金、技术、政策的配套服务，更好地把农村电子商务与各行各业联系起来，共同发展。

重点发展新型乡村休闲旅游产业。现代乡村休闲旅游产业是一种新的产业形态和消费形式。加快发展现代乡村休闲旅游产业，必须加快休闲农业的升级，使农村成为"山在眼前，水在眼前，幸福在眼前"的美丽家园。全面加强农村公共文化服务体系建设，继续实施惠民文化工程，充分发挥基层文化公共设施的整体作用。依托山清水秀的乡村风光、淳朴自然的农村文化等资源，大力发展休闲度假、旅游观光、农业体验、医疗卫生与养老服务、创意农业、农村手工业等，使其成为繁荣农村、繁荣农民的新支柱产业。

借助"互联网+"开创农业生产管理新方法。一是尽快扩大信息技术在农业生产中的应用范围。扩大物联网技术试点的范围、规模和内容，推进重要农产品产业链大数据建设，围绕良种繁育、病虫害防治、田间管理、收购、贮藏等环节，利用大数据和物联网，提高农业资料生产效率。二是实施农村农产品出口"互联网+"工程，加强小农户、家庭农场、农民合作社等产销电子商务企业的平台建设，完善农村网络宽带、冷链物流等基础设施建设，促进解决农产品销售难问题，实现优质优价。增加农民收入。加强网上销售农产品质量安全监管。三是鼓励社会力量利用"三农"发展各种有利于农业、有利于农民的新模式，满足发展多样化需求，促进群众性创业和创新在农村发展，带动更多农民就近就业。

◆ 五、完善基础设施，完善安全体系

加强现代农业科技支撑。第一，生物技术应发挥多功能作用，从单位面积增产转向总增产，定向优化特性，提高质量。要不断推进科技、农业、工业一体化，加快培育一批具有国际竞争力的现代化种子企业，培育和推广一批高产优质、高效、低粒度、适应性强的机械化生产育种新品种。第二，设备技术的重点是升级换代。核心是发展大、中、小型农业机械设备配套，多功能、全工业配套，通过机械作业降低生产成本，提高经济效益，增加农民收入。第三，信息技术应用于农业生产的多个环节。农村乡镇要加强信息基础设施建设，加快物联网、大数据、移动互联网的应用，建设智能农业和大农场。研究开发和推广农产品营销与流通的信息技术，完善农产品电子商务平台、标准体系、服务体系和冷链物流体系，以产品和产业为纽带，实现城市消费者与农村生产者的互联互通、一体化。

农业新业态需要比以往更加严格的农业生产设施。它不仅需要完善的基础设施系统，而且对信息高速公路等信息技术提出了更高的要求。然而，完善的基础设施建设不能靠一个村镇的财力来完成。国家、省、市要下拨资金，努力建设发展新型农业的必要配套设施。要完善信息流通机制，构建互联网大平台，通过官方平台收集农业数据，发布发展新型农业所需的各种信息，可以模拟股票交易系统，实现新型产品实时匹配。

开设网上虚拟课堂讲座，使农民不用离开家乡就可以学会如何选择和经营新的农业形式，从而形成发展新型农业模式的保障体系。引导休闲农业企业、电子商务企业等主体将农业与加工、流通、销售、旅游、文化等产业有机地结合起来，稳步推进休闲农业、品牌农业、乡村旅游、创意农业等新格局建设。加大对山区、半山区特别是贫困地区基础设施和信息服务设施建设的支持力度，加大流通人员的参与力度。

◆ 六、培育新农民，提供智力保护

"小康不小康，关键看老乡"，发展新型农村产业体系，在促进产业发展、加强基础设施建设的同时，要注重提高农民素质，充分发挥农民的主体作用。加快发展农村教育，特别是职业教育，加强农村实用型人才和新型专业农民的培养。适应现代农业发展大势和城乡一体化，把培养和提升农民素质作为发展农村特色产业和扶贫的基础工程。通过农民教育和技能培训，积极培养一批有能力的农民、技术带头人和大企业经营者，不断提高农民素质，提高农民增收致富能力，改善农村农民就业结构和农业产业结构。通过生产、教学、科研等手段，培养适应农业现代化背景的农业从业人员，培养新型农民、专业农民和农业职业经营者，培养新型农村产业体系发展所需的复合型人才，为新型农村产业体系建设提供智力保障。培育农民收购股份或参与经营的新型合作组织形式，密切经营主体关系，加大援助力度，降低交易成本，提高农民跨市场的谈判能力和地位，使农民在农业现代化进程中拥有更多的发言权和独立决策权。鼓励高新技术和先进技术在农业中的实际应用，实施科技兴农，发展优质农业，更好地促进城乡协调发展。

加强人力资本投资，弥补农村人力资源短缺。将专业农民培训纳入职业学校教育培训发展规划，支持职业学校办好涉农专业。继续完善国家助学培训补助政策，鼓励农民通过"半农半读"等方式，在当地或附近接受职业教育培训。积极建立农业、科技、教育、科研相结合的农业技术推广联盟。支持基层科技带头人和农业科技专员与农户、农民合作社、龙头企业开展技术合作，向农民渗透和传授农业科技，有效解决生产技术两层、两股之间的长期矛盾，疏通农业技术推广的"最后一公里"。

第四章
乡村振兴背景下新型旅游业发展路径

第一节　乡村旅游形象设计

　　乡村旅游形象设计是一项综合性很强的系统工程，包含旅游目的地形象调研、旅游目的地形象定位、旅游目的地形象设计、旅游目的地形象传播和旅游目的地形象管理等内容。树立良好的乡村旅游形象，进而吸引更多的旅游者是乡村旅游形象塑造的目的和意义。

◆ 一、乡村旅游形象

（一）乡村旅游形象的概念及构成

1. 乡村旅游形象的概念

　　乡村旅游形象是一个含义极为广泛的概念，是对乡村旅游目的地综合的抽象的认识，也是吸引游客的关键因素之一。

　　乡村旅游形象目前还没有统一的定义。乡村旅游形象属于旅游形象的一种。它是旅游者对乡村旅游目的地总体、概括的认识和评价，包括对乡村旅游活动、乡村旅游产品及服务等的总体印象。乡村旅游形象是现实旅游者和潜在旅游者对乡村旅游目的地的总体认识与评价，是乡村旅游目的地在现实旅游者和潜在旅游者头脑中的总体印象。

　　事实上，乡村旅游目的地形象很难用单一的定义来表述，乡村旅游目的地形象的用法也是多种多样，在这里，主要考虑该形象在目的地的营销过程中的作用，从供给和需求两个层面理解这一概念。

　　基于以上研究，乡村旅游形象可以定义为：旅游者对乡村旅游目的地总体的认知和评价，是乡村旅游目的地在游客心目中的一种感性与理性的综合感知，它具有主观性和客观性双重属性，是一个多要素、多层次的系统。乡村旅游形象概念包括旅游目的地和旅游者两个认知层面，是一个双向意念系统。目的地层面的形象概念指的是乡村旅游目的地设计、塑造和对外传播的形象，该形象是客观存在的；旅游者层面的形象概念指的是旅游者通过实地感知而形成的意念要素的集合，是目的地的客观形象在旅游者心中的主观反映，乡村旅游形象是旅游者在旅游过程中对乡村物质、行为和影响三个层次的总体印象；乡村理念是所有乡村旅游形象感知因素的核心；乡村文化是贯穿三个层次的主轴和线索。

2. 乡村旅游形象构成要素与识别系统

乡村旅游形象是一个多要素、多层次的系统，包含乡村物质、乡村行为、乡村影响三部分。

乡村物质，包括乡村资源条件、基础设施和乡村建筑等；乡村行为，包括旅游规范制度、公共政策、村民及服务人员行为表征；乡村影响，包括知名度、美誉度和认可度。

乡村旅游形象是旅游者在旅游过程中对乡村三个层次的总体印象，乡村文化是贯穿三个层次的主轴和线索。

乡村旅游形象识别系统源于企业形象识别系统（CIS），并受地区形象识别系统（DIS）的影响，通常的企业形象识别系统由理念识别系统、行为识别系统和视觉识别系统三部分组成。有人形象地把理念识别比喻为形象识别的灵魂或心脏，把行为识别比喻为一双手，把视觉识别比喻为一张脸。理念识别属于战略的策略层，对乡村旅游业的发展具有宏观的战略指导意义，包括形象定位、发展战略、市场战略、经营理念等；行为识别属于战略的执行层，规范乡村旅游活动的内部管理制度系统和外部社会活动系统的运作；视觉识别属于战略的展开层，它通过标志、宣传口号、乡村建筑外观等具体化的视觉系统符号，塑造出鲜明、生动、有强烈冲击力的乡村旅游形象。

（二）乡村旅游形象的特征

1. 地域性

乡村是乡村旅游形象的唯一载体和实体依托，无论对于旅游者还是旅游营销者，乡村旅游形象首要的空间地域概念是乡村。同时，乡村受空间分异规律影响，具有地域差异，表现出地域性特征，这种地域性特征是乡村旅游形象个性化形成的基础，也是乡村旅游形象地域差异产生的基础。

2. 综合性

从内容层面看，乡村旅游形象的内涵丰富，是多种因素相互影响、相互制约、主观因素与客观因素共同作用下形成的心理感知综合体，具有有形和无形双重特征，主要表现为内容的多层次性与心理感受的多面性。从时间层面看，乡村旅游形象形成过程可划分为三个阶段，即原生形象、次生形象和复合形象。从感知要素层面看，是旅游者对乡村旅游目的地的旅游资源、旅游产品、乡村环境、乡村社会经济、乡村风貌等诸多要素的综合感知。旅游者的个性差异导致对乡村旅游形象的心理感受呈现出差异性与多面性。

3. 变化性

乡村旅游形象是乡村旅游目的地在游客心目中的一种感性与理性的综合感知，它具有主观性与客观性双重属性，不是一成不变的，而是随着时间变化和旅游者的不同而产生变化。同时，乡村旅游形象在某一时段又具有相对稳定性，因为乡村旅游形象一旦形成，便会在旅游者心中产生印象，而这种印象是累积而成的，具有相对稳定性。

◆〉二、乡村旅游形象定位

形象定位是乡村旅游地形象塑造的核心，也是形象塑造与传播的前提，鲜明独特的形象定位已经成为乡村吸引旅游者的关键因素。

（一）乡村旅游形象定位的含义

定位是广告学的核心概念，是通过广告宣传使商品进入潜在消费者心中，并占有一定地位，定位不针对产品，而是针对消费者。所谓定位，就是让品牌在顾客大脑中占据一个有价值的位置。这个概念有三个要点：定位的对象是品牌；定位的地点是心智；定位的根本是位置。

美国著名营销专家菲利普·科特勒（Philip Kotler）对定位的描述如下：定位就是树立组织形象，设计有价值的产品和行为，以便使细分市场的顾客了解和理解本企业组织与竞争者的差异。形象定位差异是由主体个性、传达方式和受众认知决定的，这也是影响形象定位的主要因素。乡村旅游形象定位应以旅游资源为基础，以突出乡村特色主题为核心，以受众心理为目标，加以高度概括和提炼，使乡村旅游目的地在游客大脑中占据一个有价值的位置。

（二）乡村旅游形象定位的基础

1. 地脉分析

把握地脉是科学定位的前提，对定位区域的地理区位、资源特色、开发条件等乡村地域特征进行评价分析，以确定乡村旅游地的开发潜力和方向，为形象定位提供依据。

2. 文脉分析

文脉分析主要是对乡村旅游地的资源特色和乡村民俗文化或后期形成的乡村社区文化等进行分析，试图寻找区别于其他地区乡村环境氛围特性并具有代表性的旅游地本质。文脉分析在旅游地形象定位中非常重要。

3. 游客感知分析

通过对旅游者感知价值因素分析确定形象定位的重点因子，主要对游客采用问卷调查的形式，对游客心目中的感知因素价值进行打分，加以比较。

4. 潜在市场分析

对乡村旅游地近年来主要游客属性的调查和分析，包括游客的数量、年龄、学历、性别、职业构成，主要客源地，出游方式，获取信息渠道，线路组合需求等，并根据调查的数据对潜在市场和潜在游客群进行预测分析，了解游客的旅游需求和形象感知途径。

（三）乡村旅游定位的方法

乡村旅游形象定位不是给乡村旅游贴上一个美丽的标签，而是用科学的方法把握乡村旅游发展规律，在动态环境中寻找既符合当地乡村个性，又有无限前景的发展坐标，因此，乡村旅游形象定位应该在对旅游地和旅游者进行调查分析的基础上，科学选择定位方法与策略，常用方法有以下几种。

1. 领先定位

领先定位又称超强定位、争雄定位，就是努力使定位对象在旅游者心目中占据同类旅游地形象的第一位置。这种定位策略追求的是在同类旅游地中的领先性与不可替代性，对独一无二或无法替代的乡村旅游地适用，但要注意实事求是。

2. 比附定位

比附定位也称近强定位、借势定位。对于不可能占据同类形象阶梯第一位的旅游地，避开第一位，抢占第二位。这种定位强调的是连带性和借势性，因此，比附的旅游地往往是知名度高的同类旅游地。

3. 逆向定位

逆向定位也称对强定位、对抗定位。强调并宣传定位对象是旅游者心目中习惯形象的对立面或反面，采用逆向思维定位，追求标新立异、突破常规，开辟一个全新的易于接受的心理形象阶梯，从而抢占另一片广阔的市场空间。适合用此方法定位的旅游地要具备两个条件：一是要存在超出常规、尚未被开发的特质；二是旅游市场对这一潜在的特质有相当大的需求。两个条件缺一不可。

4. 空隙定位

空隙定位又称避强定位、缝隙定位。其核心是分析旅游者心中已有的形象阶梯，发现和创造新的形象阶梯，树立与众不同的旅游形象。这种定位适合谋求与竞争对手"共存共荣"的旅游地。

5. 导向定位

导向定位是一种以目标客源市场为中心的定位方法。定位以客源市场为导向，要求准确把握客源市场机构，只有当某一类客源比例达到一定的市场份额的时候，才能用此方法。

6. 重新定位

重新定位也称更新定位、再定位。重新定位并不意味着用新形象替代旧形象。重新定位是指沿袭原有形象的一些因子加以引导，生成新的"诱导性"形象，是对原有形象的扬弃。

◆〉三、乡村旅游形象创新设计

乡村旅游形象设计是旅游形象塑造的关键，形象塑造是在乡村旅游形象调查、乡村旅游形象定位基础上进行的，是形象传播的前提。

（一）乡村旅游形象创新设计的原则

1. 客观性原则

乡村旅游形象塑造是在定位的基础上进行的，是围绕特定目的地，立足于乡村旅游形象定位，对该地乡村旅游产品进行创意、构思、规划与包装，建立乡村旅游形象识别系统的过程，要注意实际调查，实事求是。

2. 突出特色原则

乡村旅游形象塑造应该凸显地方特色，在充分分析乡村地方性、乡村旅游资源和乡村文化特色的基础上，抓住该乡村的特点和优势，塑造独具特色的旅游形象。特色产生差异，差异产生吸引力，进行差异化创意，不能照抄照搬。

3. 以人为本原则

乡村旅游形象塑造在尊重自然的前提下，考虑人的尺度和心理要求，将人的活动性和舒适性作为形象设计的出发点和落脚点。要让旅游者真正感到乡村旅游地的舒适和方便，产生认同感，引起共鸣，产生积极参与的理念。塑造旅游型乡村旅游地形象，重在保护和发掘当地的人文景观和风土人情，将人的活动融入设计中，营造舒适、充满人情味的乡村旅游地形象。

4. 战略性原则

形象塑造应该在特定时代、区域和社会背景下进行，要具有时代特征。但旅游形象具有相对稳定性，因此，形象设计不能一味追求冲击性与时代感，还要有战略眼光，着眼未来进行设计。

（二）乡村旅游形象识别系统的设计

旅游形象设计是乡村旅游形象塑造的关键，是围绕特定旅游目的地，立足于乡村旅游形象定位，对旅游产品进行整体创意、构思、规划和包装而建立旅游目的地形象识别系统的过程。

1. 理念识别系统设计

乡村旅游地的理念设计要依托乡村旅游资源、提出旅游业发展的指导思想，内容包括乡村旅游地经营理念、经营宗旨、发展目标、广告语等，是对乡村旅游地开发思想与文化的整合。乡村理念形象根植于乡村文化，具有延续性、持久性特点。但随着乡村发展和时代变化，乡村旅游理念需要随之变化与不断创新。乡村旅游形象的理念内涵丰富，为了使理念便于了解、传播和执行，往往把理念的核心内容提炼概括为一句言简意赅的口号，使用生动有力、简洁明了的句子，使之震撼人心、深入人心。另外，还可以用广告语、乡村歌曲等形式传达理念。

2. 行为识别系统设计

乡村旅游形象的行为识别主要是以理念为指导，通过管理者、农民、旅游从业人员及各种农业生产服务体现乡村旅游的个性和精神，这是区别于其他旅游形象的关键，也是旅游者识别其特色的主要评判条件。

设计内容主要包括政府行为、居民行为、旅游经营者行为、服务人员行为、旅游者行为和对外的旅游公关活动等，通过这些行为和活动展示乡村旅游地的魅力与实力，提高知名度和美誉度。

（1）管理者形象设计。管理者形象往往是指乡村各级政府形象，一般表现为政府组织机构管理水平、管理思想、管理方法及公众形象等。乡村政府行为直接关系乡村社区的向心力和凝聚力，关系对外亲和力与感召力，是乡村形象的重要组成部分。

（2）乡村居民行为设计。乡村居民既是农民，又是乡村旅游的主体和从业者，他们的生活方式、语言、服饰、活动、行为等和风景一样成为旅游者眼中目的地的一部分，他们的行为是乡村行为的主体，是乡村旅游形象的体现。他们是乡村风貌、乡村文化与风土人情的创造者、继承者和传递者，是当地特性和当地精神的体现者。因此，当地政府和相关职能部门应该加强对乡村居民的宣传、培训，注意引导、规范乡村居民行为，制定"农民行为准则"与"服务规范"，不断强化乡村居民的旅游主体意识和参与意识，在乡村逐步形成"处处都是旅游环境，人人都是旅游形象"的新景象。

（3）服务行为设计。乡村旅游服务包含"吃、住、游、行、购、娱"六要素，涉及交通、餐饮、商店、集市、旅行社等行业和部门，这些行业和部门的形象也是乡村旅游地形象的组成部分。服务行为是乡村旅游接待的窗口，关系到对乡村旅游形象的整体评价。乡村旅游服务产品主要体现在无形的主客关系和有形的服务内容上，因此，服务态度、服务质量事关旅游产品质量与乡村旅游形象。乡村旅游服务要给人朴实感、亲切感和情趣感。

（4）旅游者行为。旅游者既是目的地旅游形象的感知者，也是目的地旅游形象的塑造者，到旅游地旅游，旅游者就暂时成为旅游地一员，尤其是乡村度假旅游和生活体验旅游延长了旅游者在旅游地的逗留时间，他们的行为事关旅游地形象，因此，旅游地形象塑造也要注意规范旅游者行为。旅游地的各种标志、约束性文字在为旅游者提供引导服务的同时，也能起到规范旅游者的旅游行为的作用。

（5）对外公关活动。为强化、传播、树立乡村旅游地形象，激发旅游者的旅游动机，需要策划各种对外公关活动。其中，节庆活动是最常用的公关活动。成功的节庆活动加上媒体宣传，会引起广泛的关注，形成巨大的轰动效应，使目的地旅游形象更加清晰，使更多的人通过各种媒介或实地游览对乡村印象深刻，从而在短期内强化乡村旅游的形象。旅游节庆活动设计是乡村旅游形象塑造和传播的重要途径。节庆活动策划与设计的关键是选择和策划具有浓郁地方文化特色、参与性强的旅游节庆活动，并使之成为地方标志性节庆活动。通过节庆活动的开展，强化乡村旅游形象，增进人们对乡村旅游目的地的了解。

3. 视觉识别系统设计

视觉识别系统是乡村旅游形象设计中最直观、最具有感染力的一个子系统。视觉识别系统以理念识别系统为指导，通过标志、标准字、标准颜色、标志物、各种实物等要素反映和表现理念，是旅游者对目的地的第一印象，是旅游地形象设计影响最广、宣传效果最直接的系统，设计内容包括乡村建筑、乡村设施、乡村标志物等。

（1）建筑设施设计。乡村建筑物包括民居、公共建筑、娱乐设施、旅游接待设施（住宿、餐饮）、购物设施等，是村容村貌的显性标志。除了实用性外，还要注重美观性，既要体现乡村特色，又要力求把建筑装饰风格融入当地乡村的人文、自然环境当中，与地方文脉相一致，丰富乡村旅游形象内涵，体现新农村新风貌。乡村旅游住宿设施包括民居和旅游专用住宿设施，要在原有居民居住的基础上，增加接待功能和排水、洗浴、卫生等设施，同时要注意整体设计与美化。

（2）交通通信设施设计。交通通信设施包括道路、车站、码头、交通工具等，其中，道路包括高速公路、国道和乡村道路，乡村道路力求既要标准化又要乡村化，标准化主要是道路标志标准化，但不能城市化，要有乡村特点，因为乡村道路也是景观。尽量不用现代交通工具，最好使用代表当地交通特点的交通工具，如畜力车、马、轿子、船等乡村交通工具，尤其要注意环保。此外，交通通信设施建设非常重要。

（3）视觉符号系统设计。视觉符号系统是旅游地符号解说系统，包含标志符号和应用符号两部分。标志符号系统包括旅游地名称、旅游地标徽、标准字、标准色、吉祥物等，设计要体现地方特色，简练、易识别、艺术性强；应用符号系统包括旅游纪念品、公共用品、指示性设计、广告等，设计要体现地方特色和时代感，要求统一、规范。

乡村旅游地标徽要根据当地文脉和乡村旅游形象传播的受众特点设计，力求充分反映当地特色。旅游纪念品是乡村旅游形象展现、延伸、传播的载体之一，要体现当地乡土特色、民俗风情文化，具有纪念价值和收藏价值。广告设计包含户外广告（旗帜、条幅、标志牌、路牌、指示牌、导游图等）和媒体广告。户外广告设计要和周围景观和谐搭配，尽量就地取材，外观自然，能融入乡村环境；媒体广告以其直观性、实时性、普及性而成为当前效果最好的形象广告载体，可利用电视、广播、报纸、杂志、书籍和宣传册等形式进行广告宣传，媒体广告要生动活泼、有画面感、有感召力，做到好听、好看、好记。

另外，还有听觉形象，包括旅游地语言、民歌、地方戏、旅游主题歌曲等。

第二节　新时代乡村旅游产品开发与营销策略

我国的乡村旅游经历了一个从无到有、从有到优的发展过程，乡村旅游在服务内容、经营形式、文化内涵等方面都有了新的发展。我国广袤的农村，聚集了全国大约70%的旅游资源，浓郁的乡土文化、独特的民俗风情、多彩的民族特色和秀美的田园风光，使乡村旅游充满魅力，所以乡村旅游产品的开发与营销更为重要。

◆ 一、乡村旅游产品及开发原则

（一）乡村旅游产品

1. 乡村旅游产品的概念

在旅游需求一方看来，旅游产品乃是旅游者为了获得物质和精神上的满足，通过花费一定的货币、时间和精力所获得的一次旅游经历；就旅游供给而言，旅游产品是指旅游经营者为了满足旅游者在旅游活动中的各种需要，凭借各种旅游设备设施和环境条件向旅游市场提供的全部服务要素的总和。乡村旅游产品的定义如下：在旅游需求一方看来，乡村旅游产品是旅游者为了获得物质和精神上的满足通过花费一定的货币、时间和精力而获得的一次乡村性旅游经历。

目前，人类社会已经进入体验经济时代。在旅游业中，旅游体验表现得淋漓尽致，旅游产品作为一种高级的、享受型的、体验型的产品形式，能从各个方面满足游客的精神和心理需求，使游客产生美好的体验与记忆。在体验经济时代，从旅游需求一方来看，乡村旅游产品是旅游者为了获得物质和精神上的满足，通过花费一定的货币、时间和精力而获得的一次旅游体验。从这种意义上，乡村旅游产品的类型可以划分为休闲度假型旅游产品、观光型旅游产品、生活体验型旅游产品、康体保健型旅游产品、娱乐型旅游产品、探险型旅游产品、节事参与型旅游产品、修学科考型旅游产品、购物应用型旅游产品。

2. 乡村旅游产品的内涵

乡村旅游产品是旅游经营者为了满足旅游者旅游活动中的各种需要，向旅游市场提供的全部服务要素的总和，是旅游者为了获得物质和精神上的满足，通过花费一定的货币、时间和精力而获得的一次旅游体验。其内涵有以下几个方面。

（1）乡村性。乡村性是乡村旅游产品的核心内容与根本特征，乡村旅游产品正是以这种淳朴而浓郁的乡土气息来吸引游客的。乡村性主要表现在资源具有明显的乡土性和旅游活动具有浓郁的乡情性。例如，如诗如画的田园风光、古色古香的乡土民居、原始古朴的劳作形式、原始的自然环境、纯真的民俗风情和文化景观，散发出浓郁的乡土气息。是原生的、天然的、原汁原味的，而不是伪造和模仿的产品。或与农家朋友漫步于田间小道，或与他们一起种植、采摘、载歌载舞，这些活动都蕴含浓浓的乡情。

（2）产品的差异性。旅游体验的差异性又叫主观性、个体性。游客希望参与到食、住、行、游、购、娱这旅游活动六大要素中，来领会、体验和感受乡村生活和社会氛围。这就需要乡村旅游产品在质量、形式、特征、品牌、包装等方面有着差异性，以满足不同游客的体验需求，也反映了社会文化、人们生活的价值趋向与精神向往的发展趋势，反映了人们热衷于从事回归自然的生态旅游活动，这是乡村旅游产品包含的时代内涵。

（3）教育冶情性。乡村淳朴的传统美德及生产生活具有天然的教育和冶情功能。乡村旅游产品能够给旅游者带来愉悦、快乐、兴奋、轻松和幸福的心理感受，能够启迪心灵，陶冶情操，增加审美情趣，提高文化素养，体验人与自然的和谐。例如，在与农民同耕的参与性产品中可以体验到乡民"锄禾日当午，汗滴禾下土"的艰辛，同时增强旅游者对人类生产劳动的体认，对现代生活的重新认知。同时，乡村地质地貌旅游产品在科学上具有研究价值，适合开发成科学考察或探险专项旅游项目，满足旅游者求知的需要。

（4）脆弱性。乡村旅游产品的脆弱性表现在因战争、自然灾害、环境污染使得旅游资源、旅游接待设施和道路交通等基础设施遭到毁坏；旅游地形象受损，旅游者数量减少，旅游收入减少，造成从业人员的流失；企业的非直接营利性工作因资金不足而停滞，导致旅游业陷入停滞状态。乡村旅游产品，对自然与文化环境的变化更为敏感。

（5）经济性。乡村旅游产品与一般商品一样，具有一般商品所具有的基本属性，是价值与使用价值的统一。旅游产品的价值表现在旅游产品具有生产成本，在开发旅游产品时，需要投入大量的人力、物力、财力。旅游产品的使用价值表现在旅游产品使用价值的多效用性，能满足旅游者物质生活和精神生活的多种需要，还表现在旅游产品使用价值的重复性，即旅游产品可以供许多旅游者同时使用。

（二）乡村旅游产品开发原则

乡村旅游开发是一项科学性的技术经济活动，应在一定的开发原则指导下，经过充分论证，进行开发设计。乡村旅游开发应遵循以下原则。

1. 因地制宜原则

乡村旅游产品开发不能跟风模仿，移花接木，应就地取材，发掘本地区的乡村旅游资源，展现当地的乡村生活，要因地制宜，充分利用本地区的优势和独特条件创造性地开发新的、有特色的乡村旅游产品，充分考虑自然生态条件、区位优势、投入能力、市场容量与环境承载能力等因素，合理地开发利用乡村旅游资源。例如，依托渔业产业基地和渔业资源，为游客提供观光、垂钓、游乐等项目的特色产业型休闲观光渔业。依托当地特色的渔村文化、农耕文化、人文资源、自然景观等，为游客提供具有海洋历史文化特色、原汁原味的渔村风情习俗的访古、摄影、创作、探险、避暑等休闲项目，打造自然人文景观型休闲观光渔业。依托各类大中型渔产品集散市场、渔港经济区及渔产品加工园区等，发展以"寓销于游，游中促销"为主要内容的贸易型休闲观光渔业。依托原生态的渔（农）村落、岛屿、礁石、港湾、滩涂、果园、山林、田野等自然风光，让游客感受海岛渔村景致、体验渔民生活，打造以回归自然及观海景、尝海鲜、购海货、钓海鱼、踏海滩、玩海水等为主要内容的海岛风情型休闲观光渔业。利用渔区的渔船、渔业设备和专业渔民的技能及渔港、渔业设施和条件，让游客直接参与张网、拖虾、海钓等形式的近海传统小型捕捞作业，跟渔民一起坐渔船、拔渔网、住渔家、当渔民，亲自体验渔民生活、享受渔捕乐趣、领略渔村风情，打造生活体验型休闲观光渔业。打造利用新鲜丰富的海产品和农林特色产品，以品尝渔家海鲜菜肴为主要特点的特色餐饮型休闲观光渔业。利用自然资源和人工开发建设，打造集休闲、度假、观光、娱乐、科普、餐饮等为一体的综合型休闲观光渔业。借助著名的风景文化区，如连岛大桥、中心渔港、文物古迹、名人故居，开发民居食宿、渔农村休闲型的特色旅游项目。

2. 可持续发展原则

乡村旅游产品开发要注重乡村生态环境的保护与改善，才能实现生态的可持续发展。生态的可持续化要求乡村旅游产品的开发不能超越自然环境的可承载力，乡村旅游发展的同时必须保护和改善地球生态环境，保证以可持续的方式使用自然资源与环境成本，强调限制发展旅游产品的开发是不破坏乡村生态旅游资源、自然环境和人文环境的承载力范围而开发的，这个承载力范围包括短期环境的承载力和长期环境的承载力。短期环境的承载力要求我们不能以牺牲目前的环境资源来追求片面的经济效益，长期环境的承载力要求我们不能以牺牲后代可享用的环境资源来追求眼前的经济效益而破坏环境效益和资源效益——这就要求我们在乡村旅游产品开发中控制旅游活动强度与游客的进入数量，要有保护性地开发。

乡村旅游产品开发，必须保持与环境、资源的和谐统一，要开发出原汁原味的乡村旅游产品，而不是经过加工包装的，损坏了原有旅游产品的生态价值的产品。应与当地的生态环境相协调，要与基本生态进程、生物的多样性和生态资源的维护协调相一致。乡村旅游地的乡村建设应体现生态化思想，尽量避免人工雕琢的痕迹，注重循环利用和节约能源、遵循绿色建筑设计原则，如选用木材、树皮、毛竹、泥土、石头、石灰等建造，这些建筑材料必须经过检验处理，以确保无毒无害。这些材料都具有隔热功能，有利于供暖、供热水一体化，以提高热效率和充分节能。以使用太阳能、风能、沼气等再生能源为主，达到既减少污染又节能的目的。安装废水循环装置，用洗澡水等来冲洗厕所，始终保持良好的室内外环境。

旅游资源是大自然和前人留给我们的最宝贵财富，一般具有较高的科学价值、美学价值、历史文化价值等，但同时这些资源又具有脆弱性（易遭到破坏）和破坏后无法恢复的不可逆性。旅游产品的整体性决定了旅游产品的开发应根据旅游产业食、住、行、游、购、娱六大要素配套发展的要求组合旅游产品。任何产业要素的短缺或瓶颈，都会直接影响旅游产品的质量，因此，在乡村旅游产品开发过程中，对有些容易受到游客破坏的产品要坚持"保护第一，开发第二"的原则，要从积极的保护观念出发，以旅游开发来促进保护，形成一种良性的循环机制。如果在旅游产品开发的过程中，不注重对资源的保护，不加强对乡村生态环境的保护和建设，急功近利，鼠目寸光，就会给乡村旅游的发展带来致命打击。

3. 美学原则

人类的审美活动是人类一切活动中最基本的活动之一。对美的追求是人类永恒的追求。旅游从本质上讲，是一种审美过程。旅游活动作为人们精神生活的一部分，是游览性与观赏性的审美活动，是自我实现与自我完善、潜移默化的情感过程，是陶冶情操、修身养性的过程，是自然美、形式美与社会美、艺术美的统一。旅游审美追求的是"天、地、人"合一的理想审美情境，其目标是人与自然的和谐。在乡村旅游产品开发过程中，要综合考虑旅游者的审美心理要素和旅游审美态度，把握旅游者的感知、想象、理解和情感。在审美过程中，感知因素通常起着先导作用，它是审美知觉的出发点；想象可以使旅游审美充分发挥作用，使旅游景观更加丰富多彩，可以使旅游产品升华；情感是人们对客观世界的一种特殊的反映形式，是人们对客观事物是否符合自己需要的态度和体验。对审美形象内容的理解，是审美不可缺少的环节，在乡村旅游产品开发中要通过在物质层面上增添精神层面的东西，带动旅游运作系统对自身功利性进行超越，最终使旅游者体会到旅游提供的不仅仅是使用价值和生活需要的低层次满足，而是带给人们更高的精神层面满足的审美享受。乡村旅游产品开发的最终目的是实现旅游者对乡村旅游资源美学意义上的感知、体验、认同和联想，从而得到感官上、情绪上和心灵上的愉悦和满足，使得自然旅游资源形成的产品具有形态美特征、色彩美特征、动态美特征、综合美特征，人文旅游资源形成的产品具有历史性特征、文化性特征、特殊性特征和愉悦性特征。

4. 文化导向原则

旅游本身是一种文化交流活动，旅游文化是旅游业的灵魂，乡村旅游不但能满足旅游者一般的观光旅游需求，而且能满足旅游者的"故乡情结""怀旧心态""回归自然愿望"，这是旅游者对农耕文化、民俗文化、乡土文化底蕴的追求、体验和向往。乡村旅游的开发要满足和创造旅游者的文化需求，通过精心设计与安排，在产品开发中寻求文化差异、增加文化含量，将特色文化元素融入产品设计中，形成文化竞争力，实现旅游者最高层次的文化满足。

5. 以人为本原则

旅游产品开发要以人为本，遵循人本主义原则。具体来说，旅游产品开发就是要突出"新、戏、乐、形式"。"新"就是要为旅游者提供一种新的经历、情绪、过程，这些是旅游者没有体验过的。"戏"就是在产品开发中要有明显的游戏性，而且是和旅游者日常生活有距离的，是其梦想的东西；"戏"是旅游产品的核心吸引力，戏的主角是旅游者。"乐"就是在产品开发中满足游客快乐与享乐的旅游目的。"形式"就是在旅游产品开发中，给旅游者的感觉、知觉、表象感官造成有效刺激，形成使旅游者好奇、认识、学习、体验的场景。结合现代人的观念，以参与性的旅游活动为特色，创造一些使游客精神参与、身体参与的旅游项目，增强游客对旅游吸引物的理解和感知，从中获得美感和知识，在活动中使感官和心灵获得静谧或刺激的享受，体验旅游活动的真谛。开发乡村旅游娱乐项目，让游客参与，或者通过与游客互动，调动游客激情，从而达到特殊的艺术参与体验，使游客对这次旅游具有极其深刻的印象，从而达到旅游长期的宣传效果。如在乡村地区增添田园垂钓、执鞭牧牛，开发耕地、播种、秋收、施肥、栽植、饲养、纺纱等参与性旅游活动。

6. 差异性原则

产品差异性原则主要表现为物质层面的差异、价值与功能层面的差异。在乡村旅游产品的开发中应力求独特，做到"人无我有，人有我优，人优我特"，时刻保持与众不同。差异性原则要求乡村地区在景区的环境、项目、活动、接待设施等方面要与竞争对手存在差异，以保证乡村旅游景区的竞争力。乡村旅游产品差异化的途径有两类：一是率先进入某一产品市场，即以市场先行者的身份出现，推出新产品、新项目，并且不断创新；二是推出的项目或产品难以复制，或有很高的进入壁垒，如技术要求、乡村文化等，使其他潜在进入者无法进入，保持乡村旅游产品的唯一性。

◆〉二、新时代乡村旅游产品营销创新策略

（一）乡村旅游产品营销的方法

1. 广告营销

旅游目的地的宣传和推广，是旅游者了解我国乡村旅游产品的主要方式。没有大力度的宣传和推广，旅游者就不能够深入了解我国的乡村旅游独具特色的山水田园自然风貌。广告的传播速度快，传播范围广，可利用的手段、方法多，具有较强的吸引力，且无须人员与旅游者直接沟通。广告通过媒体，把我国的乡村旅游产品传递给潜在旅游者，使之产生旅游的愿望，从而促进我国乡村旅游产品的销售，实现较好的经济效益。

2. 销售促进

（1）针对旅游者的促销。促销内容主要包括散发旅游宣传品；向旅游者赠送能够传递旅游产品信息的小物品，如日历、招贴画、打火机、小手巾、纪念卡、纪念币、小玩具等，以刺激旅游者的购买欲望；展销，即旅游企业联合或单独举办展销会，向旅游者宣传我国乡村旅游产品，增加销售机会；服务促销，即根据整体旅游产品概念，向旅游者提供系统销售服务。

（2）针对旅游中间商的促销。旅游中间商既是旅游产品的组合者，又是旅游产品的销售者和代销者，其在旅游中所起的作用不容忽视，特别是在旅游者和旅游对象中所起的中介作用，在为旅游者提供综合服务方面具有其独特的优势。如邀请考察，我国乡村旅游目的地应主动邀请主要目标市场的旅行社负责人等进行乡村旅游线路的考察，他们亲身感受乡村旅游目的地后，会更愿意将目的地的乡村旅游产品纳入其旅行社重点线路中，大力宣传、推销乡村旅游产品；批量折扣，即对旅游中间商经销不同数量的旅游产品实行不同比例的价格折扣；经销津贴，即企业向旅游中间商提供开发、经营旅游产品的支持费，以争夺市场；联合开发，由地方政府与乡村旅游景区共同提供优惠政策，吸引有实力的旅游中间商联合开发部分旅游项目，达到融资和促销的双重目的。

3. 全员营销

我国发展乡村旅游要注重品质，不仅要注重整体旅游产品中实质产品部分的品质，而且要注重提升延伸产品部分的品质，应该树立"全员营销"意识，人人都是旅游资源，人人都是旅游环境。所有旅游从业人员都能做到礼貌真诚待客，热情高效服务。通过对旅游从业人员的培训，强化其旅游服务意识，提高服务技能，优化游客的旅游体验，形成良好的口碑，提升我国乡村旅游的美誉度。我国乡村旅游从业人员应该做到热

情友善、乐于助人，让游客感觉走进乡村旅游目的地，就像走进了真正的世外桃源，美丽的乡村不仅风景美、自然美，更应该有现代社会越来越稀缺的人情美，令游客如沐春风。

4. 节庆营销

旅游节庆由于对经济和文化发展的巨大推动作用而逐渐成为一种时尚，一种机遇，一种产业，一种强势资讯。节会活动不但易于统一旅游地干部群众及专家的认识，形成发展旅游、扩大招商引资渠道、改善投资环境的浓厚氛围，而且能够促进旅游软资源硬化，集中力量建设一批旅游基础设施，围绕主题将软资源硬化为特色鲜明的景观。此外，还能够吸引相关媒体从业者，形成宣传冲击波，达到影响巨大、品牌速成的效果。我国各乡村旅游目的地应经常性地精心策划系列特色节庆会展活动，我国乡村旅游的发展，应该结合专项旅游产品的开发，开展多样化的节事庆典活动，以便达到规范促销、吸引客源的目的。

5. 电子商务营销

乡村旅游产品电子商务营销，是旅游经营者借助互联网，将电脑技术、电子通信技术运用到乡村旅游产品营销过程的新型营销活动。

在互联网时代，开展乡村旅游产品电子商务营销具有重大意义。一方面，乡村旅游产品电子商务营销顺应了旅游市场变化的需求。在互联网时代，网民在选择旅游消费对象时，更加偏向于通过网络的形式完成旅游产品查找，旅游路线、线路预定，门票预订等旅游消费活动。这就意味着旅游市场的环境发生了相应的变化，要求乡村旅游产品的营销顺势而为，积极依托互联网开展电子商务营销。另一方面，乡村旅游产品电子商务营销有助于拓展营销渠道，降低营销成本。乡村旅游产品的开发者很多都是中小企业或者农户，其资金实力并不强，所以并没有太多的资金投入到营销之中，这在一定程度上限制了我国乡村旅游产品的开发。但通过开展电子商务营销，乡村旅游产品的开发者可以在网上宣传和推广旅游产品，这扩大了乡村旅游产品信息的传播范围，进而拓展了乡村旅游产品的营销渠道，无形中降低了乡村旅游经营者的营销成本，有助于改变乡村旅游产品开发者和经营者资金不足的窘境。由此可以看出，电子商务营销给乡村旅游产品的营销带来了新的机遇，是可以积极尝试的营销新模式。

（二）互联网+乡村旅游产品营销创新策略

针对互联网时代我国乡村旅游产品电子商务营销所面临的困境，在乡村旅游产品电子商务营销过程中可以采取以下几个方面的策略，以便从电子商务营销困境中突围。

1. 改善乡村旅游产品电子商务营销环境

在乡村旅游产品电子商务营销环境的改善过程中，政府应扮演主要角色。一方面，政府必须健全乡村旅游营销法律、乡村旅游电子商务政策与法规。例如，健全乡村旅游电子商务服务赔偿、电子支付、消费者维权制度，改善乡村旅游电子营销法制环境。另一方面，政府应完善乡村旅游电子商务方面的基础设施建设，积极调动旅游企业参与电子商务的积极性。政府应加强乡村通信、物流、包装加工产业链建设，搭建乡村旅游产品电子商务营销平台，推动乡村旅游的全产业链发展，为乡村旅游产品电子商务营销提供良好的外部环境。除此之外，针对乡村旅游产品经营者资金不足的问题，政府应积极发挥财政、税收、金融政策的作用，通过减免税收、提供无息贷款等形式，支持旅游企业参与电子商务营销，进而推动乡村旅游与电子商务的融合发展，实现旅游企业与乡村的共同发展。

2. 注重乡村旅游产品开发，创新营销方式

在加快乡村旅游产品开发的同时，乡村旅游经营者需要根据旅游市场的个性化需求，充分发掘地方乡村旅游资源，利用有限的人力、物力和财力对现有乡村旅游产品进行精心包装，不断提高乡村旅游产品的整体品质，开发更多的个性化乡村旅游产品，进而优化乡村产品组合结构。

除此之外，还必须创新乡村旅游产品营销方式。乡村旅游经营主体需要加强与旅行社、酒店、旅游中介等的联系，根据自身业务内容和特点，主动出击，建立电子商务平台，尤其是要针对游客消费需求，进一步完善代理分销系统、在线消费系统、服务增值销售系统，建立具有一定知名度的乡村旅游电子商务服务品牌，走网络化经营、规模经营之路。在此基础上，与电商、旅游中介加强合作，强化旅游产品主题营销，充分发挥搜索引擎营销在旅游产品营销中的作用，并加快社会化网络营销（SNS 营销）探索步伐，在此类平台上建立乡村旅游产品营销站点，定期向目标群体发送乡村旅游产品和服务信息，借助社交媒体提高网络营销的针对性与成功率，以提高乡村旅游产品电子商务营销的有效性。

3. 积极培养乡村电子商务人才

人才是制约乡村旅游产品电子商务营销的重要因素。要想解决此问题，第一，政府应加强乡村旅游电子商务政策研究、制定和落实力度，出台和实施乡村电子商务优惠和扶持政策，鼓励新生代农民回乡创业，为乡村旅游经营群体注入新鲜血液。第二，政府还需积极与职业教育部门合作，携手在乡村旅游地区启动"万人万村"电子商务培养计划，以电子商务系统运营、维护、数据建设、网上营销为主要内容进行电子商务专业人

才培训，为乡村旅游经营主体提供学习、实践的机会。第三，地方政府还可以以"村"为单位，建立乡村电子商务服务中心和乡村旅游产品交易中心，并在这两个"中心"设立相应的岗位，配备专门的电子商务人才，为乡村旅游经营者提供乡村旅游产品开发、策划、营销、管理建议，化解乡村旅游产品电子商务营销的人才困境，带领乡村旅游经营主体尽快走上产业化、规范化发展之路。

第三节　新时代乡村旅游产业发展与运营管理

◆〉一、新时代乡村旅游产业

我国的乡村旅游已经由初级阶段进入发展阶段，一些公司的加入、专门协会的成立，促使专业分工深化，行业特征也日益明显。为满足人民日益增长的美好生活需要、推动中华优秀传统文化创造性转化、实现乡村振兴战略等，在需要的拉动和政策的推动下，乡村旅游将向着高质量、高附加值、高效益方向发展。具体来说，当今乡村旅游业呈现以下发展趋势。

（一）全域化

虽然我国乡村旅游发展迅速，但是，大部分游客不在旅游目的地过夜，降低了乡村旅游的整体效益。主要原因是基础设施不完善、旅游项目少等。因此，在旅游目的地及其沿途、周边等区域增加休闲、娱乐、观赏等项目，使游客在移动过程中体验到身心愉悦等感受，既可以延长游客停留时间，又可以促进该区域基础设施的改善，形成旅游全域化。

（二）功能多样化

随着我国人口老龄化的加重、收入的增加、生态保护意识的增强，亲近自然、感受生态环境、保健等需求有所增加，体验现代农业、生态环境、优秀传统文化的需求也增加，乡村旅游除了具有传统的休闲娱乐、观赏等功能外，也应有养老、教育服务功能，这些功能也为全域旅游的规划建设提供了可能。

（三）特色化

学者提出，我国乡村旅游面临发展瓶颈，大量乡村旅游以"农家乐"、体验农作物的种植采摘为主题，这种同一性既限制了乡村旅游的进一步发展，也无法满足游客多样化的需求。党的十九大报告中提出"推动中华优秀传统文化创造性转化、创新性发展"的要求，为乡村旅游的特色性发展指引了方向，把当地优秀传统文化与自然景观、建筑、旅游产品融合起来，开发出富有特色的景点、饮食、工艺品、文艺节目和娱乐节目等，将促进我国乡村旅游的迅速发展。

（四）高质化

政府的重视、社会的参与，在提高乡村旅游的经济效益、社会效益的同时，会提高农民参与乡村旅游的信心，加大对其投入，从业者的素质也会提高。随着乡村旅游的发展，服务标准、产品质量会得到统一或提升，乡村旅游将为游客带来卫生、安全、便捷、贴心的体验。在政策推动、市场竞争、游客需求、社会参与等外在驱动因素的影响下，农民将改变对乡村旅游的认识，服务标准、住宿舒适、功能全面、饮食科学的乡村旅游将给游客带来高质量的享受。

◆ 二、新时代亲子旅游与乡村旅游融合发展

（一）乡村亲子旅游及其特点

1. 乡村亲子旅游概念界定

（1）亲子旅游的概念。亲子有狭义与广义之分，狭义上是指以血缘关系维系的家庭成员之间的关系，"子"指孩子，"亲"指孩子以外的家庭内部成员，包括孩子的双亲及爷爷奶奶等。广义上，根据中国特有的家庭状况，亲子也指看护人与儿童之间的关系。在这里所研究的亲子关系主要是指父母与未成年子女之间的关系。

随着我国旅游市场的不断发展和细化，亲子旅游从家庭旅游、儿童旅游中逐渐独立出来，成为一种新的旅游形式。亲子旅游的参与主体是父母和未成年子女，是一种将休闲、体验、亲情、认知等融为一体的旅游形式。亲子旅游以家庭为单位，以儿童为主体，在旅游过程中能够放松身心、促进儿童认知和能力的发展、优化亲子关系。亲子旅游具有识别性的特点，是以儿童需求为中心、具有亲子互动的活动。亲子旅游是以核心家庭为基本单位，以寻求优化亲子关系为根本目的，由父母（或其中一方）和未成年子女共同参与的，以互动式体验为核心要素，实现增进亲子感情的旅游形式。

（2）乡村亲子旅游概念界定。亲子旅游最初是依托城市和景区开展的旅游活动，借助城市的游乐设施、科普场馆设施及都市节庆活动等得以实现，由于亲子旅游在我国发展时间短，基础设施还不完善，作为一种独立的旅游业态进行经营的景区还很少见。

乡村亲子旅游是指以乡村地域为活动场所，以乡村环境和旅游资源为基础，以亲子

旅游者在乡村旅游目的地的互动式体验为核心要素的旅游过程。乡村亲子旅游是以在旅游过程中寻求优化亲子关系为根本目的，具有放松身心、增进亲子感情、寓教于乐等功能的旅游形式。

2. 乡村亲子旅游的特点

乡村亲子旅游与其他旅游形式存在很大的差别，有其自身显著的特点。

（1）旅游主体的阶段性。乡村亲子旅游的旅游主体是父母与子女，从父母角度而言，在年龄构成上主要以"80后""90后"父母为主，他们大多具有科学的亲子教育理念，希望能够在亲子旅游活动中通过互动式的体验增进亲子之间的感情，优化亲子关系，并能达到寓教于乐的目的。从子女角度而言，儿童的成长过程具有阶段性，不同年龄阶段儿童的心理特征、行为特征、兴趣爱好等都有所不同。在乡村亲子旅游活动中，不同年龄阶段孩子的需求决定了亲子旅游路线的制定、游乐项目的具体实施、亲子产品消费等重要环节的差异性。

（2）主体行为的互动性。在亲子旅游活动过程中，亲子之间的互动式体验贯穿整个旅游行为，这是亲子旅游显著的特点之一。亲子互动是指亲子间的交互作用和影响，同时包括在行为、情感及观念上的交流与沟通，它是一个动态的双向影响的过程，是相互学习、相互作用并加深亲密感情的沟通过程，只有通过亲子互动的方式来参与体验乡村亲子旅游产品，才能更好地达到增进亲子感情、优化亲子关系的目的。

（3）旅游活动的安全性。青少年儿童是乡村亲子旅游的主要参与者，孩子天性好奇、好动，但是认知程度有限，对危险和未知事物的防范意识不强，身体条件和身体抵抗能力也相对偏弱，父母对孩子在旅游过程中的安全保障设施要求较高，而乡村地区有相对敞开的活动空间，以原生态的自然景观为主，相关基础设施不够完善。因此，乡村亲子旅游对旅游产品的安全性要求更高。在进行乡村亲子旅游产品设计和开发的过程中，必须充分保障孩子的安全，对旅游目的地卫生食品安全、旅游项目安保设施、紧急医疗等措施提出了更高的要求。

（4）活动内容的乡土性。乡村亲子旅游以乡村空间为依托，其旅游资源、旅游产品、旅游路线及其他服务配套设施都是在乡村自然、人文环境下挖掘、塑造并建立起来的。相对而言，乡村地广人稀，独特的自然生态环境，加上较少受到现代都市文明影响，许多地方仍保持着相对密闭的社会生产生活方式。自然的原生态乡村生活方式和文化模式为亲子旅游活动提供了丰富的素材，具体活动内容直接来源于乡村景观、乡土风情、田间农事、农家民俗等。

（5）旅游目的的教育性。亲子旅游的教育性很强，带有一定目的的旅游被社会倡导，这种积极的生活方式逐渐成为一种家庭教育的新途径。在亲子旅游活动中，父母能够进行较为全面的思考，为今后的出游提供一定的选择依据。这种旅游方式对孩子有教育意义，能够培养孩子的个人能力、引导和启发孩子、增强孩子体魄，是塑造孩子良好品格的重要手段。

(二)休闲农业与亲子农场发展

1. 休闲农业的发展

(1) 休闲农业的特征。纵观休闲农业的发展历程和不同阶段表现出的具体形式，休闲农业总体上表现出如下特征。

第一，多功能性。从目前国内外休闲农业的发展趋势来看，休闲农业已经不仅仅停留在观光及提供采摘服务上，同时还为旅游者提供吃、住、娱乐、生态体验、田间劳作、农耕文化教育与展示等多方面的服务，充分发挥了农业的多功能性，使得休闲农业从单一型的服务向综合型服务拓展。

第二，乡土性。乡土性是休闲农业发展最大的视点，也是持续发展休闲农业的核心所在。各地发展农业生产条件和乡土民情的差别，决定了地区休闲农业提供的休闲农业项目和活动内容具有差异性和独特性，特别是对于一些地区特有的农业文化，具有不可复制性。

第三，季节性。休闲农业尽管在农业生产中被赋予了其他不同的要素，但依然是以农业生产为主开展的旅游形式。农作物在生产过程的各阶段中，一直会被周围的环境影响，尤其是受到水、热、光、土等自然因素的影响和制约，在农业活动过程中的这一生物性特征，决定了休闲农业具有明显的季节性特征。

第四，对象性。从休闲农业发展的实践来看，旅游者大多来自城市，特别是生活在工业社会中的城市人，在城市生活压力的作用下，对更接近自然生态环境的广大乡村的亲近感是一种返璞归真的内在需求，所以，休闲农业对非农业人口，尤其是对广大都市居民而言，有强大的吸引力。

第五，综合效益性。休闲农业除了提供农产品之外，还能够增进城乡之间的交流，强化农业的多种功能的开发，在这一过程中，有利于促进农民群众思想观念的转变，促进农业生态环境的改善，促进广大城市居民对于农村的了解，所以，能够产生经济效益、生态效益和社会效益等综合效益。

(2) 休闲农业的功能。作为一种由农业与第二、三产业有机融合而衍生出的旅游新业态，休闲农业从其自身的内涵和特点来看，主要具备以下几种功能。

第一，生产功能。尽管休闲农业的经营范围已经超出了农业生产本身，但依然是以农业生产作为各项经营活动的载体，是农业生产发展到一定阶段的特有产物。因此，它基本上没有离开农业产、供、销的活动范围，妥善应用农业资源就成为经营休闲农业必备的基本生存条件，开发休闲农业资源依然需要将农业经营作为主体，将农业生产作为根本。特别是目前随着设施农业、生态农业及精细化农业的大力发展，借助这些不断发展、更新的农业模式，休闲农业实现了功能上的极大拓展，农副产品的品质不断提高，特色不断凸显，在很大程度上增强了农业的生产功能，推进了传统农业向现代农业的转变。

第二，生活功能。从定义上来看，休闲主要是指用于娱乐和休息的余暇时间，所以，休闲农业一词本身就表明了一种生活态度，即利用余暇的时间在农村体验农业生产和农耕生活。现代城市化发展导致人口数量激增、环境污染严重、城市生活压力增大等"城市病"，使得异于城市景观的农业生产和生态景观及民俗资源对城市居民具有强大的吸引力，前往广大农村亲近自然、放松身心、陶冶情操已经成为越来越多的都市人度过节假日的方式，从而也赋予了休闲农业独特的生活功能。

第三，生态功能。作为自然生态系统的重要组成部分，农业本身是一种天然的生态产业，不仅具有农作物生产的经济功能，而且具有涵养水源、保护环境、调节气候等生态功能。休闲农业的发展特别重视因地制宜，重视农业生态环境与农业生产的协调统一，在发展中坚持开发与保护并重的原则，相比于传统农业而言，在化学物质，特别是化肥、农药的投入上较少，因而对于地区生态环境的保护作用较为明显，使农业自然景观、农村人文景观与农业园林景观得以和谐统一，生态环境保持良好状态。

第四，旅游功能。休闲农业的兴起与发展，与现代旅游业的发展密不可分。旅游者在满足了基本旅游需求后，对于新、奇、异、特的旅游项目的需求不断增加，推动了各地休闲农业的发展。依托农村的各类资源，以绿色、生态、自然的农业产业为载体，因地制宜地提供旅游产品和项目，吸引城市旅游者感受农村的自然和人文环境、体验农业生产的劳作过程，使游客在参观游览体验中达到放松的目的，因此，从本质上说，休闲农业是一种特色旅游形式。

第五，教育功能。休闲农业的教育功能主要是通过旅游形式，向城市旅游者提供了一个认识农业生产、了解农村生活、亲近农业生态环境、体验农事活动、加强与农民沟通的机会与载体。城乡经济社会的二元结构，割裂了城市与农村正常沟通与交流的渠道，导致很多从小在城市长大的人对农村缺乏基本的了解。通过参与休闲农业活动，有助于加强城市居民对于农作物生产过程、农村文化、农业生态环境和农业文化遗产保护等方面的认识，加深他们对广大农民的理解。比较典型的休闲农业形式，如市民农园、亲子农场等，在发达国家和地区已经得到了大规模的发展，在普及、推广农业知识方面起到了重要作用。

第六，文化传承功能。农业不仅具有食品保障功能，而且具有原料供给、就业增收、生态保护、观光休闲、文化传承等功能。建设现代农业，必须注重开发农业的多种功能，向农业的广度和深度进军，促进农业结构不断优化升级。大力发展休闲农业是农业发展的一种重要形式，在农业文化传承中发挥着重要的作用。休闲农业最大的价值在于所蕴含的独特的地域农业文化，这也是各地在发展休闲农业的过程中，大力挖掘地区特有的民俗文化、民间传统艺术和优良的农业耕作技术的主要原因——通过休闲农业的发展，使得各地优秀的农村文化得以继承、延续和创新。

2. 亲子农场的发展

（1）亲子旅游的含义。目前，国内尚未形成对亲子旅游的完整定义，亲子旅游属于家庭旅游范畴，旅游活动的主体是父母及他们未成年的子女，是父母根据孩子的需求安排的，为了放松身心，增进亲子感情，让孩子增长知识、丰富见闻、体验自然、陶冶情操、锻炼身体素质和社交能力，提高生活自理能力，塑造孩子良好品格的旅游活动。这种旅游方式能够让父母和子女在游玩过程中加强沟通，改善亲子关系，增强家庭凝聚力，营造和谐温馨的家庭氛围。

（2）"亲子农场"的兴起与发展。新型城镇化建设，促使乡村旅游快速发展；新生代父母教育理念的提升和三孩时代的来临，引发亲子旅游市场的火爆，在这样的背景下，乡村旅游新业态——亲子农场应运而生。

亲子农场是一个很新的研究命题，是综合型的农场，类似的概念还有家庭农场、休闲农场、生态农场、乡村农场、开心农场、观光农场、农业观光园、农业生态园、农业科技园、农乐园等。亲子农场和它们相比，更符合时代特征，更突出亲子关系。亲子农场是新型城镇化建设的产物，位于城市近郊，由就地就业的农民经营和管理，可以让游客接触大自然，学习农作物科普知识，体验采摘、种植、养殖等农活，住农家屋、尝农家菜，感受当地传统民俗活动，既让孩子获取知识，磨炼意志，得到农业体验，又让父母摆脱烦琐工作，享受田园生活，回归儿时岁月，得到身心放松。

亲子农场近几年发展迅猛，各地陆续有以"亲子农场"命名的农场出现。与其他亲子旅游产品相比，父母更愿意带孩子去乡村旅游。

第一，随着城市化水平不断提高，没有体验过农村生活的孩子特别多，亲子农场给孩子们搭建了体验农耕的平台，让孩子们体会到劳动的艰辛与快乐，真实感受到"锄禾日当午，汗滴禾下土"，便会自觉"粒粒皆辛苦"。

第二，亲子农场回归大自然，享受原生态，给来自城市的游客带来新鲜的体验。对于那些从小在农村成长，后来落户城市的父母，更是能让他们找回童年的记忆、儿时的快乐。

第三，亲子农场提供亲子一起体验农事的平台，同时提供了双方都能参与的亲子民俗活动，增加了体验性和互动性。

第四，亲子农场大部分项目处于地域开阔、地势平缓的场地，较之其他亲子旅游产品更安全，可以使父母暂时摆脱保姆和管家的角色，与孩子一起投入到轻松愉悦的游戏之中。

第五，亲子农场使孩子远离城市喧嚣，帮助孩子摆脱忧虑情绪，也有助于父母放松身心。

第六，亲子农场一般都在城市近郊，车程不远，可一天往返，也可住一晚，非常适合周末亲子出游。

（3）亲子农场发展策略。虽然亲子农场发展形势很好，但是目前在开发方面仍存在不少问题，如果不加以改变，亲子农场的发展前景将受到影响。例如，缺乏明确的市场细分，同质化严重；定价不合理（没有实行套票），门票贵，而且里面的每个体验项目都要另外收费；内容少、动物少、产品不够丰富，没有设计能体现当地特色的民俗活动；为游客提供的蔬菜、水果不是农场内自种的有机绿色蔬菜、水果，而是从城里购得的，饭菜口味也与城市餐馆的饭菜口味相差无几，但是价格贵很多；淡季客人稀少，大量旅游资源处于闲置状态，游客以幼儿园、小学出游为主，父母自发带孩子去玩的很少；缺少亲子配套设施，服务态度差；等等。针对目前亲子农场出现的问题，这里给出的发展策略如下。

细分市场，促进亲子农场多元化发展。不同年龄段的孩子，其成长特点、旅游需求、旅游特征差别很大，应该根据不同年龄段孩子的特点，开设不同的旅游项目。① 1—2岁婴幼儿阶段。这个阶段的孩子喜欢到处走动，喜欢玩沙、玩水，逐渐学会跳、跑、越过小障碍物等复杂动作，喜欢爬、攀、滑、推等简单的室外游戏活动，对小动物表现出浓厚兴趣，喜欢看、听、触摸各种物体，对颜色鲜艳、能发声的游乐项目特别感兴趣。推荐农场项目：看小动物、喂养小动物、玩泥巴、玩沙、在玉米堆玩耍等。② 3—6岁学龄前阶段。3—4岁的孩子体力大大增强，有能力从事一些初始的游乐项目；5—6岁的孩子能够熟练地进行跳、跑、攀登等活动，可以学习和实践复杂的技能，喜欢到户外进行游戏活动，对探索周围环境有浓厚的兴趣，这个阶段的儿童初步产生了参加农场实践的愿望，能够模仿成人进行各种实践活动。创造性的游戏、建筑游戏及活动型游戏等也较受欢迎。推荐农场项目：荡秋千、跳草垛、采摘水果蔬菜、开挖掘机、开拖拉机、玩水、露营等。③ 7—12岁儿童阶段。这个阶段的儿童进入学龄期，学习为主导活动形式，儿童开始主动寻求与想象中相符的游戏活动类型和场景，表现出极大的求知欲和学习兴趣。这个年龄段的儿童比较好动，逐渐对体育运动、竞技类游戏表现出浓厚的兴趣，如登山、攀岩、游泳、徒步等。推荐农场项目：迷宫、滑索、农耕体验、农事科普等。

增加通玩套票和通玩超值卡。① 将原有的门票价格做些调整。② 增加通玩套票的选择。例如，买一张通票，农场里的游乐项目就不需要另外买票了，既节省了时间，费用也比每个项目都玩一遍开销总额低。③ 还可增加超值卡、月卡、季卡、年卡等。

（三）亲子文创+农旅融合创新产业发展

1. 资源开发层面

在旅游资源开发上，乡村农业旅游可以说资源数量巨大，拥有很大的潜在价值。而亲子文创旅游本身作为一种"嵌入型"的旅游形式，不存在具体针对性的旅游资源和场所，它需要一定的空间与环境作为依托，乡村地区恰恰可以为亲子文创旅游的开展提供独立的空间，乡村农业旅游资源也可以成为开展亲子文创旅游活动的一部分。更进一步讲，乡村农业旅游资源数量的多少、等级的高低在一定程度上决定了亲子文创旅游在产品开发上的深度和广度，两者的融合可以对乡村资源进行优化整合，达到保护与传承的效果。

2. 市场需求层面

亲子文创旅游是在消费者需求不断多样化和个性化的背景下逐渐从家庭旅游、儿童旅游中细分出来的新型旅游形式。儿童不同成长阶段的身心特点和需求特征，不同年龄段的亲子家庭的消费需求存在的差异，亲子旅游者层次化的市场需求，促使乡村旅游产品在开发过程中进行市场细分，根据不同游客群体的身心及需求特征，有针对性地开发多元化、个性化的旅游产品，从而更好地推动乡村旅游的发展。亲子旅游者对旅游目的地的服务设施和安全保障措施的较高需求也会促进乡村区域内旅游资源、生态环境、公共服务、政策法规、居民素质等要素进行全方位、系统化的优化提升，有助于乡村旅游的全域化、特色化、规模化发展。

3. 产品功能层面

（1）教育功能层面。乡村旅游产品具有教育功能，人类的旅游活动自产生之初便有满足人们求知与学习需求的功能，而亲子文创旅游产品的主要功能就是让儿童在亲子旅游的过程中获得知识与能力、塑造人格品质、锻炼身体素质，促进儿童的全面健康发展。而父母也能在旅游过程中更好地了解自己的孩子，从而科学地引导孩子的成长。乡村地区原生态的自然环境与多样的旅游产品让亲子文创旅游更好地实现旅游教育功能。

（2）情感功能层面。亲子文创旅游的核心功能是在旅游过程中通过参与互动体验等方式增进亲子感情，优化亲子关系。乡村地区自然淳朴的生产生活环境为亲子情感的沟通和交流提供了良好的环境基础；相较于城市快节奏的生产生活方式，乡村地区宁静缓慢的生活方式可以延长亲子之间的交流互动时间，有利于提高亲子互动质量，优化亲子关系。

◆〉三、乡村生态旅游与健康产业发展

（一）乡村生态与康养小镇

1. 乡村生态旅游的内涵

乡村旅游是以乡村独有的民俗文化为基础的，主要通过浓郁的乡土气息吸引城镇居民前往乡村体验当地民俗活动、信仰活动及生产生活等，最终促进乡村地区的经济增长，其旅游产品更加注重体验性；而生态旅游不仅是在旅游中欣赏风景，而且强调对生态的保护，在旅游过程中认识生态、保护生态，进而与生态环境和谐共处，通过这种渐进式的行为意识转变过程，达到可持续发展的目的。乡村旅游对于游客的文化水平没有过多的要求，相对于生态旅游更加大众化；生态旅游要求游客有较高的生态知识素养，相较于乡村旅游更加具有专业性。

但是，乡村旅游与生态旅游之间又并非简单的对立关系。任何事物都不是单独存在的，都与其他事物有着关联性，乡村旅游资源多种多样，与生态旅游之间存在诸多交叉重合之处。所以，乡村生态旅游可以看作以生态旅游作为理论支持，以乡村旅游作为实践主体，是二者相辅相成、有机融合的产物，更是落后的乡村经济发展模式转型与脆弱的乡村生态环境保护的迫切需要。乡村生态旅游，主体是乡村，内在要求是生态平衡。

由于我国乡村生态旅游的研究起步较晚，虽然有不少学者依据各自占有的资料和信息，对生态旅游的内涵加以提取和凝练，但是，学术界并没有达成共识。学者比较认同的定义为：乡村生态旅游是以乡村自然资源、乡村生态环境作为旅游资源，以乡村为旅游目的地，乡村旅游与生态旅游融合的旅游活动；是通过乡村生态旅游发展的主题，融乡村旅游资源整合、产业结构优化、生态环境优化、社会经济发展、农民收入提高于一体，培育农村科技文化，带动农业、农村、农民问题解决的乡村社区产业建设、经济发展的方式；是适合我国国情、促进新时期旅游产业与农业经济互动的、可持续发展的、社会主义新农村建设的旅游活动。

2. 康养小镇概述

要建设产业特色鲜明、要素集聚、宜居宜业、富有活力的特色小镇。康养小镇是特色小镇的一种，可以将健康疗养、健康产品、生态旅游、医疗美容、休闲度假、体育运动和文化体验等业态聚合起来。因此，康养是特色小镇未来建设中很重要的主题，可以实现与健康相关的大量消费的聚集。康养小镇具有以下特征。

（1）具有地理资源优势。良好的生态环境和气候条件，是实现健康生活的一个重要基础条件。康养小镇可依托项目地良好的气候和生态环境，包括温泉资源、长寿文化和

医药产业资源等，构建生态体验、度假养生、温泉水疗养生、矿物质养生、高山避暑养生、森林养生、海岛避寒养生、湖泊养生和田园养生等养生业态，打造养生谷、养生度假区、温泉度假区、生态酒店/民宿和休闲农庄等产品，形成生态养生健康小镇产业体系。

（2）产业特色鲜明。鲜明的特色，更能吸引消费者。康养小镇的产业应该以健康为主，如养老产业、度假休闲、健康食品产业、体育产业和休闲农业产业等。

（3）功能明确。康养小镇和一般的小镇不同，其功能性更强。例如，体育产业，可依托峡谷、山地和水体等地形地貌及资源，发展水上运动、山地运动、户外拓展、户外露营、户外体育运动、养生运动、极限运动、徒步旅行、探险和传统体育运动等户外康体养生产品，推动体育健身、旅游度假和体育赛事等业态的深度融合发展。

（4）规模较大。康养小镇的规模通常较大，因为要将健康疗养、生态旅游、医疗美容、休闲度假、体育运动和文化体验等业态聚合起来，因此，项目占地面积通常比较大，投资金额较高。

做康养小镇要充分利用好当地的生态特色，不但要考虑老年人的需求，更要吸引更多的年轻人到康养小镇来。

（二）健康旅游与康养产业

1.健康旅游的概念与特点

（1）健康旅游的概念。当前，国内外大多都是从旅游发展的某一角度或者某类旅游产品的角度阐述健康旅游的概念，因此视角不同，并且定义主要以人为主体出发，少数加入了旅游环境主体。基本可以分为三种类别：第一，过程说，是广义上的健康旅游观点。这种观点认为有助于人们认识旅游活动和促进身体健康状况的改善是健康旅游起到的决定性作用，使得旅游管理部门更好地宣传和促销。第二，目的说，是狭义上的健康旅游观点。这类观点使得旅游企业对于开发健康旅游产品、活动和项目更具有针对性。第三，要素说。这种观点认为健康旅游满足自然、健康、休闲的生活方式之一即可。

健康旅游以维持及促进健康为目标，以生态环境为背景，以健康休闲活动为主题，倡导健康生活价值观和生活方式；为实现旅行者全面提高自我身心健康的目的，使用各种有效的保健、养生手段，以及各种有益于身心的手段，从而使得旅游活动目标得以实现。

（2）健康旅游概念的补充——大健康观。多年前，西方学者提出"生理—心理—环境—社会"的健康谱系。现如今，我国提出的大健康观，是将健康价值的谱系进一步扩展，做到全方位健康（健康—亚健康—非健康的疾病、衰老、失能、残障，个体健康和群体健康，健康的生活方式、生态环境和社会环境危险因素的控制，精神健康和德育健康）。这足以表明传统医疗产业模式与今天的健康产业概念的差别，健康旅游已经以"防—治—养"一体化模式取代传统的单一救治模式，健康产业将因此得到巨大的发展。

这里提出补充大健康观的理念。从宏观上来说，全方位、可持续的旅游发展才是健康旅游的理念，经过旅游发展的不断发展，使旅游者身体、心理和精神保持良好、高尚的状态，使旅游地生态环境和社会环境保持稳定、平衡的状态将是未来最倡导的旅游方式。

将健康的主体拓展到身体、心理、精神、环境和社会，健康不是从不好到好的治理过程，而是整个周期始终保持良好的状态并循环起来，即健康模式转向"防"和"养"。

（3）健康旅游的特点。

生态性。生态性就是指生物同环境的统一。环境条件是健康旅游开展的必要条件，例如，森林环境是森林浴的决定因素，地热资源是温泉健康旅游所依托的条件，滨海健康旅游需要"3S"作为前提条件。生态环境的好坏直接决定着健康旅游活动的开展，因此对生态环境要求比较高。健康旅游活动通过让人们回归自然，从而起到安抚旅游者身心的作用。人类健康被自然因素改善，充分地表明人类的健康和生态环境息息相关。

复合性。健康旅游把"食、宿、行、游、购、娱"六大要素融入各种项目中，从而产生复合型旅游产品，健康旅游产品的运作依靠景区的硬件设备。

康复性。医学证实人们的亚健康状态在健康旅游的作用下可以得以改变。森林浴被大家广泛地认为是有效缓解人们亚健康状态的方式。森林环境保健因子对人身体的康益性，是森林浴特殊的效果，能达到使人身心愉悦的目的。

文化性。健康旅游具有浓厚的文化特征。产品的创造和健康旅游密不可分，就健康文化的内容来说，研究结果表明，人类的身体健康是会受到自然环境影响的。所以，要多层次、更加深入而严谨地研究，绝不能单单局限于某个单一的层次。

技术性。健康旅游是一项综合的产业。通过各种高新技术手段，观察到人们的身体情况，并针对性地做出方案治疗，从而使得健康状况得到改善。例如，在中医养生旅游中，对旅游者的身体实行中医的温和诊疗技术和特殊的医疗方法治疗，使得旅游者的身心更好地得到康复。

2. 康养产业的发展与策略

随着经济社会快速发展，人们希望过上高品质生活的愿望越来越强烈，健康已成为人们生活的一种普遍追求；同时，中国已经进入并将长期处于人口老龄化阶段，养老问题受到越来越多人的重视。"身体健康、心情愉快，生有所养、老有所乐"成为人们对幸福生活的基本诉求。正因如此，涵盖养老、养生、医疗、文化、体育、旅游等诸多业态的康养产业已引起国家的高度重视，开始在中国蓬勃发展，成为备受国民关注的新兴产业。

（1）康养产业的发展。康养产业是21世纪的新兴产业，是现代服务业的重要组成部分，关系到国民的生存质量，影响经济社会发展。康养产业涵盖诸多业态，关联城市建设、生态环境、民风民俗、科技信息、文化教育、社会安全等众多领域，不过康养产业在中国尚处于起步阶段，政策的导向作用至关重要。

当前康养产业的发展，以加速医疗与养老、养生、旅游的融合最为关键，实现异地养老、旅游与医疗、医保的联动最为迫切，同时需要通过养老服务标准化试点等方式，在市场准入、财税金融、土地利用、医养融合等方面加大改革和支持力度。

（2）康养产业的发展策略。

解决认识问题。康养产业涉及方方面面，前期投入很大，做成熟需要很多年，需要既保持政策的连续性又追求经济发展速度。对于投入大、见效慢的产业重视不足的情况时有发生，将严重阻碍康养产业的发展，亟须改变。

解决观念问题。发展康养产业鼓励老年人异地养老，但对很多老年人与子女来说，异地养老的观念并不被接受。要让人们意识到，让老人到气候适宜、生活条件优越的地方养老也是"孝"的体现。

加大政策扶持力度，吸引社会资本参与。国家出台了一系列政策鼓励康养产业发展，各地应该积极做好配套工作，合力促进康养产业发展。政府的扶持力度在很大程度上决定了社会资本投入的积极性，政府的直接投入毕竟有限，引入社会资本是必需的。

培养专业人才队伍。当前康养产业中专业人才匮乏，直接制约了康养产业的发展壮大。人才是康养事业发展十分重要的条件，应重视康养人才队伍建设，建立完善康养职业教育体系，提高康养职业人才质量。

（三）乡村旅游的康养产业发展

1. 乡村旅游康养产业的发展趋势

在政府加大干预力度、乡村旅游热潮涌动和老龄化社会快速发展的背景下，田园康养产业前景愈发明朗，各方面都有着较好的发展环境。我国乡村旅游的康养产业已初步显现良好的发展趋势。

第一，与旅游业融合成为新的经济增长点。例如，湖南省武陵山片区旅游业发展突出，旅游业的氛围带动了康养产业的发展，提升了片区经济多样化的消费，使其成为片区发展的新亮点。第二，康养产业是未来经济发展的重要产业，2020年中国老龄事业发展报告预测，2050年，我国老龄化比例将达到峰值，片区老龄化比例亦在逐年增长，康养产业将会成为经济发展的支撑力量。第三，康养产业的发展模式将成为康养企业的主要竞争点。随着人们生活质量的提高，老年人对康养服务的需求也在与日俱增。什么样的康养模式是最适合当下老年人的，这一问题是发展康养产业的核心。

2. 乡村旅游与康养产业的创新融合

（1）康养产业促进乡村旅游的发展。乡村旅游主要依托自然资源与民俗文化，强调的是有助健康的大自然与让人欣赏的文化资源。康养产业就是将传统的养老产业升级为更注重老年人的生理健康与心理健康的新型产业，帮助老年人丰富他们的晚年生活。作为龙头产业的康养产业，可带动上下游产业，发展与完善康养产业链的同时，可有效带动乡村旅游的基础设施、医疗条件、交通质量、生态环境等多方面的改善。老年人的子女、亲人探望老年人时，这些人便会成为片区乡村旅游的潜在游客，可以利用口碑效应打开片区乡村旅游知名度。另外，借助康养产业的品牌关系，在品牌时代的潮流与趋势的顺应下，依靠康养产业品牌文化为片区乡村旅游做广告营销，从而带动片区乡村旅游的发展。

（2）乡村旅游是康养产业发挥优势的重要平台。康养产业利用绿色、健康的环境与民风质朴、深厚的文化基础等为老年人的业余生活提供更多健康、积极的选择。

（3）乡村旅游为康养产业提供市场发展空间。康养产业的发展，可带动一二三产业共同发展。乡村旅游可利用康养产业带动其他产业的有效资源。可以借助康养产业与乡村旅游业间的互利合作、互学互鉴、融合共赢，让康养产业提升乡村旅游的口碑，丰富乡村旅游的内涵，提高乡村旅游的质量；让乡村旅游促进康养产业的健康发展，形成与田园康养协调合作、和谐共赢的新局面。

第五章

乡村振兴背景下生鲜电商发展路径

第一节　消费升级促使生鲜电商产业飞速发展

◆ 一、生鲜电商模式与发展研究

（一）生鲜电商概况

首先，新业态、新零售迅速发展，主要原因是BAT（中国互联网三巨头，B指百度，A指阿里巴巴，T指腾讯）等巨头的进入；其次，生鲜产品的电商海外直接采购业务发展迅速，主要是由消费者消费时间分散化、购买品质多样化、购买区域广阔化引起的；最后，生鲜产品的运输配送环节得到改善，消费者所能体验到的服务感更强烈。

1. 生鲜电商发展背景：新零售

"新零售"这一新概念最早是由马云在21世纪10年代中期提出的，随后引起业界较大反响，并成为市场上主要的零售模式。新零售运用了新兴技术，如大数据和人工智能等；同时，它又创新性地融合线上线下，结合现代物流，使商品从生产到销售的整个过程更加高效。总体而言，新零售就是对业态结构的重构，使之建成一个可循环的商业模式，成为利益相关者的生态圈。调查结果显示，未来新零售将趋向以下五个方面发展：对技术进行革新；对主体地位进行保障；对场景化服务进行运用；对无人零售进行快速扩张；对供应链进行重构。

2. 生鲜电商发展原因

第一阶段，该阶段可视为生鲜电商的探索时期。在这一阶段，借助互联网销售生鲜产品或服务的平台不断涌现，但有一个弊端，就是同质化现象特别严重。第二阶段，生鲜电商在市场上慢慢稳定下来，进入正式启动阶段。在这一阶段，如何在同质化的竞争中寻找差异成为各大生鲜电商企业或平台的关注点。借助宏观环境改善这一机遇，到达第三阶段。第三阶段生鲜电商迅速发展，价值不断攀升，进入高速发展阶段。目前为第四阶段，生鲜电商市场又有了新特征与新发展，生鲜电商真正进入应用成熟阶段。

生鲜电商发展的原因是多方面、多层次的，但最主要的原因有两个，分别是消费者需求的变化和电子商务企业发展的内在需求。一方面，消费者受个人追求等内在因素和产业环境等外在因素的影响，对产品或服务的需求与期望发生变化。在互联网时代下，渠道的拓宽和信息的丰富带来了消费结构的优化升级，而优化的消费结构自然促进了消费者需求的变化。消费者不仅重视所购买产品的质量，而且开始关注享受到的服务和感官上的体验。另一方面，竞争者的变化、行业趋势的变化，使生鲜电商的发展成为相关企业发展的内在需求。电子商务市场在历经多年的发展后已趋于饱和，因此电商行业的巨头企业若想在此基础上进一步发展，进一步盈利，就需要寻找与企业发展策略相匹配的新市场来进行开拓。但在实际中，我国生鲜电商企业的发展重点已经从互联网兴起阶段的抢占流量向现阶段的新零售时期的体验服务转变。为了有效应对这一转变，相关企业需融合线上线下，将互联网虚拟展示的商品转变为实体店可触摸的商品，让消费者在这一过程中体验服务，以此提高顾客的体验感和满意度。

（二）生鲜电商商业模式

1. 生鲜电商1.0：基于B2C的垂直型生鲜电商

在生鲜电商1.0时代，网上卖菜是生鲜电商的主要运营模式，其试图以云联网的形式改变中国居民去菜市场买菜的习惯，但实际上其农产品物流成本和损耗成本依旧不低。和菜市场相比，生鲜电商在价格成本、购买便利性、产品新鲜度等方面都完全不占优势。而作为1.0时代基础的B2C模式，以此模式为主的企业的供应链模式也有差异，主要有四种模式。第一种为生产外包模式，顾名思义，采用该模式的企业，它们的生产环节是外包的，但是物流和电子商务平台部分是自己经营的。它们的整个商品流程是先直接从生产商（比如农产品的生产基地或者私人自主经营的农场）处购买生鲜产品；然后借助企业自营的物流渠道，将产品送到对应工厂或者基地进行加工和包装；最后，企业安排的送货团队将产品送至顾客指定的地点。不同于第一种的自营物流，第二种模式则是对生产和物流两个环节都采用了外包的模式，但是对电子商务平台的运营和维护由企业自己负责，因此被称为单一的平台模式。在前两种模式的基础上，第三种模式有所创新，它将企业的经营范围拓宽到生产、供应、销售等各环节，因此被称为纵向一体化模式。采取第三种供应链模式的企业，有一支负责产品全过程的专业化团队。对于这支专业化、标准化的队伍来说，产品从采购、加工到销售的整个环节，他们都需要参与并监督，促使公司能够形成一体化的供应链，让种植、加工、配送、销售等各个环节都能高效运行。并且为达到缩短配送时间的目的，采用电子菜箱模式，节约时间，保障新鲜。第四种模式则是一种相对全面化的模式，因为采取该模式的企业，既从事生鲜产品的线上交易，也有自己的实体店面；并且和前几种模式不同的是，该模式不采取送货上门的形式，而是把产品送往实体店，由消费者自行领取。

基于B2C模式形成的垂直型的生鲜电商最主要的优势是能够为顾客提供安全的、优质的食品。这一优势是该模式和线下超市的主要区别。同时，这一商业模式可以从价值主张、供应链和盈利模式这三部分来入手构建。

2. 生鲜电商2.0：线上线下协同

生鲜电商2.0时代开始走定制化路线，面向高购买力的群体，例如城市企业家、白领等。该时代的生鲜电商企业主要通过独具特色的物流配送服务来提高用户黏性，也就是企业通过提高品质和增强特色等方式来让重点群体多次购买。2.0时代的生鲜电商是销售生鲜产品（涵盖蔬菜、水果、肉类等）的专业性的电商形式，基于有机生态的影响，这种电商形式可以在2.0时代快速发展。随着消费者需求的升级与市场的发展，"O2O+LBS"模型成为中国新零售O2O生鲜电商的末端配送的效率保障。这一模型可根据用户需求，结合互联网技术提供从用户定位、购物流程、采购模式到供应链物流和频道推广等各方面的支持，为消费者提供精准与差异化的服务。

生鲜电商2.0时代的O2O商业模式是时代与机遇的共同选择。这是一种在新零售背景下，以大数据、高端技术为依托，以线上和线下渠道有机结合为特征建立的"移动互联网线上平台+线下生鲜店+自营物流"的模式。它以B2C生鲜产品为切入点，打造以高质量、高新鲜度、高口碑为特征的生鲜产品，以此增强顾客消费黏性，从而为顾客提供更多的非标准、特色化的体验服务。经营体系主要可分为三部分：线下生鲜社区店、线上APP购物、合适的配送人员。

既涉及线上又涉及线下的O2O模式，与其他模式相比，不同之处有四点。第一，从用户层面考虑，这一模式可以加强顾客在使用产品过程中的主观体验，主要是指积极的主观感受。这种模式会得到店铺的大力支持，为消费者获取全面的产品和服务提供便利，同时也能在消费者购买生鲜产品时提供直接的环境体验。第二，它也是改善甚至解决生鲜产品物流配送问题的有力武器。这主要是因为O2O模式的前提是采取该模式的企业在店铺布局方面会优先考虑顾客的需求，体现在实际中就是店铺往往分布在距离主要客户群较近的地方。在这一基础上，顾客可选择的配送方式就更多样化了，他们既可以出于便利性选择上门提货，又可以选择物流配送。第三，这种模式更是生鲜电商和顾客这两大主体加强互动的关键。在这种模式下，生鲜实体店是生鲜电商与顾客交流的平台，借助这一平台，企业可以展示产品文化与品牌形象，顾客可以反映问题，商家与顾客的距离得以拉近。第四，出于企业盈利的根本目标，该模式对增加销量、扩大生鲜产品的销售规模有极大的作用。从该模式的概念出发，"线上线下"的结合，意味着商家可利用的渠道更多，它们既可以在公众号等线上平台上发布各类相关产品的价格、数量、产地等信息，又可以在线下与顾客面对面交流，进一步拓宽自身的销售渠道。

3. 生鲜电商3.0时代

从生鲜电商1.0时代到2.0时代，又从2.0时代到3.0时代，生鲜电商产业的重心在发生着变化。3.0时代生鲜电商的重点是品牌化与差异化的建设，这一重点转变的实现体现在生鲜电商与第三方物流的合作上。在3.0时代，生鲜电商的相关企业会进行品牌化建设，主要涉及产业链和产品品质，例如完善产业链和供应链两大链条，建立生鲜电商产品品质控制和回溯体系。同时，它们又会通过新渠道、新措施来降低成本，例如，采取与超市、便利店进行线上线下合作的方式，或采用C2B的社区直供模式。随着3.0时代的不断发展，各大生鲜电商的商家、企业及消费者慢慢意识到未来生鲜电商的发展方向将是品牌化、社区化与O2O的融合，而实现这一融合的关键是供给端和需求端的双向改造。

供给端改造，要求实现品牌化+标准化。品牌化是赋予价值的过程，是指通过一些载体来代表生鲜产品，深化其价值。对生鲜产品来说，品牌化就是一种能将其区别于竞争者的现实标识。能够实现这种品牌化的简单操作就是给每个生鲜产品匹配对应的二维码，二维码对生鲜产品的意义相当于身份证对于我们的意义，是一种身份的象征，更是一种品牌的代表。在生鲜电商不断发展与政策不断完善的过程中，生鲜产品的二维码将是验证其安全性与真伪的关键，是对产品追根溯源的手段。

仅对供给端进行改造是远远不够的，需求端也需进一步改造升级。需求端改造，要求实现C2B+O2O。在需求端改造中，C2B预售模式是一大特色，这一模式是目前大家公认的主流销售模式。正是这种模式的成功为供给端的品牌建设助力，因为C2B预售模式对降低成本（包括物流配送成本与生鲜产品的损耗成本）具有关键性作用。但需求端改造仅靠C2B预售模式是远远不够的，需结合O2O模式共同发展。C2B预售模式是为了降低成本，O2O模式是为了抢占"最后一公里"，两者结合能更高效地促进生鲜电商的发展。

（三）生鲜电商盈利模式和经营模式

1. 生鲜电商盈利模式

生鲜电商的盈利模式主要有四种，分别是B2C盈利模式、F2C盈利模式、C2F盈利模式，以及售前、售中、售后结合的盈利模式。B2C盈利模式是我国现阶段的主流盈利模式，其发展主要经历了三个阶段：起步阶段、探索阶段和发展阶段。该模式在用户流量和品牌信誉度等方面有强大的优势，但是在生鲜农产品品控、物流损耗和"最后一公里"的配送方面并没有太多的优势。而F2C盈利模式是农场和顾客直连的一种模式。生鲜电商为获得价格优势，提升盈利能力，需与上游供应商深度合作，将生鲜产品的上游生产农场与终端消费者有机结合，为消费者提供高质、新鲜的生鲜农产品，具有削减中间环节、降低品控成本等优势。至于C2F盈利模式，则是客户对农场的盈利模式，凭借降低品质控制的成本和提高生鲜电商产业链的运作效率而广受欢迎。这种模式是客户先借助生鲜电商平台了解生鲜产品的详细信息，然后通过批量订单的方式同上游种植农场进行合作，农场再根据客户订单进行生鲜产品的种植和生产，最终将成品交付到客户手中。最后，售前、售中、售后结合的盈利模式，则是可有效挖掘消费者价值，拉近同消费者的距离，并最终提高消费黏性的模式。在售前阶段，生鲜电商通过收集消费习惯等信息，初步了解消费者的基本需求，有针对性地提出定制化方案，同时充分利用各渠道进行相关生鲜产品知识的普及与教育，以此拉近与消费者的距离；在售中阶段，生鲜电商跟进物流信息，及时反馈给消费者，与消费者分享生鲜产品的食用和搭配信息，进一步刺激其他产品的销售；在售后阶段，积极回应消费者反映的问题，快速协调退换货事宜，努力实施补救措施，提升消费者满意度和购物体验。

2. 生鲜电商的经营模式

商业模式是各方主体的交易关系与连接，而经营模式则是企业实现商业模式中价值定位的具体方法。目前，生鲜电商行业的经营模式主要有平台型生鲜电商模式、垂直型生鲜电商模式和实体门店网上销售模式这三类。平台型生鲜电商模式的主要特点是流量大、物流稳，能够实现这两大优点的关键则是商家入驻平台。而其缺点体现在两个方面：一方面，用户无法快速识别该模式下电商产品质量的优劣；另一方面，入驻平台的费用高，商家间的竞争主要采用价格战的方式，很难体现产品特色与品牌差异。与平台型生鲜电商不同的是，垂直型生鲜电商不仅关注用户带来的流量，而且关注果蔬肉等生鲜产品的供应。为了更好地实现这一目标，采取该模式的主体专门为生鲜类产品提供特定的销售服务。虽然这一模式需要高投入并且获得的利润较低，但专注带来的区域限制也意味着它能严格控制产品质量，提供优质安全的产品与短而精的服务。这种模式主要适合以对生鲜产品品质要求高的中高收入人群为目标市场的生鲜电商企业。实体门店网上销售模式，是指当地水果店、超市等门店借助APP、微信公众号等平台，拓宽消费者来源，从而形成顾客"线上下单，线下消费"的新模式。基于此，便可以保证配送的便利性与产品的高质性，缺点是门店可提供的生鲜产品种类比较少、服务模式比较僵化，不能全面满足顾客的需求。

（四）生鲜电商发展的问题及对策

1. 生鲜电商发展中的问题

生鲜电商的蓬勃发展也逐渐暴露出该产业存在的问题，主要涉及三大方面，分别是产品的质量问题、物流配送的效率与安全性、消费者需求的转变。

生鲜农产品受内外因素影响产生的变质是其品质问题的主要体现。导致农产品变质最主要的原因是跨境冷链运输周期长、环节多和跨境冷链运输作业不够规范。除了产品的品质问题，在物流层面问题也不断出现，主要有以下四方面问题。第一，产品受到工具等影响而带来的品质降低。物流工具的不恰当使用、产品与产品在物流过程中的意外碰撞等都直接影响了生鲜电商产品的品质状态。第二，监管与安全意识对商品品质的影响。因为在生鲜电商产品的物流配送过程中，监管部门要求从严把控与利益相关者对产品的质量安全意识低下的矛盾严重影响了生鲜产品的品质情况。第三，技术是否先进对产品质量的影响。例如，生鲜产品的包装技术，我国的包装技术水平有限，只能避免产品不受外界的撞击，却不能确保商品在物流过程中的质量安全。第四，受宏观层面的影响，冷链物流行业具有发展的不成熟、技术的有限性、物流体系的不完善、专业人才的匮乏等问题。而在消费者需求方面，最主要的问题是消费者对产品不信任，对其质量持怀疑态度。产品质量一直是每个时代大家都关注的问题，因为它影响着消费者的生命健康。

2. 生鲜电商问题的解决措施

消费者在生鲜电商平台购物，主要考虑平台提供的产品的优质性和配送服务的便捷性。因此，在这个基础上，生鲜电商要打破瓶颈，获取竞争优势的关键就在于降低成本和提高产品质量。

产品品质的保证始终是所有生鲜电商企业必须坚守的战略之一。我国社会主要矛盾的变化意味着消费者的需求更多体现在商品安全性、健康性上，也就是要求生鲜电商产品的质量能够更高。为了满足消费者对高质量产品的需求，各大利益相关者可以通过技术改进、物流标准化等来改善产品质量。首先，在技术改进层面，尤其需改进的是物流过程中的冷链技术、减压贮藏技术和辐射贮藏保鲜技术。其次，要注重流通环节对产品的加工和处理，让工艺更加标准化和效率化。为达到这一目的，生鲜电商工作者需更多关注第三方物流企业的运输安排，不仅要关注运输过程中对运输设备的选择、对运输过程的监控、对运输工具和设备的保养，而且还要对整个过程中的生鲜电商产品进行质量监管。应建立完善的跨境生鲜农产品冷链运输信息管理系统，对单据、库存、运输等信息进行管理，数据统计、信息反馈和追踪查询等均保持记录，并具有可追溯性。信息系统应具备订单跟踪、客户反馈、温度异常提示、预警等功能，并可为上下游作业提供必要的信息接口。再次，通过标准化和品牌化实现产品高质量要求。可以通过建立生鲜电商产品的可追溯体系，以二维码为载体，方便生鲜电商产品流通，从而消除顾客对生鲜电商产品质量方面的顾虑。

除产品质量外，降低成本也是一大关键对策。降低成本可以从制度和运营两个方面入手。一方面，建立循环包装回收制度，对运输路线、配送范围等做出精准的计算、划分、规划、控制，科学规划配送路线，在减少运输成本的基础上提高效率。另一方面，可通过采用大数据、人工智能和物联网等技术，也就是进行智能化运营，定位核心消费群体需求，从消费端了解消费群体购买需求并进行预测，提高运营效率，降低成本。

此外，其他因素也会有助于解决目前生鲜电商发展中存在的问题。以物流配送为例。第一，需保证在服务覆盖的三千米生活圈内，产品能够在规定时间内送达；并且不同的产品需配备温度控制更精准的温控箱，运用多温区混载技术，使温度、湿度、气体成分等影响因素都能得到控制。第二，减少产品的损伤。这里的损伤主要是指生鲜电商产品在物流过程中因为碰撞等造成的伤害。为达到这一要求，需要对物流过程中的具体操作规范化和标准化。第三，对生鲜电商产品进行科学化、合理化包装极为重要。

为了破除同质化竞争，首先要进行市场细分。细分市场首先就是要确定最主要的消费群体，进行关键击破，重点发力；或瞄准某个区域，梳理归纳该区域主要人群特征；或瞄准个性化定制领域，设立生鲜展示馆，实现会员个性化定制。其次，增强用户体验。通过前置仓、线下门店、商超联合等创新仓储模式，提高生鲜产品交付能力，增强用户体验。

◆◇ 二、消费升级促使生鲜电商产业快速发展

在消费模式升级的驱动下，人们逐渐由价格导向转变为价值导向。人们不再单一地以价格为衡量标准，商品品质与价格的匹配程度成为人们衡量商品的标准。人们开始从商品的品质、商品的多样性、消费便捷性、价格等多个维度衡量商品。生鲜电商的出现在商品品质、商品多样性、消费便捷性、价格等方面满足了消费者的需求。

此外，随着互联网的普及，越来越多的人选择网购这一途径。消费者主要群体更新换代，"80后""90后"甚至"00后"成为主要的消费大军，消费观念发生转变，在生鲜方面的需求增加。此外，经常购买的生鲜商品逐渐由普通商品向中高档进口商品转变。

第二节 生鲜电商行业的四大发展阶段

2005年易果生鲜成立，标志着我国生鲜电商进入萌芽期；现阶段的生鲜电商行业已经形成了以阿里、腾讯和京东为主导的、多平台共存的发展模式。从生鲜电商行业兴起到现阶段的蓬勃发展，我国生鲜电商领域的发展一共经历了以下四个阶段。

萌芽期：易果生鲜的成立开启了生鲜电商的大门。该阶段易果生鲜的SKU（最小存货单位）较为单一，以进口水果为主，不曾涉及蔬菜、肉制品和海鲜等商品。该阶段主要以垂直型B2C生鲜电商为主。

探索期：区域性生鲜电商大量涌现，但该阶段的主要商业模式依旧为垂直型B2C生鲜电商。

爆发期：21世纪10年代初期被视为生鲜电商产业的元年，本来生活将褚橙卖为"励志橙"，使本来生活的订单量激增，也使得更多的人接触到了生鲜电商。之后，顺丰优选在北京的10个地铁口免费派发来自广东的荔枝，更是将生鲜电商大战推向了高潮。此外，阿里、苏宁、京东等企业也相继以不同的方式加入到生鲜电商的浪潮中。

逐渐趋于成熟阶段：21世纪10年代中期，每日优鲜带领着O2O商业模式横空出世；"四不像"的新零售模式伴随着盒马鲜生快速成长。生鲜电商企业逐渐解决了"最后一公里"问题。此外，部分平台转型为B2B模式，生鲜拼团的C2B模式、社区便利店模式、社区生鲜半成品配送等模式也纷纷涌现出来，生鲜电商领域商业模式趋于多元化。

在生鲜电商发展的初期（21世纪初期），相关平台的商业模式以B2C垂直型电商为主，主要经营高档食品；此后以沱沱工社为代表的区域性生鲜电商崭露头角；21世纪10年代初期以来生鲜电商凭借网上营销，进入爆发增长阶段；21世纪10年代中期以来本地生活携O2O模式横空出世；盒马鲜生的成立促进了"新零售+前置仓"模式的发展，初步解决了生鲜电商的痛点之一——"最后一公里"问题。生鲜电商领域的问题逐渐被解决。此外，整个生鲜电商领域商业模式趋于多元化，单个企业也不再选择单一的发展模式，而是将两个或者多个商业模式组合经营。在该阶段，商品种类、商品质量及消费的便捷性都大大提升。

第三节　生鲜电商商业模式的三次变革

按照生鲜电商行业的发展阶段，并结合其商业模式和物流模式的发展历程，可以将生鲜电商的商业模式分为"以B2C为导向的垂直型生鲜电商"的1.0时代、"线上线下协同的'新零售+前置仓'模式"的2.0时代和"多种商业模式混合经营"的3.0时代。每个时代在商业模式和物流模式上都有巨大的改进，弥补了前一时代的不足。

◆ 一、生鲜电商1.0：以B2C为导向的垂直型生鲜电商

21世纪初，易果生鲜成立。该平台以售卖中高档食材为主，采取大仓直送的模式。易果生鲜以货源地直采和高效的冷链配送系统闻名，它的成功在很大程度上依靠高效的冷链配送系统。安鲜达从易果生鲜创立伊始就作为其物流部门从事生鲜冷链运输、宅配工作。随着市场需求、企业战略的调整，后来安鲜达正式转变为物流公司；2005年5月，易果集团又推出驯鹿冷链。与安鲜达不同的是，驯鹿冷链依托冷链仓储和运输技术，专注于干线的冷链物流配送。在供应链方面，易果生鲜采取源头统一仓储，通过驯鹿冷链配送至片区仓储中心，再由安鲜达物流进行城配至消费者手中的方式。

同样在物流方面具有丰富经验的还有顺丰集团。与易果生鲜不同的是，顺丰集团的主业为物流配送。顺丰作为我国物流行业的领军企业，凭借着优秀的物流系统推出了顺丰优选。21世纪10年代初期，顺丰将常温商品铺设到上海、深圳、广东等一线城市，并且在天津增设了冷链配送服务；顺丰优选一开始就瞄准了中高档生鲜在电商行业的空缺，进入了生鲜电商的B2C领域。其利用顺丰的物流技术，在商品的源头直采，利用航空运输直达城市中心仓，再城配至消费者手中。

生鲜电商1.0时代平台的配送模式多为由原产地仓库运输至片区仓储中心，再由自身或第三方城配团队配送至消费者手中。在该阶段，平台打出的口号为"次日达"。

◆ 二、生鲜电商2.0：线上线下协同的"新零售+前置仓"模式

（一）商业模式：新零售

我国在生鲜电商2.0时期初期照搬了国外的O2O模式，但是经过2~3年的磨合以后，越来越多的平台发现光靠O2O模式是行不通的，经过几年的运营实践后提出了建

立在O2O基础上的、依托互联网和物联网技术，通过大数据分析和场景营销等模式将线上消费与线下体验深度融合的"新零售"模式。此后，盒马鲜生的"新零售+前置仓"模式被越来越多的平台接受。

（二）物流模式：前置仓+城配

在生鲜电商2.0时代，"前置仓+城配"模式似乎成了解决"最后一公里"问题最为有效的方法。盒马鲜生和每日优鲜等平台纷纷采取这种方式来布局供应链，以打通末端物流，解决"最后一公里"问题。

每日优鲜是围绕着老百姓餐桌的O2O生鲜平台。21世纪10年代中期，每日优鲜的第一个前置仓在北京望京开业，前置仓模式的实质为建立在"城市分选+社区前置仓"基础上的、呈二级分布的仓储体系。前置仓是每日优鲜在2.0时代的重大优势之一。每日优鲜根据APP上的订单做出分析，在订单密集的商圈和社区附近建立前置仓，每个前置仓辐射附近3千米的范围，将商品从"次日达"变为了"30分钟到家"。

2015年成立的盒马鲜生是生鲜电商领域前置仓模式的代表，第二年盒马搭建了第一家线下实体店。对于盒马来说，线下实体店就是前置仓。这一举措帮助阿里在生鲜电商的布局上向供应链末端迈进了一大步。盒马鲜生实体店最大的特点就是集餐饮、体验与购物于一体，以及提供快速配送服务。"30分钟到家"也是盒马鲜生诞生以来的第一个目标。为了实现这一目标，盒马鲜生又推出了"一大四小"的商业模式。所谓"一大四小"模式，就是指盒马鲜生线下大店和更小更为精简的盒马F2便利店、盒马mini店、盒马菜市和盒马小站一同发展。小规模的店围绕在盒马线下店的周围形成聚集效应，配合盒马鲜生的前置仓模式，将"30分钟到家"服务真正变为现实。其实，盒马鲜生便利店对阿里来说是一个更为合适的实现目标的途径，盒马便利店相较于盒马线下店，更加靠近消费群体，相较于线下店更加前置，能达到急速配送的目标。

生鲜电商2.0时代平台的配送模式多为由原产地仓库运输至片区仓储中心，再由片区仓储中心通过冷链运输至前置仓，最后由自身或第三方城配团队配送至消费者手中。在该阶段，平台打出的口号由1.0模式的"次日达"转变为"30分钟到家"。

（三）解决"最后一公里"问题

"最后一公里"问题一直是生鲜电商的痛点。解决该问题不但可以降低企业的物流成本、提升物流效率和消费者满意度，还可以提升企业的商业价值。

第一，末端物流成本降低、物流效率提升。与生鲜电商1.0时代相比，在1.0时代商品由片区储存中心运送至消费者手中一般采取冷藏车配送；而2.0时代，配送范围局限于以前置仓为中心的3千米范围内，配送员只需要骑电瓶车就可派送。企业在供应链末端的成本大大降低。

第二，商品品质得到保障。在1.0时代，为了降低冷藏车运输成本，物流会将不同商品共同储存进行沿途配送，生鲜商品品类繁多，冷藏冷冻混装及冷链运输时间较长，会在很大程度上影响生鲜品质；2.0时代，派送员只需在前置仓辐射3千米范围内进行配送，"30分钟到家"意味着生鲜从前置仓出发到到达消费者手中最长时间不会超过30分钟，冷链断链的风险和时长大大减小，商品品质得以保证。

◆ 三、生鲜电商3.0：多种商业模式混合经营

生鲜电商企业经历了数十载的发展之后，逐渐找到了适合自身发展的商业模式。现阶段生鲜电商中B2C模式的竞争较为激烈，以新零售和O2O为代表的模式的终端都为顾客，而B2B和C2B等模式却相对较少被提及。近年来，易果生鲜正在进行战略转型，由B2C向B2B转变。易果生鲜通过与阿里和苏宁进行合作，一方面，获得天猫超市生鲜板块和苏鲜生的独家运营权；另一方面，更是获得了充足的资金。易果集团的融资使得易果建立起了商业壁垒，为日后的"深耕物流、全渠道、供应链"的建设提供了资金保障。

此外，以食享会、考拉精选为代表的平台开启了生鲜团购活动，将商业模式转变为C2B，整合客户资源，通过增加交易规模的方式降低物流成本；百果园、永辉等老牌生鲜商超，通过自营或与第三方合作的方式转型为线上线下同步经营。由于该类平台原本就有线下仓储，因此该种转型在仓储方面的投入较少。

第四节　生鲜电商产业经营壁垒

◆ 一、重资产壁垒，小型企业扩张难

生鲜电商作为一种重资产行业，前期冷冻仓储的建设、冷链的搭建及线下商店和前置仓的搭建都需要大量的资金，并且企业想要获利就必须不断地投入资产。

（一）实现线下"占位优势"需要大量资金供给

生鲜商品难以做到差别化，而且各平台目标用户高度重合，在前置仓覆盖范围内，目标用户数量有限。因此，在建立前置仓时具有"占位优势"，这也是盒马"舍命狂奔"的原因。

现如今，生鲜电商行业竞争激烈，不少平台都选择通过"烧钱"模式来扩张规模。

除了阿里的盒马鲜生之外，京东的7FRESH、每日优鲜、苏鲜生等平台也开始了"新零售+前置仓"的模式。依附于阿里、腾讯及京东的生鲜电商的资金链相对宽松，而其他没有归属于这三大巨头的生鲜平台在融资上相对困难，扩张进度也相对缓慢。

盒马鲜生采用的"新零售+前置仓"模式，通俗来说，就是仓店结合的方式，门店便是前置仓。这种模式与只搭建前置仓相比，其前置仓还履行着门店售卖生鲜类商品、提供餐饮服务的职能，通过这种方式增加商品的附加价值。前置仓在履行线下门店功能的同时实现收益，借此降低前置仓的成本。盒马鲜生最小的线下店占地面积也在4000～6000平方米，而最大的店铺占地面积达到1万平方米。盒马鲜生的数据显示，盒马鲜生开设一家线下店需要投入几千万元甚至上亿元的资金。但这种模式对前置仓的占地面积及门店运营能力有较高要求，一般平台难以复制。因此，大多数平台还是选择只搭建前置仓，而非仓店结合模式。

但想要搭建前置仓也绝非易事。建立前置仓这种对资金链要求较高的扩张模式，使得不少平台在创业前期就失去了活力。前置仓的搭建需要一笔巨大的资金，而这些资金的回收周期一般在5～8年，资金支出巨大、回收期长，对于资金链紧绷的企业来说是一个巨大的考验。因此，众多生鲜平台都由于资金不足而难以搭建足够的前置仓，最终失去竞争优势而退出市场。

（二）生鲜电商环节多，营运成本巨大

在生鲜电商行业中，商品通过冷链运输、定重、包装，最后到达消费者手中，在冷链物流、仓储设施、配送费用及货品损耗四个方面都会产生巨大的成本，部分商品最终成本是出现在普通菜市场中同类生鲜价格的2倍。

1. 冷链物流

现阶段各大生鲜电商平台的冷链大体上可以分为"自营物流"和"第三方物流"两大类。选择"自营物流"的企业前期投入成本非常大，在冷藏车、空运飞机等运输设备上均需要巨大的资金投入；选择"第三方物流"的企业不需要自己构建物流配送体系。但现阶段市场上拥有完善的冷链物流配送体系的公司并不多，市场需求并不能得到满足，企业需要支付给第三方公司的价格并不低。

2. 仓储设施

生鲜电商企业离不开大型冷库、冷藏车等基础设施，在前期基础设施建设上企业需要投入大量的资金。而这些资金的回收期通常在5～8年，投入产出严重失衡。此外，基础设施的建设与公司的发展战略息息相关，存在信息不匹配风险。若仓储设施在选址、容量等方面出现失误，企业的运营成本还会增加。

3. 配送费用

以盒马鲜生为例，杭州地区以一个门店日均200单来算，每个月在配送上的花费超过4万元。

4. 货品损耗

货品损耗会发生在运输和商品分拣包装两个过程中。中国电子商务研究中心的监测数据显示，我国的生鲜在运输过程中的货品损耗率高达20%～30%，远高于发达国家的1.7%～5%的水平。此外，在最终的分拣包装阶段，也会将一部分商品淘汰。在整个流程之后，最终得到的可以达到出售品质的商品只占采购商品的65%～75%，成本大大增加。

◆〉二、溢价水平不高，盈利难

生鲜商品的自然属性，使得生鲜电商企业具有同质化严重、普通商品溢价不高的特点。这两大特点也是造成生鲜电商行业盈利难的主要原因。

（一）商品同质化严重、消费者重价格及商品品质、轻品牌

生鲜类电商平台的主营商品都离不开水果、海产、肉制品、蛋类和蔬菜这几类。这些品类虽然也有品牌之分，但消费者的关注点一般都在商品品质及价格品质上，没有多少人关注这批蔬菜的牌子是什么，这些鸡蛋来自哪家企业。生鲜商品非标品的特性使得商品同质化严重。若与其他平台比商品质量，就意味着需要投入更高的成本，获利就会相对减少。

（二）价格优势难以捕获

在现阶段的生鲜电商行业中，各企业尚处于摸索阶段，"一家独大"现象尚未形成，行业竞争较为激烈。各大平台之间，往往会采取价格战的方式来提高竞争优势。并且，生鲜电商的竞争者不光只有同类型的生鲜电商平台，还有普通的农贸市场。在生鲜电商领域，商品的成本往往较高，若在一般生鲜商品上创造相对较高的商品溢价，与普通的农贸市场相比就会失去优势。因此，生鲜电商受成本的影响，想要获得价格优势是十分困难的。盒马鲜生售卖的部分商品价格甚至比普通菜场中的价格还要低。不光盒马鲜生如此，许多生鲜电商平台为了提高自身的竞争优势也会打价格战。现阶段的平台为了提高竞争优势经常会给平台用户及供应商发放补贴，享受完补贴后的价格一般低于线下采购价格。

在普通的日常消耗品上，各大平台受传统农贸市场的限制并不能创造很好的溢价水平，商品溢价主要来自中高档生鲜商品及餐饮服务的附加价值。

第五节 季节性、区域性生鲜成为各平台争相加入的领域

随着社会的发展，人们已经由吃得饱向吃得好转变，过去鲜有人问津的中高档生鲜也逐渐走向大众的餐桌。网络上不断涌现出与水果有关的新兴词语，如"车厘子自由""荔枝自由"。由此可见，大众对生鲜水果的需求已经不再局限于普通的水果，而是向中高端水果迈进。

受冷链物流的限制，过去优质的季节性、区域性生鲜商品只能采取线下的方式在原产地周边城市售卖，随着冷链技术的发展，越来越多的生鲜电商企业和冷链物流企业争相加入中高端季节性、区域性生鲜之争中。在过去的几年中，顺丰优选、易果生鲜、盒马鲜生、京东生鲜、每日优鲜等平台都加入到时令水果和生鲜的行业中来。此外，上述企业都与全球各地的生鲜产品供应商签订了合作协议。

该类生鲜商品的特有属性——季节性、区域性，是企业得以实现商品溢价的主要途径。但也正是这两大特性对企业在供应链方面提出了更高的要求。

◆ 一、出售中高档季节性、区域性生鲜成为企业实现溢价的最优途径

在生鲜电商行业，除了日常消耗品之外，绝大部分的生鲜都会受季节和产地的影响。而与海鲜、肉禽蛋相比，水果受季节和产地的影响尤为显著。季节性、区域性生鲜水果往往都是各大平台争抢的主要目标，因为该类商品国内市场需求较大，但在其原产地却可能并不热销，生鲜电商企业利用这种信息不对称及高效的物流，从国外采购大批量季节性水果，然后在国内以合适的价格出售，以实现商品溢价。

以樱桃为例。在樱桃界有一个"贵族"品种叫车厘子，因为车厘子价格昂贵，人们并不能放开肚子大吃特吃，但在智利当地，车厘子的价格折合成人民币不到3元/斤。智利与我国签订了议定书，车厘子获批进入我国市场，使市场上车厘子的价格大幅下降，网友喜称实现了"车厘子自由"。除了智利之外，与中国生鲜平台签订合作协议的还有美国、乌兹别克斯坦、土耳其、加拿大等国家。并且受原产地的影响，中国的消费者一年四季的绝大部分时间都可以吃到来自全球各地的车厘子。

除了车厘子之外，中国的榴梿大都从泰国和马来西亚进口，橙子来自澳大利亚，猕猴桃来自新西兰和智利。受产地的影响，这些进口水果的品质远远好于中国自产，且采购价格又远低于国内。因此，随着冷链物流和国际航空的发展，物流能力显著提升，从国外采购优质的季节性水果成为各大平台的不二之选，也是实现商品溢价的最优途径。

◆ 二、对季节性、区域性生鲜商品基于供应链的分析

（一）原产地对生鲜品质的影响大

生鲜具有自然属性，与一般商品的不同之处在于生鲜商品的品质受产地的影响非常大。以樱桃为例，在我国普遍将进口樱桃称为车厘子，而国产的中高档樱桃则称为大樱桃。智利和乌兹别克斯坦的车厘子受阳光和温度的影响，在肉质方面比国产的大樱桃要紧实很多；此外，其果皮较厚，果粒较大。这些特性是智利和乌兹别克斯坦当地的地理环境所赋予的，是通过其他手段所达不到的。也正是这些特性使得智利和乌兹别克斯坦的车厘子在口感上更好，在冷链运输上的腐损率也更低。

（二）在商品品质方面把控严格

会购买中高档生鲜的消费者往往对商品品质的要求较高，不同于一般的日销类生鲜商品，各大平台在出售中高档生鲜商品时往往会经过精心挑选和包装。其实，不光在销售阶段，在供应链的每一阶段，各大平台对该类商品品质的把控都十分严格。在采购阶段，企业往往会制定各种准则对商品进行挑选、分级和包装；在冷链物流阶段，企业会制定不同的准则，包括冷链保鲜方面的准则、储存的准则、配送的准则等，以求将商品高质量地送到消费者手中。

（三）采取空运等方式确保运输效率

随着国际航空的发展，我国现阶段进口生鲜多采用空运的方式。一批车厘子从树上摘下、分拣装箱后乘坐国际航班来到我国，再进入各大生鲜平台的仓库中最快只要不到一天的时间，最慢也不会超过两天。而在我国国内，高铁的快速发展也为我国的冷链物流增添了动力。中国铁路总局与顺丰集团达成了合作，组建了中铁顺丰。我们熟知的山东大樱桃，以及草莓、苹果、杨梅等季节性、区域性水果通过高铁从原产地运往了全国。

现阶段，冷链物流系统的中间环节——企业，将商品从原产地运送至各片区仓，已经发展得较好。哪怕是进口商品运输时长通常也不会超过48小时。高效的冷链运输体系，在降低腐损率和成本、提高商品品质方面具有重要意义。

（四）企业通过货源地直采和冷链物流的规模效应来降低成本

生鲜电商平台在源头成本相同的情况下，想要在供应链终端创造出比其他平台更多的消费溢价是十分困难的。因此，想要创造出更多的商品溢价，实现盈利，就要在货源上控制成本。通过与原产地供应商直接合作，商家只需将水果采摘分拣后交给各平台即可。平台自行进行包装，其收购成本大大降低，又可以实现商品源头的标准化，为降低冷链物流的成本做准备。并且从中高档季节性、区域性生鲜商品来看，该类商品在原产地售价并不高，甚至会出现没有人买的情况；而通过其他途径收购，采购成本就会非常巨大。因此，对于该类生鲜商品来说，采购方式对成本的影响巨大。

此外，生鲜电商离不开冷链物流，而冷链物流具有规模效应，大批量订单的优势不仅体现在成本控制上，而且体现在仓储、冷链物流等固定费用的摊销成本上，适当增大规模可以降低每件单品的平均成本。但一味地追逐规模效应也是不可取的。以顺丰为例，虽有强大的物流能力，但其消化订单的能力远不及京东和天猫。

总的来说，企业想要控制成本可以从货源采购和冷链物流两个方面实现。

第六节　基于现阶段主流生鲜电商平台的分析

◇ 一、阿里系生鲜电商

阿里巴巴在进入生鲜电商领域后，通过自建、控股等方式逐渐打造出一个集供应链、引流平台、末端配送为一体的生态圈。结合生鲜行业SKU众多的特点，随着市场的进一步发展，阿里对供应链的源头与末端的要求进一步增加。因此，让拥有安鲜达和云像供应链的易果集团专门负责供应链源头，让拥有前置仓的盒马鲜生负责供应链末端，是阿里经过了深思熟虑之后的重要战略转型。

（一）易果生鲜：货源与冷链物流

截至2022年，易果生鲜官网的数据显示，易果生鲜已拥有超过1万名员工，冷链系统覆盖全国300多个城市。

1. 货源采购

易果生鲜提供的生鲜品类已经超过4000种。其货源地覆盖全球六大洲的30多个国家和地区。在企业发展的过程中，易果生鲜与泰国政府合作，以投资的方式获得了新加坡健康食品公司 SunMoon 51% 的股权。易果集团加强海外投资就是为了提高其在货源采购和供应链方面的能力。而现如今，其在供应链方面的实力是有目共睹的。

2. 冷链系统

安鲜达是易果集团旗下的生鲜冷链物流管理公司，专门从事冷链物流的末端配送工作；此外，易果集团还开发了驯鹿冷链，与安鲜达不同的是，驯鹿冷链依托冷链仓储和运输技术，专注于干线的冷链物流配送。在物联网布局上，物联网已覆盖了我国300多个城市。

3. 销售渠道

在销售渠道方面，易果生鲜几乎覆盖了方方面面。B2C：易果生鲜以垂直型生鲜类B2C平台问世，易果原有的易果生鲜官网、易果生鲜APP等平台已经为易果集团积累了稳定的客源，在加入阿里的生态圈后，天猫和苏宁端口的接入为易果带来了更多的线上用户。B2B：易果生鲜以其优质的货源和高效的冷链系统闻名，除了与天猫和苏宁的合作之外，还与阿里旗下的盒马鲜生、饿了么等平台进行合作。除了B2B和B2C这两大主要的销售渠道以外，易果还为大卖场、便利店等提供服务，销售模式包含各类零售场景，为消费者与合作企业提供各种生鲜品类在货源、储存、运输等方面的解决方案。

4. 配送方式

365天全年无休是易果集团做出的承诺。此外，其依靠强大的安鲜达物流可以将配送时间精确到半小时以内。预约达、次日达、当日达、极速达都可以实现。

5. 生鲜云

生鲜云的模块包括商品采购、冷链系统、低温仓储、物流配送、大数据、商品品类规划、市场营销、IT技术支持、商品的包装与加工等多个板块。但易果的生鲜云并不是这些板块的杂糅，而是根据合作企业的特性重新对这些板块进行组合，形成适合该企业的特定板块。易果已将生鲜云赋能给了包含天猫生鲜超市、苏鲜生在内的众多生鲜电商平台。

（二）盒马鲜生：新零售+前置仓

盒马鲜生是阿里最近几年的发展重心，阿里在发展初期只是想建立前置仓，但前置仓模式十分"烧钱"，这点是毫无疑问的。阿里为了解决这一问题，于是找到了一种"新零售+前置仓"的模式——盒马鲜生线下店，这既是一家超市、又是一家餐馆，同时还承担着仓储的任务。前置仓在实现自身储存功能的同时，又可以通过售卖商品、服务，通过餐饮增加商品溢价的方式实现收益，降低前置仓的成本。盒马鲜生开创了"新零售+前置仓"的模式，打通了线上线下环节，在很大程度上解决了"最后一公里"问题，也依靠新零售降低了前置仓的成本。

1. "新零售"

在商品同质化严重的生鲜领域，企业光靠价格和广告已经难以吸引客户。因此，企业越来越重视用户体验，那么如何吸引客户来体验并提升消费者体验感呢？盒马鲜生就此提出了"新零售"。新零售将消费者的行为具体化，讲究场景化营销。其在场景营销方面主要包括消费者是哪一群体、消费者在何时及什么样的情况下进入这个场景、消费者在这个场景中会发生什么样的问题，消费者需要我们做些什么，我们可以如何帮助消费者解决等问题。

盒马鲜生将线下店的场景营销做到了极致。在盒马鲜生实体店内，消费者可以在挑选完生鲜商品后，让盒马厨房帮助加工，在盒马餐厅享用。在盒马线下店内是不允许使用现金及微信支付的，它已经将用户群体限定在了可以操作智能手机的中青年人群体；该类群体一般为上班族或者大学生群体，易于接受新鲜事物，更加注重商品的品质而对价格较为不敏感；该类群体生活节奏较快。年龄在25—45岁之间的群体大多已经参加工作，或成家或独居，快节奏的生活使得他们更加愿意去购买已经分拣包装、方便清洗的生鲜或者已经为成品的熟食。而年龄在18—24岁的群体大多为学生，自主生活能力较差、更偏向于在盒马餐厅就餐或者购买熟食。因此，盒马线下店解决了中青年人生活节奏快、对成品需求较大的问题。

2. "前置仓"

前置仓的建立在很大程度上帮助盒马鲜生解决了"最后一公里"的问题，也是阿里系生鲜电商脱颖而出的利器。网络上有一个新兴的名词叫作"盒区房"。盒区房也就意味着该住所处在盒马鲜生线下店覆盖的3千米范围之内。盒马鲜生以盒马线下店为中心，在其辐射范围3千米之内采取配送员配送的方式，实现"30分钟到家"服务。此外，为了将仓储进一步前置，盒马鲜生又推出了"一大四小"模式——以盒马鲜生线下店为中心，开设面积更小更为精简的小门店。这些小门店大都设立在商圈、社区等人员密集的地方，一来增加了客流量与曝光率；二来使得仓储更加贴近消费者，进一步提升覆盖范围，提高配送效率。此外，这些小店的设立，可以减缓盒马在建立前置仓方面巨大的资金压力。

（三）天猫生鲜超市：线上引流

天猫超市是阿里旗下的本地网上零售超市，其承诺的次日达、指定时间送达等配送服务深受用户的喜爱。在淘宝网首页便有天猫超市的入口，而淘宝作为大家最熟悉的网上购物商城，其忠实顾客数量巨大，因此天猫超市作为淘宝的一部分，所覆盖的顾客基数也是非常庞大的。

天猫超市作为一个综合类B2C平台也经营了生鲜板块，其实在阿里旗下的生鲜平台并不少，如喵鲜生、淘鲜达等。其中喵鲜生给自身的定位为中高端生鲜市场、以进口商品为主，覆盖的消费者群体一般为中高端人士，客单价较高，但消费频次低；淘鲜达则主打农副商品、国内原产地直供；天猫超市的生鲜板块给自身的定位是消费者日常生鲜食材，该类生鲜商品消费者的购买频次最高，但想要经营好该类生鲜商品，对企业有一个高要求——消费者购物的便捷性和物流的高效性。

◆ 二、腾讯系生鲜电商

腾讯依靠自身的社群开展了生鲜电商活动，其依靠社交流量的优势（以微信入口为主导）开展了一系列创新的生鲜电商营销模式，诸如拼多多的水果拼团等。腾讯投资的生鲜电商企业主要有永辉、每日优鲜、拼多多、永辉超市、超级物种等。

永辉超市成立于20世纪90年代末，是中国首批将生鲜引进超市售卖的企业之一。生鲜经营是永辉最大的特色，也是优势项目。在一家永辉超市中，生鲜品类货架约占超市总面积的30%~40%。永辉超市凭借优秀的供应链管理能力在生鲜产品上表现优秀，打败了许多同类型的超市，如沃尔玛、麦德龙等。

此外，为了顺应生鲜市场电商化的特点，永辉又孵化了永辉云创事业部。永辉云创事业部主要包含三个项目部，分别为永辉生活、超级物种及永辉到家。

(一)永辉超市

永辉超市在生鲜板块优秀的业绩离不开强大的供应链。在供应链的采购和门店上架环节，永辉超市都将低成本和高效率做到了极致。

在货品采购环节，中高档进口商品或者大批量的商品一般由企业采取货源地直采的方式，而消费频次高的普通生鲜商品则是由区域买手通过实地考察的方式与当地的供应商签订合作条款，再由供应商配送至各门店；而真正帮助永辉超市提高竞争力的，正是这些高频次的日常生鲜商品。在永辉超市，这些日常的高频次生鲜商品每日的上货频率在1~2次，在进行促销等活动时甚至会超过2次。对于这些量大、消费频次高的商品，采取区域直采的方式有助于永辉超市及时补货，将商品库存保持在一定范围内，这样既可以满足消费者需求，又可以保证货品的新鲜度。

在门店上架环节，永辉超市的生鲜在价格上往往低于市场，但他们对生鲜品质的要求还是非常高的。为了更好地控制生鲜商品品质，永辉超市员工采取"三班倒"的上班模式。夜班的员工负责对商品进一步细加工，在商品送到门店后，夜班的员工会连夜进行验收、分选和包装；早班的员工负责在开店前将商品整齐地放置在货架上；而白班的员工则负责时刻留意货品的数量，在必要时进行补货，此外，还要根据当天市场的反映、商品的品质等及时调整货品的价格。永辉超市的"三班倒"模式极大地提高了超市的运作效率，使得顾客在超市一开门便可以买到想要的商品；也正是永辉超市对价格极高的敏感度，使得其生鲜品类商品的价格具有优势，广泛地被大众接受。

（二）永辉云创板块

永辉云创作为永辉超市孵化出来的产业，主要包含社区生鲜店——永辉生活，新零售——超级物种和负责末端配送的前置仓到家服务——永辉到家。

永辉生活：永辉生活的定位为"比永辉超市更精致的社区便利店"，其商品主要涵盖水果、生鲜及熟食等。此外，永辉生活也推出了线上APP，用户在平台上下单，配送员会在30～60分钟之内将商品送达。作为一家社区便利店，其竞争对手不光有同类型的平台，还有社区周边的传统便利店和菜市场；而作为线上平台，其主要的竞争对手又有京东到家、盒马鲜生等平台。

超级物种：超级物种售卖的商品主要为进口的中高档商品，80%的商品和生鲜都是从国外进口的。在超级物种中共有八个板块，分别为花点时间花坊、麦子工坊、鲑鱼工坊、波龙工坊、盒牛工坊、有机生活果坊、咏悦汇和生活厨房。从这八个板块的名字中我们不难发现，超级物种主营的商品品类为中高档进口生鲜商品和有机商品。超级物种采用的模式也与盒马鲜生相类似——"餐饮+零售"。其实采取该种模式的除了超级物种和盒马鲜生以外，还有采取"低价、亲民、便利"定位的便利店，如全家、7-11、罗森等。但在该类便利店中出售的商品主要为乳制品、烘焙食品、便当及水果，商品走经济实惠路线，与超级物种的目标用户重合度不高。因此，现阶段超级物种的主要竞争对手还是盒马鲜生。

永辉到家采取的卫星仓模式，换句话说，就是前置仓模式。与盒马鲜生的前置仓模式相比，永辉到家的卫星仓明显要小很多，但永辉到家的卫星仓密度远远高于盒马鲜生的前置仓，覆盖范围较大。高密度的卫星仓使永辉到家在30分钟之内就可以将货品送至消费者的手中。永辉到家30分钟之内送达的履约率高达99%。

◆ 三、京东系生鲜电商

京东在生鲜板块可以分为京东生鲜、京东到家和7FRESH三个板块。虽同为京东旗下的生鲜平台，但三者在目标用户、配送时效和物流模式上有较大差别。

（一）京东生鲜

京东生鲜直接以京东 APP 为接口，是传统的综合类 B2C 平台，生鲜订单可与其他商品同时下单，但是在支付后可以选择预定送达的时间。此外，京东生鲜还拥有独立的小程序。京东生鲜根据下单用户的消费喜好、区域密集程度等数据完善冷链系统。在仓储方面，京东建立了四类温区，分别是常温、控温、冷藏和冷冻，以满足不同生鲜商品的储存需求。超过 300 个城市支持配送，小型配送站点已经超过 5000 个。在众多的消费者下单后，总仓会将同一地区的订单进行归类，统一由京东自己的物流公司运送至片区储存仓，再经过分拣，由小型配送站的配送员配送至消费者手中。

值得注意的是，京东生鲜受其供应链的影响，商品以高端生鲜为主，若为大众生鲜则包装大、单价高。总体来说，京东生鲜客单价高、消费频率低，缺少人们所需的高频低价商品。此外，京东生鲜的配送效率在不同城市有很大的区别，在京东物流较发达的地区，部分生鲜支持次日达甚至当日达，但在京东物流覆盖不广泛地区，需要两到三天到达。

（二）京东到家

京东到家是一个综合型电商平台，其商品范围不光涉及水果蔬菜等生鲜，还涉及化妆品、日用品、药品等品类。

在配送模式上，与京东生鲜不同的是，京东到家主打"两小时到家"服务，京东到家在末端配送方面也是前置仓发货，但其前置仓并不是自建的，而是采取与当地超市等企业合作的方式。屈臣氏、永辉超市和沃尔玛等都与京东到家存在合作关系，因此消费者在京东到家下单的商品可能一部分来自一家超市，而另一部分来自另一家超市。由于京东到家的取货环节较为复杂，因此它在配送效率上远不及盒马鲜生。

在消费群体上，京东到家发布的数据报告显示，京东到家的主要消费群体为"80后"、"90后"年轻女性。这类群体有一大特点，就是她们要将有限的精力分配给父母亲、丈夫、儿女。此外，从群体的消费占比来看，受其主要消费群体的影响，热销榜的前五位分别为水果、牛奶、蔬菜、零食和饮料，生鲜商品占比超过消费总需求的五成。

（三）7FRESH

7FRESH 的目标用户为社区居民、写字楼白领，因此它的商品类别与大多数的高档商超相似，覆盖了水果、蔬菜、海鲜、肉、蛋等品类。在 7FRESH，顾客也可以将选中的商品交给厨房，经过处理后在门店内直接食用。

与其他的线下新零售不同的是，7FRESH 在门店内安装了智能溯源系统，消费者只要将选定的商品放置在指定区域，就可以了解到该商品的产地、甜度、食用方法等主要信息。而这类信息一般只有比较注重商品品质的用户才会关注，这也与7FRESH想要做高档生鲜线下超市的初衷相关。

在配送方面，7FRESH与盒马鲜生的配送方式类似，也是以门店为中心向四周辐射3千米。在该范围内进行配送，做到"30分钟到家"。用户在平台下单后，打包员将货品打包后放至门店中的悬挂链上，悬挂链将订单信息输送给京东配送和达达众包，以确保订单在第一时间可以找到相应的配送员。

第六章
乡村振兴背景下特色农产品发展路径

第一节　特色农产品开发的经济优势

◆ 一、产业的社会文化优势

（一）"一村一品"战略

从发展内涵来看，"一村一品"主要是指以村为基础，在一定区域内，通过大力发展有特色、价值高、影响力大的拳头产品，推进规模化、标准化、市场化、品牌化建设，使一个村（或几个村）或更大的区域范围，拥有一个（或几个）市场潜力大、区域特色明显、附加值高的主导产品或产业，从而大幅度地提升农村经济整体实力和综合竞争力的经济发展模式。作为农业农村经济的一种重要模式和组织方式，"一村一品"在发展乡村特色产业、促进农民致富增收、培育壮大县域经济等方面，发挥了独特而重要的作用。我国"一村一品"运动得到了快速推进，促进了乡村产业兴旺、农村人才集聚、农业绿色发展，为乡村振兴奠定了重要基础。

以特色农产品为主体的产业提质增效及空间优质化营造，提升了乡村振兴战略的实施水平。按照列斐伏尔的"空间的生产"理论，空间本质上是"社会的生产"，空间生产是乡村振兴战略目标实现的重要依托。实施乡村振兴战略是党的十九大做出的重大决策部署，是决胜全面建成小康社会、全面建设社会主义现代化国家的重大历史任务。2021年通过的《中华人民共和国乡村振兴促进法》，明确提出了实现乡村产业振兴、人才振兴、文化振兴、生态振兴、组织振兴，是乡村全面振兴的核心内涵和主要抓手。在产业振兴中，要发展优势特色产品，保障特色农产品有效供给和质量安全，培育提升特色农产品品牌，推动农业对外开放，实现农业提质增效和转型升级。着重围绕发展壮大农村集体经济、培育新型农业经营主体、促进农业转型升级，不断提高农业科技水平、严格保护耕地、保障粮食等主要特色农产品供给、改善乡村生态和人居环境、提高乡村文明程度和思想道德建设水平、传承和发展中华优秀传统文化、建立健全乡村社会治理体系、加强基层组织建设等方面，作出了相应规定。

在《全国乡村产业发展规划（2020—2025年）》中，明确提出了要在政策环境优化、消费结构升级、科技创新加快和创业环境改善的背景下，通过规划的编制和实施，引导更多资金、人才、技术、信息等资源要素向乡村集聚。《全国乡村产业发展规划（2020—2025年）》明确提出：推进特色农产品"产加销服""科工贸旅"一体化发展，推动第一、二、三产业融合和产村产镇融合，促进全产业链首尾相连、上下衔接、前后呼应，实现串珠呈线、连块成带、集群成链，形成"一村一品""一镇一特""一县一业""一省一业"发展格局。

要成为"一村一品"特色产业强村，专业村的申报必须具备四个方面的条件。一是具有主导产业突出的特点，也就是专业村主导产业收入占全村农业经济总收入60%以上，从事主导产业的经营业户占总数50%以上，贫困地区可分别放宽到40%或30%以上；专业镇主导产业收入占全镇农业经济总收入30%以上，从事主导产业的经营业户占总数30%以上，贫困地区可放宽到20%以上。二是实现绿色发展，农产品产地环境符合生产质量安全的农产品的要求。对获得农产品地理标志登记保护、中国地理标志证明商标或国家地理标志保护产品认证的专业村镇优先考虑。三是联农带农效果好的专业村、专业镇农民人均可支配收入分别高于所在镇、所在县（市）农民人均可支配收入10%以上，贫困地区可放宽到5%以上。四是组织化程度高的专业村镇成立农民合作社，入社经营业户数占专业村、专业镇从业经营业户数比重分别为40%和30%以上，贫困地区可分别放宽到30%和20%以上，并与专业批发市场有效对接，或与龙头企业建立产业化联合体。

按照《特色农产品优势区建设规划纲要》，以特色粮经作物、特色园艺产品、特色畜产品、特色水产品、特色林产品五大类产品的特色农产品优势区（简称特优区）建设，为重要特产业发展的空间基础。各地要明确特优区创建条件，符合认定标准的，直接制定认定标准，定期组织申报和开展认定工作，推动特优区创建工作的全面展开。特优区认定专家委员会对申报材料进行评估，认定为国家级特优区，给予"中国特色农产品优势区"称号并授牌，区域内经评估授权的经营主体生产的指定特色农产品可以使用该称号，对进一步做强产业、塑强品牌、提升国际影响力予以支持，提升特色农产品的可持续发展水平。

以特色农产品为核心的产业发展涉及众多的发展领域，要顺应区域的经济社会发展规律，以满足市场需求为导向，以乡村资源、产业基础、人文历史等为依托，因地制宜选择适合本地的经营方式。无论是特色农产品品种、种养方式还是营销方式，要防止盲目跟风，避免形成"千人一面"的产业格局。积极推进产业经营方式的转变，要大力提倡现代服务业进入特色产业领域。"现代特色农业、农业生产性服务业、农村生活性服务业、乡村传统特色产业、农产品加工业、休闲农业和乡村旅游、乡村建筑业、乡村环保产业、乡村文化产业"九类乡村产业，将成为乡村产业发展的重点领域。从这些类型的乡村产业来看，大都与特色农产品开发有直接关联或间接关联，成为特色农产品开发的重要空间依托。

正是基于我国的地域特征，培育了许多具有地域特色的传统产业，如竹编、蜡染、剪纸、木雕、石刻、银饰、服饰等传统的手工业，再比如卤制品、酱制品、豆制品及腊肉腊肠、火腿等传统的食品加工业，这些传统特色农产品，地域特色浓厚，承载着历史的记忆，传承着民族的文化，有独特的地域品牌价值。因此，要把这些产品很好地保护、传承和开发利用，通过发展"一村一品"的策略，充分发挥当地特色农产品的品牌效应，调动乡村内生发展动力的积极性，提升乡土制造的魅力和效益，不但能够满足人们日益多样化、特色化的市场需求，培育并形成地方的乡村土特产业，而且能够保护传统技艺、传承民族文化。

发展"一村一品"就是要遵循科学规律，以市场需求为导向，发挥资源和区域优势，坚持产业富村、科技兴村、企业带村、生态建村、人才强村，着力培育主导产业和产品，优化发展环境，完善发展机制，提高发展质量，拓展发展空间，促进"一村一品"向纵深领域发展。从实践看，发展"一村一品"的一条重要路径是要发挥"特"的优势、提升"品"的质量、完善"品"的内涵，使产品的经济、文化、服务、消费等功能有机地融为一体，不断延伸内涵、拓展外延。延伸内涵即围绕主导产品，发展融特色农产品原料生产、加工、销售于一体的完整产业链。拓展外延即突破"一村"局限，发展"一镇一品""一县（区）一品"，甚至"一省一品"，建设块状经济和产业集群，瞄准国内和国际市场，以特色农产品名牌为核心打造区域形象。

农业产业化品牌成功的重要一点就是品牌带来的超级体验，超级体验不但能够给消费者带来消费价值，而且能够给非消费者带来消费体验，在创造超级体验活动及场景的过程中，离不开当地人的参与，离不开特色农产品的"道具"作用，因此，基于品质的特色农产品品牌化，要达到终极品位的目标，品牌化的体验营销已经成为一种重要的现代营销手段，提升了生产者和消费者的共享体验价值。

品牌化的最高层级是地理标志品牌，其更大意义则是成为优质的地域化旅游产品，并进一步延伸为自然与文化相融合的优秀文创产品。对于"一村一品"，不能盲目跟风，而是要结合地域的自身实际和市场需求变化的特征，科学合理地分析研判，扬长避短，切忌照搬照抄、生搬硬套。对于"一村一品"不必理解为必须有自己的特色、特点，如果有符合自身条件的成功经验可以复制借鉴，一定要在市场需求和自身条件允许的范围内发展，从而在一定时期内形成一种良性的竞争关系。在精准定位"一村一品"的同时，要以市场需求为导向，跟着市场走，眼光要长远，既要看清楚现在的市场行情，更要准确分析好未来的市场走向，以发展的眼光打造"一村一品"，在信息高度发达和便捷的时代，建立广泛的信息渠道，杜绝"信息不对称"的问题发生，让市场成为精准定位，以及打造"一村一品"的最好标杆。

"一村一品"的格局不是一成不变的，而是随着第一、二、三产业融合发展而呈现的新的业态形式。通过产业融合与科技投入实现产品的更新换代，以科技发展来催生符合市场需求的新产品。如果一个地方"一村一品"的相关产品已经或将要被市场淘汰，新的产品又极具竞争力，那么就意味着重新定位和选择"一村一品"是刻不容缓的。如果通过市场竞争能实现产品的优胜劣汰，那么及时提升品质，甚至更换品种，就成为必然的选择。在我国，由于地理环境、历史人文的不同，几乎每一地域都有蜚声中外的区域特色农产品，如烟台苹果、西湖龙井、阳澄湖大闸蟹等，但并非所有的产品都会面临着短时间内被淘汰的境地，而是需要在已有基础上强化品牌效应。但是，还有很多地区的名优特色农产品并没有发挥应有的品牌效应，还处于"有名无牌"的阶段——知名度高但品牌化程度低，并且鱼龙混杂、真假难辨，市场较为混乱。

"一村一品"打造的是产业经营体系，大力培育专业大户、家庭农场、专业合作社、公司等新型产业经营主体，逐步形成以家庭承包经营为基础，专业大户、家庭农场、专业合作社、产业化龙头企业为骨干，其他组织形式为补充的新型特产业经营体系。充分发挥龙头企业的示范带头作用，在管理运营、品牌树立、科技投入、市场开发、销售盈利等方面，带动周边群众发展，采用以大带小、以强带弱、以精带细的发展模式，最终实现共同进步、共同发展、共同富裕。大力发展以特色农产品为核心的微经济，鼓励"副业创新"，鼓励基于互联网平台发展微创新、微应用、微产品等大众创业、万众创新方式，广泛开辟新收入机会，激发特色农产品开发的多元创造。

采用高科技融入特色产业开发的方式，建设智慧型产业发展格局。依托特产资源的地理空间优势，选择主导产业，建设一批"小而精、特而美"的"一村一品"示范村镇，形成一村带数村、多村连成片的发展格局。充分发挥智慧型营销平台的优势，通过电商、自媒体等积极营销，多管齐下，提升特色农产品主导的数字经济发展效率。引导和鼓励企业加大技改投入，推动生产线更新换代，淘汰落后产能，引进国内外先进高端装备，提高装备集成化、自动化水平。大力支持智能化工厂建设，深化人工智能、5G、工业互联网等新一代信息技术与特色农产品精深加工业融合发展。各地要通过编制年度重点特色农产品精深加工项目清单，重点支持一批特色农产品精深加工技术改造提升项目。加强高科技产业项目的储备，谋划择优吸纳一批示范性强、效益好的高质量项目入库，实行动态管理、滚动储备，提升产业发展后劲。

（二）产品品牌化的模式

1. "一村一品"是品牌化的重要基础

品牌化是乡村振兴较为普遍的发展模式。依托"一村一品"的发展战略，推动特色农产品发展呈现精品化、品牌化、科技化的发展势头，促进当地经营实体可持续地增收致富。目前，"一村一品"的空间分布均表现出明显的差异性，主要表现为北部多南部少、东部多西部少，农业产业村镇最多、林牧渔等产业村镇较少。从集聚程度来看，"一村一品"呈凝聚型分布态势，且空间显著集聚，地理重心具有Z字形和一字形的迁移轨迹特征，空间格局与全国主体功能区农业战略格局高度吻合。

我国"一村一品"的地理空间特征显著，空间格局较为复杂。乡村人口、农林牧渔业增加值、耕地面积、粮食产量、水果产量和水产品总产量等为"一村一品"空间分异特征的核心影响因素，而且与新型城镇化保持较高的协调发展势头，促进乡村就地城镇化，产业推动城镇化的良性发展。积极培育特色产业的加工链条，丰富产业链条之间的联系方式，促进节点上行动主体的动能转化，使得乡村的经营实体向中心镇（乡）和物流节点聚集，建设涵盖城乡的产业经济网络。在产业强镇、商贸集镇和物流节点布局劳动密集型加工业，促进特色农产品就地增值，带动经营业户就近就业，促进产业融合。经营主体向重点专业村聚集，依托工贸村、"一村一品"示范村发展小众的特色农产品初加工，促进产村融合。准确把握市场信息，才能在消费结构升级的大背景下，适应快速变化的产销大格局，从而激发特产业活力，促进乡村振兴。目前，我国特色农产品流通仍存在一定的弊病，生产与营销信息不对称，使得特色农产品价格容易坐"过山车"。互联网大数据诞生以来，对特色农产品的产销对接、产需对称、信息对称起到重要的推动作用。采用大数据来指导特色农产品的生产，实现更加精准的生产投入与经营管理，引领市场消费群体进入实现共享体验，确保产业链有序拓展，能够形成稳定的供需平衡、供需对接和价格稳定的发展态势。不同于工业消费品，特色农产品具有明显的鲜活性。因此，在实现"从田头到餐桌"的过程中，为了保证产品本身的质量，行业冷链建设是重中之重。不同种类特色农产品对冷链运输的具体要求不同，使得专业化运输成为新型基础设施建设的重要组成部分。在我国的果蔬流通过程中，超过15%的果蔬类食品在流通环节中腐败破损，全年的损耗价值超过500亿元，造成了巨大的损失。当前我国特色农产品供应链模式主要以批发市场为核心，流通环节层级较多，导致果蔬产品在流入、流出批发市场时，经常出现常温运输、拆零散卖的现象，从而导致冷链的"断链"。

2. 龙头企业的带动作用

目前形成了以批发市场为核心的产业链结构，电商的兴起引领农超对接模式提速渗透，加快了特色农产品流通体系的优化进程。大型超市、特色农产品电商、特产超市、便利店等多种零售业态将给特色农产品供应链整合带来更大的盈利空间，物流管理和冷链布局将成为特色农产品成本优化、产品质量控制、产品品牌建设等环节最重要的影响因素。物流企业将在特产供应链中发挥更大的市场职能，在渠道优化、市场营销、品牌建设等多个非传统物流环节中掌握更多的话语权，提升产业链的构建水平。产业链的需求端控制着特色农产品的标准，物流端掌握着交付体验，利用接触客户的优势来建立非生产端的品牌形象或将成为未来特色农产品牌的一条可行路径，使得产业链的建设完全依托于市场需求来进行。由于我国特色农产品的市场化程度时间较短，产业链上的营销配套设施还处于上升发展阶段，与之相关的冷链物流质量和效率都无法满足未来的市场需求。

按照我国《生态农产品（生态食材）团体标准2019（修订）版》，生态食材是指粮油、果蔬、水产、畜禽等食材在生产和加工中考虑生态承载力和可持续利用能力，遵循生态学、生态经济学原理，以中医农业、生态保育、耕育田园理念及合理利用生态资源为基础生产的无污染、可循环的优质产品。生态食材产品质量符合有机产品质量标准。生态食材产业链包括生态肥料、生态农产品（生态食材）、生态食材加工食品（饮品）、生态餐馆、生态食材商业物流体系等，旨在满足人们对食品的优质、安全、无污染、营养健康的消费需求的同时，实现农业资源高效循环利用和生态绿色发展。耕育农法使用传统农耕技术与现代生物科技融合集成的生产方法，既考虑了自然生态对人类的心灵和身体康养的机理，又考虑了人文生态对公众的体验和育人作用，实现了传统与现代生产方法的整合。耕育农法承载着中国历史文化传统和中华民族文化记忆的中医农业技术方法，具备生产、体验、教育等多重功能。

◆ 二、特色农产品产业链条作用

（一）特色农产品的空间开发

1. "特色"与"优势"的空间格局

我国特色农产品种类多、产业发展不均衡、市场需求差异大。要充分发挥国家级特优区的辐射带动作用，统筹考虑不同区域的资源禀赋、环境承载力、产业基础及发展潜力，提升特色农产品发展对新型城镇化的产业贡献度。按照国家发布的《特色农产品优势区建设规划纲要》，既要强调"特色"，更要突出"优势"的原则，聚焦发展五大类特色农产品中的29个重点品种（类）。对生产规模比较大、区域分布广、带动经营业户多的，选择具体品种创建，包括马铃薯、苹果、茶叶等；对单个品种产业规模小、产品功能相似、适生区域相近的，按多个品种归类创建，包括特色粮豆、道地药材、食用菌等；由于特殊的生产销售模式，难以细分品种的，则按照生产销售模式创建，包括特色出口蔬菜及瓜类、季节性调运大宗蔬菜及瓜类等。

2. "内生式"动力

在丹东地区鸭绿江上游地段的绿江村和浑江村，当地人充分利用鸭绿江季节性水量变化的规律，将枯水期的沿岸土地（当地称为"水没地"，一种季节性的水淹地）种植了冬小麦和油菜花，这些农作物在上游洪水到来之前基本会收割完毕。近些年来，当地人种植了大片的油菜花，吸引了大批外地游客前来观赏。尤其是通过创意设计，使油菜花田、冬小麦田呈现出阶段性的图案变化，与周边的生态环境共同塑造了新型的体验空间，使得前来的游客能够在不同时期观赏到油菜花海呈现出的不同美景，一些摄影爱好者更是将这里作为摄影基地，推动了当地休闲旅游的深度发展。国内外的空间生产实践普遍重视乡村文化和历史传统，力图通过发掘乡村文化资本，激活乡村地区的内生发展动力，提升乡村本地参与发展的水平。该地地处中朝边境，这种地域特色文化丰富了旅游者的体验感知。

目前，诸多案例表明，乡村内生发展往往是内外部资源有机融合的结果。油菜花形成的花海景观是乡村地区典型的社会本土物质性资源，是乡村地区显性的内生性资源，也是当地农业生产最重要的内生条件，这些资源在很大程度上会影响乡村内生发展的趋势。乡村内生发展的本质是农民的发展，决定乡村经济社会发展活力最重要的内生性因素是人力资本。乡村内生发展强调发展进程中地方民众的自主性和创造性，重视对人的能力的提升，把发展的重点和着力点放在挖掘乡村精英、农民群体、乡村年轻人和发展工作者的人力资本上。赋予地方合理的权利，培育农民的自主性，制定科学合理的内生性发展规划，统筹利用好内外部资源，是实现中国乡村内生发展的基本路径和关键所在。

（二）特色农产品的节庆活动

1. 特色农产品节庆活动的表现形式

以特色农产品为核心的节庆活动已经成为乡村发展的重点项目。节庆活动将特色农产品的生长过程及最终产品以丰富的载体和活动形式表现出来，通过主客互动的参与体验形式，实现了产品的多样化价值，提升了产品的多级开发水平。地理标志特色农产品的品质和相关特征取决于自然生态环境和历史人文因素，要使特色农产品实现多元化价值，就要通过丰富的体验过程来实现其价值的多元化。比较常见的方式就是以特色农产品为主要文化载体，举办特色的文化节庆活动，如每年秋分举行的中国农民丰收节，极大地调动了亿万农民的积极性、主动性、创造性，提升了亿万农民的荣誉感、幸福感、获得感，提升了当地特色农产品全方位的服务体验，实现了特色农产品的多元价值。

客家桐花祭活动每年举行一次，活动规模逐步扩大，"客委会"成功地将客家与桐花两个不相干的意象联系起来，使每年的桐花祭成了客家一项新的习俗文化。同时，每年的桐花祭也活化了不少客家产业，带来了巨大的文化经济效益。

我国对桐花的观赏与利用始于20世纪90年代之前，湖南、四川、福建、广西、云南、贵州、浙江、湖北、重庆、江西、江苏、河南等省（市、自治区）的700多个县市均有成片的油桐林，每年3～5月乘车经过上述省（市、自治区）的低山丘陵油桐林区时，满山遍野的桐花绚丽夺目、分外诱人，这些油桐林正在成为当地旅游开发的重要旅游资源。特色农产品的生产过程与产品的最终形态都可以和环境相互配合，营造出新型的休闲体验空间，丰富特色农产品开发的共享体验活动内涵，增强生产经营者与消费者的相互联系，提升特色农产品的品牌影响力。

在这些以特色农产品为主题的休闲产业空间营造过程中，主要是按照体验经济与共享经济的视角，将特产生长阶段的每个物候特征与乡村空间整合在一起进行考虑。乡村体验空间构建不仅是特色农产品生产的重要环境基础，还是乡村旅游转型升级的重要空间载体。不同物候阶段的产品都是休闲体验空间中的重要道具，构成了生态体验场景，同时与其他要素的整合形成了生态体验景观网络，实现了为体验活动提供地域特色显著、活动类型丰富的体验场域的基本功能。这种场域既是乡村生产生活的体验感知场，也是以特色农产品为主题的知识转化过程。在这种由隐性知识与显性知识相互转化构建的体验场域中，特色农产品和当地社区的居民一样，都扮演着不可或缺的角色，它们或是知识转化的创新主体，或是生态体验场中重要的共享体验行动主体，每个主体的角色都具有较强的多样性及实现价值的多元性。乡村是一个有序的能够自我调整的自组织社会系统，其内部能够实现包括人类在内的各种实体生活的自动调整，是一个朝着乡村振兴战略目标实施的目标型复杂系统。

按照卢曼的社会系统理论，乡村是一个具有自我组织行为的系统，是一个按照某种特定内涵运作的社会系统，通过选择特定的内涵，从周围社会环境中跨越分界实现自我生产与再生产。系统的内涵主要是通过乡村生产过程中的目标、价值及保障供给来表述的。在现实社会中，跨文化的交流对于知识的转化影响较大，如"外来劳动者"和"本地贫困人口"的跨群体之间知识转化对旅游扶贫的作用最大。各种知识在本质上都是"地方性知识"，是特定情境中的产物，具有较强的地域文化内涵。在一些特色农产品生产地区，扶贫的关键在于使贫困人口掌握谋生手段，掌握将外部动力转化为内部动力的基本技能，使得当地人获得更精准的劳动技能和生产技巧，以及文化意识上的转化，避免低水平的"内卷"，从而激活贫困地区发展的自觉性和内生发展活力，变被动接受帮助为主动积极参与扶贫，依靠转化而来的创新知识力量赢得主动发展的权利，使得知识成为摆脱贫困的动力之一。沿着"网络—知识转移—创新绩效"路径推进物质空间、文化空间和社会空间的结构不断优化，促进了乡村文化的精神性重构与制度性重构。

2. 特色体验空间的营造

从体验消费的角度来看，现代消费者对传统农业生产方式创造的休闲空间需求较大，这使得传统农业知识与技能不断地得到关注，也使得以特色农产品为核心的体验空间营造有更深刻的内涵，对产业过程及空间生产的知识渴望有待于通过共享体验的方式来实现。在特色农产品的生产地区，大多是以传统的农业生产技术来推动特色产业持续发展，依靠经验传授的方式将隐性知识转化是很难的，尝试将隐性知识用现代化的显性方式记录下来，也只能用作智能化的前期统计使用。一些国家采用现代化的智能仪器的记录来辨识优秀农民拥有的隐性知识，将其对植物的生长条件和植物生长环境等相关的判断信息转化为基本数据，获取其经营行为中的隐性知识，这种知识基本上服务于智慧农业的发展。而存在于乡村的传统生活方式、农作方式及聚落空间选择等"地方性"隐性知识往往很难采用智能化设备准确地再现，即便记录下来，也只是只言片语，很难做到系统化的记录传承。在传统的乡村社会中，农民拥有的个性知识、经验和价值传统知识等隐性知识，往往以师传徒授等非正式的方式进行交流转化，只有通过整合当地知识与系统性的专业知识，才能获得当地可持续农业发展的知识背景。

在知识转化的循环过程中，特色农产品通过各种形式的体验场来实现专业知识的转化，推动产业创新发展。在野中郁次郎提出的SECI模式中，知识转化场主要包括原始场、对话场、系统场、练习场及共享场。这些场的整合共同塑造了不同类型的知识转化空间，推动了个体知识与群体知识的相互转化，尤其是显性知识与隐性知识相互转化形成的自我超越型知识，提升了乡村空间的创新水平，实现了特色农产品的多样化价值。各种场是知识转化的基本空间单元，类似于生态体验场，在某些场合下，它们就是特定的体验场，具有不同维度的知识内涵。由不同类型的生态体验场通过关联要素连接成生态体验景观，这种景观是一种典型的行动者——网络关联，将不同类型行动者的知识转化到彼此的目标整合上，推动了网络化的进展。

第二节 特色农产品的创新营销

◆ 一、社区营销基础

（一）精准扶贫战略

1. 电商扶贫的优势

网络营销开启了特色农产品的电商时代，各种新媒体提升了产业的营销水平，提升了精准扶贫的综合效率。乡村肩负着大农业生产的重任，优质化的特色农产品品牌化建设及营销效率较低一直是一个难题。我国网络零售增速不断加快，共有超过70万家企业的名称或经营范围包含"电子商务""互联网销售"等字样，且注册地址多为乡镇。突如其来的新型冠状病毒感染疫情增加了特色农产品的营销难度，但"直播+电商"的新型消费方式应势而上，激活了产品消费领域里的一池春水，为各个产业实现经济转型升级按下了"加速键"，成为精准扶贫、提振经济动能转换的驱动器。

通过整合各种资源和产业形式，推动"直播+电商"进入企业、进入农村、进入社区，通过灵活多样的新媒体形式，推动共享体验经济的发展，形成特色农产品电子商务发展的新趋势。作为一种新型业态，农村电商下行的速度比上行更快，使农民能够享受到优惠优质的工业品和高档的消费品，突破了农村地区缺少大型商场、超市带来的不便。如今，农民不仅可以在电商平台上购买农资产品，还可以购买日用品，电商平台营造的双向流动的效应正在放大。按照乡村振兴战略的要求，农村电商应该在产业兴旺和生活富裕两方面继续探索适合农村的发展方式。特色农产品区别于其他商品的特点是特色与新鲜，以及绿色和有机，使用什么样的营销方式向市场的消费群体来展示产品，无论是图片、文字，还是直播形式，都要结合本地特色农产品的具体特征进行。以特色农产品助力乡村产业的振兴，让农民变成主播、手机变成农具、直播变成农活、数据变成新型资本，要将产业发展中的各种要素激活，使其成为改变特产业发展的功能要素。只有将特色农产品的优势和平台优势相结合，才能达到促进销售的效果，因为所有的直播准备都是为了特色农产品的热销，如果准备工作做得不好，就没有更高的曝光度，就不会转化为消费群体的热度。随着农村居民网购消费需求越来越大，农村居民在消费方式上有了更多的选择性。同时，农村居民内心渴望和城市居民拥有一样生活品质的消费需求，也在一定意义上促进了农村网购的进一步发展，促进了偏远地区的消费增加，提升了当地人的生活水平。

2. 电商带动的新营销模式

电商开启了特色农产品与环境共创空间发展的新业态发展模式,增强了特色农产品对空间生产的塑造能力,产品的空间属性将纳入消费者的体验之中。按照景观社会学理论,现代社会中互联网和科学技术共同催生的电商直播,更像是一场令人着迷的大型"景观秀"。从电商开启时,与特色农产品关联的创新知识转化已经成为空间生产的创新动力,创造了新型的景观,也将人们对"物"的崇拜转变成对"景观"的崇拜,也就与空间生产建立了密不可分的联系,与特色生产关联的空间体验成为消费者追求的一个重要目标。生产者与消费者共创共享价值链。共享价值主要由共享的道德价值、共享的文化价值、共享的物质价值、共享的政治价值等构成。共享价值普遍存在于群体或群体之间及组织之间,是具有规范制约和行动引导作用的判断准则。在以特色农产品为核心的社会资本构成中,共享价值作为一种公共知识和价值理念,内源性地引导社会资本朝着不同需求群体的共享价值方向投入,社会共享价值具有目标导向和行为驱动功能,自觉地推动社会系统宏观结构的合理建构,保障社会有机体的正常运行。

随着一系列相关帮扶政策的落实,电子商务在农村地区有了突飞猛进的发展,提升了乡村特色农产品的开发信心。在互联网金融模式下的农村电子商务、金融服务覆盖面广,经营业户可以通过网上金融平台找到资金提供方,而资金提供方能够通过网上金融平台验证资金需求方的身份信息,这种方式跳过了金融中介,可以提高效率,降低融资成本,但同时网络监管也成为整个社会最为关注的内容。积极探索农村信用社省联社改革路径,突出专业化服务功能。规范发展小贷公司等非存款类放贷组织,积极发挥其服务乡村振兴的有益补充作用。围绕脱贫攻坚,粮食安全,绿色农业,第一、二、三产业融合等乡村振兴重点领域,强化金融产品和服务方式创新。积极稳妥地推广农村承包土地的经营权抵押贷款业务,推动集体经营性建设用地使用权、集体资产股份等依法合规予以抵押,形成全方位、多元化的农村资产抵(质)押融资模式。

坚持价值导向和创新引领,推动城乡融合的一体化进程。由生产经营者和消费者共创的价值是指群体之间坚持创造活动中机会均等、成果分享的价值选择和价值导向,从而有效地遏制经济、文化、社会关系等多方面存在的"内卷"效应,使得产业发展走出低谷。在目标导向和行为导向的发展过程中,特色农产品产业链的发展呈现出多元化的发展趋势,新型共享价值的构建推动着社会制度重新洗牌,产业呈现出的多功能性让乡村空间发展与乡村振兴的目标保持协调同步,使得乡村空间生产朝着产业、生态、治理、文化、增收致富等目标挺进。

（二）电商营销战略——"互联网+三农"

1. 电商促进标准化建设

在以电商为平台的新媒体营销过程中，建立符合电商需求和现代商业的产品标准化体系，是特色农产品优质化与营销协调发展的必由之路，也是电商平台对特色农产品产业链构建的大促进。按照把乡村建设得更像乡村的理念，将乡村性融入"互联网+三农"的发展理念之中，构建集第一、二、三产业与共享体验相结合的"美丽乡村"发展体系，实现生产经营者与消费群体的共享体验整合，推动乡村振兴的可持续发展。在构建共享经济新业态方面，将重点深化探索所有权和使用权分离改革，大力推进特产生产过程数字化，促进产业链供给端的数据要素流通，拓展生产资料供给的内涵与微循环，提升特色农产品品牌化的塑造水平。通过产业转型升级与多功能景观网络的构建，保护和传承乡村已有的田林农湖系统，对荒地、山地、林地进行修整性保护，实施山林湖泊溪流的生态修复工程，把乡村空间打造成诗意栖居、宜游宜业的美丽家园，提升特色产业产业链共享体验价值的实现水平。

2020年是国家实施《乡村振兴战略规划（2018—2022年）》和全面建成小康社会的关键一年。尽管迎头撞上的新型冠状病毒感染疫情、"黑天鹅"让全国经济陷入了下行态势，导致供给端和需求端的联系难以畅通，诸多产业市场需求端陷入低迷的境地，但是夹缝中生存的特产经营业户和销售端的业户都在积极拥抱直播电商寻求出路，把"直播电商"再次推上时代发展的前沿，使全国电商发展呈现出前所未有的良好势头，并得到了消费者的认可。在特产供给端呈现良好势头的同时，通过生活服务共享信息平台的搭建，公有云资源、生产设备、验证环境、仿真平台共享相继呈现出多元化的发展格局，推动了生产资料数字化和生产资料使用权共享，也推动了全国一体化大数据中心建设等，实现了供给端与需求端的平衡发展，使低迷下行的经济发展势头得到遏制，助推产业发展进入一种全新的发展模式和状态之中。

电子商务极大地节约了生产者营销的成本和消费者的消费成本，形成了区别于传统商业模式最明显的优势，促进了生产经营者与消费者之间的联系，从而推动了特色农产品与电商产业融合创新发展。在第一、二、三产业融合过程中，丰富了休闲产业和美丽乡村建设的内涵。以电子商务平台打造为手段，积极搭建众创园区，吸引更多的年轻人返乡创业，提升创客的创新发展水平，拓展当地特色农产品的市场范围，实现乡村振兴战略的五大目标。

2. 电商促进组织化建设

通过成立专业合作社，进行优质特色农产品生产，促进产业融合发展，打造特色农产品品牌，让特色农产品经营业户足不出户就把产品卖向全国，激活乡村市场，盘活乡村资源，为农业注入新的生命力。电商平台使消费行为拥有不受时间与空间限制的自由，也大大降低了特产经营业户的店铺成本和宣传成本，使得更多的经营者参与到品牌化建设之中。在构建创业创新平台过程中，要以电子商务为抓手，建设线上线下店铺，建立创客中心，吸引年轻人入乡加入电子商务就业创业平台，通过电子商务，驱动特色农产品加工、生产，通过特色农产品加工生产吸引和保障更多本地村民就业和创业。产业化运作模式打造了名牌产品体系，使得特色农产品的品质永远成为消费者关注的核心焦点，品牌一旦与一流品质画等号，品牌建设的根基将相当坚固。

农村电子商务是指以网络与信息技术为支撑、以特色农产品为经营主体，开展农业生产管理、特色农产品线上线下营销，结合物流服务、客户管理等一系列的电子化交易与管理服务活动。具体来说，就是消费者登录"B2C"或"C2C"等电子商务网站，挑选自己喜欢的商品，向农村地区网购卖家下订单，卖家利用自营物流或者第三方物流机构等将商品送达买家手中的一种服务模式。国务院和地方政府出台了多项政策，积极推进"电子商务进农村"，大力发展农村电子商务，明确支持电商扶贫等政策措施的实施。专家指出，政策合力正在促使互联网深入农村腹地，推动农村消费升级和相关产业的发展，助推农村电子商务的迅速崛起。

电商扶贫已经成为我国精准扶贫的成功模式之一。做好协同创新的路径探索，使政府财政投资、风险投资、私募投资、股权融资、债券融资等真正发挥作用，特别是要加强农村电商人财物资源的有效整合。

短期来看，在平台流量支持、政策利好、消费回暖的背景下，"直播带货"可以大大减轻新型冠状病毒感染疫情造成的特色农产品滞销压力，减少其对特产业造成的损失，增加经营业户的收入。传统电商通过"文字+图片"的形式向受众传递相同的产品信息，直播凭借强大的内容承载力，可以更真实、直接地反馈产品信息，通过直播，消费者可以直接看到特色农产品的原产地，甚至养殖和采摘过程，加强了对产地来源的信任感，再加上县领导、乡镇干部、艺人等的公共推动，大大密切了消费者与乡村供货源之间的关系，让消费者与主播所代表的乡村文化快速建立了信息关系，从而产生消费行为。

长期来看，由于直播的高互动性和实时反馈的属性，消费者可以直接在评论、弹幕中反馈意见，相比传统漫长的市场反馈机制，直播大大减少了供给侧与需求侧的信息不对称和信息差问题，经营业户可以根据在直播中收到的反馈，合理调整生产计划，在一定程度上推进了产业发展的市场化进程。

农村电子商务引领农业从"生产什么卖什么"向"市场需要什么生产什么"转变。通过电子商务对接产销，建立以消费需求为导向的生产经营体系，带动产业市场化、倒逼标准化、促进规模化、提升组织化、引领品牌化，推动特产业供给侧结构性改革，提高产业的质量效益和竞争力。传统的营销链路要建立消费者信任感，进而产生购买意向，需要经过大量的品牌宣传，消费者才能一步步从注意到产品、产生好奇、产生购买欲望至最终产生购买行为，但直播将这些营销链路大大缩短。在网络直播中，主播鲜明的个性和主持风格更容易让用户产生信任感，进而完成从对主播信任到对产品信任的嫁接，产生消费行为。但是这种信任建立得快，消失得也快，一旦消费者发现主播在产品价格、产品质量等信息上有夸大、造假等行为，就会使消费者产生"被欺骗"感，从而彻底丧失对主播甚至主播所代表的整个乡村品牌的信任，以致对类似品类的"直播带货"行为产生抵触心理。目前，在地方部门领导直播带货火热进行的背景下，部分领导搞形式主义，强制公职人员消费，这种行为会让消费者直接对"产品质量"产生怀疑，不仅降低了政府官员的公信力，也会对该地区的品牌建设产生直接危害。

直播电商是营销内容和电商的结合，用户之所以追捧直播电商，是因为用户在观看直播带货的同时，也在体验更加真实、有趣、高互动的场景，满足了用户内容消费和社交互动的体验需求。直播突破了时空限制，延长了特色农产品销售时间，扩大了销售半径，实现了农村小生产与城市大需求之间的有效对接。电子商务贯穿于农业生产、流通、消费、库存等全链条，是农业大数据的重要来源，利用数据预测和调节生产、消费，提高宏观决策和管理水平，指导农民合理安排生产、调整品种和销售时机，能够促进特色农产品供求总量和结构平衡，农村电子商务既帮助企业拓展了农村消费市场，又带动特色农产品进城，帮助农民增收致富，促进了农村经济转型升级。通过电子商务实现特色乡村旅游景区推介、文化遗产展示、食宿预定、土特产网购、地理定位、移动支付等资源和服务的在线化，深度挖掘农村的生态价值和文化价值，打通绿水青山变为金山银山的通道。

随着乡村5G的创新应用，城乡之间的"数字鸿沟"在逐渐缩小。目前，各地初步建成了一批集创业孵化、技术创新、技能培训等功能于一体的新农民新技术创业创新中心，产生了较为广泛的示范引领效应，也培育并形成了一批叫得响、质量优、特色显的农村电商产品品牌，基本形成了乡村智慧物流配送体系。乡村振兴离不开文化的繁荣与发展，网络文化的繁荣与发展促进乡村数字治理体系日趋完善，推动了文化空间、经济空间、社会空间、生态空间、治理空间等的功能转换，提升了综合发展的效率。新兴业态的形成需要农民、平台、政府共同努力，三方共建，方可使"直播电商"这种新兴业态在乡村经济的建设和发展中行稳致远，形成可持续的经营发展态势。随着直播电商作为一种线上新型消费方式，电商已经成为提振乡村经济动能的新型驱动器，使得乡村地区不断转换发展方式，增加生产者与消费者共享体验的交流机会，缩短产业链供给端与需求端的营销距离。

◆〉二、社区人才培训

（一）乡村电商类型

1. 数字化促进平台转化

特色产业在数字化过程中，从传统的"公司+雇员"向"平台+个人"模式转变，为劳动者提供了低门槛、多元化创富的发展机会，一批有创意、有能力的"新个体工商户"快速地进入新的发展领域之中，促进了乡村地区更广范围的就业，实现了创业发展的快速成长梦想。我国电商在深入农村地区的发展过程中，跳过了PC端时代，直接使用移动互联网开展营销及购物，推动了特色农产品和其他工业品的城乡间双向快速流通，城乡之间的共享体验行为不断增强。在电商竞争日趋激烈的今天，生活服务电商可以线上线下融合，更多的经营主体开始关注网络的流量，吸引更多的粉丝进入自己的产业链之中，流量一夜之间的巨大变化，已经成为品牌化的重要分水岭，产品的品牌优势已经成为流量优势。这种流量优势逐渐进入农村电子商务服务的各个领域之中，包括线上农贸市场、数字化农家乐、特色旅游、特色经济和投资。缺少了产品流量的关注，无论是线上还是线下，都有可能造成特色农产品价格"过山车"式的变化。与此同时，线上农贸市场快速传递农、林、渔、牧供需信息，推动创新知识的传播与转化，使得创新发展快速地在各地进行，帮助更多的经销商进出当地市场，和当地经营主体一起开拓国内市场，走向国际市场。

通过对各地区特色经济、特产业及相关知名企业和产品的宣传介绍，拓展产品销售渠道，加快各地区特产经济和知名企业的快速发展。数字化可以为当地农家乐提供线上展示和宣传渠道（各种餐饮娱乐设施或具有地方特色的单位），利用地理信息系统技术，制作全市农家乐分布的电子地图，使其风景、饮食、娱乐等方面的信息一目了然，方便了城市居民的出行，实现了城乡互动，促进了当地农民的增收。鼓励电商平台的小店在线集聚，利用平台技术、流量、场景和资源优势，创新云逛街、云购物、云展览、云直播、云体验、云办公，拓展批发、零售、餐饮、民宿、美发等领域的数字化营销活动，打造"小而美"的农家乐品牌，提升人气、口碑。

整合线上线下资源，建立电商创业示范点，帮助和激励从事网上创业活动的农村青年实现创业梦想。引导村干部、种养大户、科技示范户、专业合作组织带头人进入新营销领域，实现乡村产业发展的跨越。通过解放思想，转变观念，加大电子商务投入，积极应用农村电子商务，在网上开展特色农产品生产经营活动，在全社会形成有利于电子商务发展的舆论氛围。在电商平台火热的形势下，要加强平台数据的监测分析，将精准营销的理念及发展模式深入农村更多的领域之中，尤其要了解当地特色农产品消费者的真实想法和需求，不断丰富平台的产品种类，提高购买的便捷度，让电商平台所提供的商品、服务更贴近消费者的需求。

扶贫和发展需要当地人具有强大的自发动力，地方领导将"直播电商"带入农村，让乡村特色农产品及空间环境直接成为自己的营销对象，为经营业户打开了连接全国甚至全球市场的窗口，剩下的工作要由经营主体去完成。直播带货的本质其实是一种新型的产品推销渠道和方式，真正吸引消费者下单的还有足够优质的产品与足够合理的产品价格。虽然直播带货的三要素中的重点在于"货"而非人，但当产业进入直播电商这个行业，也要遵循这个行业运行的基础规则，不断增强内容运营和产品供应链管理的能力，尤其是要结合消费群体的时代需求，增强消费过程中的体验感受，丰富产品的体验服务功能，这已经成为直播带货中不可忽视的主要内容。经营主体自身需要依托当地的产业基础和资源禀赋，挖掘具有乡村特色的产品的文化内涵，不断完善产品供应链，提高产品质量，降低产品价格，增强体验服务，夯实直播兴农的可持续基础。

2. 电商平台促进全社会参与

随着"三网融合"，以及物联网、大数据、云计算等创新技术的广泛应用，涉农电子商务规模将呈现多元化，并与智能农业、智能流通、智能消费相融合。各种专业服务提供商开始进入农村，提供商品供应、仓储、摄影、图像处理、网店装修、代理运营、策划、融资、财务管理、支付、品牌推广、管理咨询、人员培训、物流和法律等一系列服务，提高了生产者与消费者之间联系的便利程度。农民从零售商到分销商，从单纯的渠道商到品牌商，从原材料采购商到设计商，从寻找制造商到承揽货物商，最后将货物配送到其他小型网络经销商，农村逐步建立起以品牌经销商、批发商、零售商为主体的垂直电子商务产业链层级，不断增强产品服务与消费者之间的黏性；特色农产品批发市场充分发挥物流、服务、体验等线下实体店的优势，促进线上线下市场的融合发展，实现了线下实体市场的转型，形成了特色农产品营销的新型发展模式，提升了其产业结构调整及发展动能的转换能力。

在产业链延伸过程中，政府提供了丰富的外部公共产品，为创业者、生产者、中介服务者、消费者提供了建立联系的新机制，这里既包括以建设基础设施为代表的刚性公众产品，也包括以法律法规为代表的专门化政策。电子商务法针对电子商务平台的责任有明确划分，但对于短视频平台、直播平台等新兴媒体在电商中的行为仍没有明确的责任划分制度，对直播过程中出现的各种纠纷，需要政府出台针对性的措施，解决新型业态发展中的数据造假、虚假宣传、质量低劣等问题。同时，直播电商对乡村基础设施要求很高，政府要加强对乡村新型基础设施建设的投入，完善道路交通、冷链技术、保鲜技术、互联网、物联网、智联网等新型基础设施的建设。

（二）电商平台培训

1. 电商平台人才的本地化

乡村内生发展的关键是有效配置内外部资源，尊重特色农产品发展的地方本土性，着力挖掘地方的人力资本、文化资本、社会资本等隐性的内生性资源，使各种资本成为最有活力的因素。实施乡村振兴战略，要积极培育农民的自主性，真正赋权给地方，科学制定乡村内生发展规划，遵循"坚持农民主体地位""增强农业农村自我发展动力"等基本原则，统筹利用好内生性资源与外生性资源，激活中国乡村内生发展动力，推动乡村振兴。以互联网提速为契机，完善专业合作社和家庭农场的网络提速降费、平台资源、营销渠道、金融信贷、人才培训等政策支持，使互联网成为每一个经营者施展才华的平台。互联网、物联网和智联网等高新技术融入产业发展之中，推动数字特产业、智慧旅游业、智慧产业园区等新型业态及空间形式的发展，为更多的乡村创客人才提供创业发展空间及平台机制，实现特产经营的跨领域共享发展。

加大乡村能人的培训力度，采用更加灵活的方式培育在乡创业主体。提高创意特色农产品的发现机会、识别细分市场、整合乡村多种资源、创造多元价值的能力。2020年7月6日，人社部联合国家市场监管总局、国家统计局向社会发布了包括"区块链工程技术人员""互联网营销师"等在内的9个新职业。这是我国自《中华人民共和国职业分类大典（2015年版）》颁布以来发布的第三批新职业。9个新职业分别是"区块链工程技术人员""城市管理网格员""网络营销师""信息安全测试员""区块链应用操作员""在线学习服务师""社群健康助理员""老年人能力评估师""增材制造设备操作员"。

网络营销师也叫网络营销工程师，其职责是将互联网技术与市场营销相结合，通过各种技术手段，迅速提高网站综合排名和访问量，为企业提供网络营销规划、网站建设规划、搜索引擎优化、竞价推广和网盟推广、整合网络营销推广等服务，帮助企业有效提升销售额。网络营销师是指通过全国统一考试，取得中华人民共和国工业和信息化部颁发的中华人民共和国工业和信息化网络营销师职业技能水平证书，并经注册的专业技术人员。网络营销师证书是国家相关部门及企事业单位招聘录用人才和晋升职称时的一项参考依据。

在线上直播过程中，主播要搭建直播场景、设计直播内容和促销计划等，需要精心构思和策划场景及直播的每个细节。良好的沟通、表达和销售能力是成功主播的必备素质。优秀的主播能对产品进行精准描述，能通过讲故事的方法，让观众产生共鸣和共情，从而提升自身传播的影响力，增强用户群体的活跃度。由互联网主播形成的新职业就是互联网营销师，其成长与发展离不开相关的培训教育和相关部门的认证。互联网营销师的培训内容包括市场营销、消费者、互联网等相关领域理论知识和实操两部分，并不定期邀请资深主播、企事业单位电商部相关负责人、有关专家现场分享实战经验，进行开播指导和教授市场问题应对之策等。互联网营销师的培养，要与当地的创新创业紧密结合。按照2020年6月13日农业农村部等九部委出台的《关于深入实施农村创新创业带头人培育行动的意见》（以下简称《意见》），要扶持返乡创业农民工，以乡情感召、政策吸引、事业凝聚，引导有资金积累、技术专长、市场信息和经营头脑的返乡农民工在农村创新创业。遴选一批创业激情旺盛的返乡农民工，加强指导服务，重点发展特色种植业、规模养殖业、加工流通业、乡村服务业、休闲旅游业、劳动密集型制造业等，吸纳更多的农村劳动力就地就近就业。

按照《意见》中提出的要求，要引领返乡创业人员发挥积极的创新作用，就要营造有助于人才发挥作用的环境。通过营造"引得进""留得住""干得好"的乡村营商环境，引导大中专毕业生、退役军人、科技人员等返乡创业，应用新技术、开发新产品、开拓新市场，引入智创、文创、农创，丰富乡村产业发展类型，带动更多经营主体学技术、闯市场、创品牌，提升乡村产业的层次水平。挖掘"田秀才""土专家""乡创客"等乡土人才，以及乡村工匠、文化能人、手工艺人等能工巧匠，支持创办家庭工场、手工作坊、乡村车间，创响"乡字号""土字号"乡土特色产品品牌，保护传统手工艺，发掘乡村非物质文化遗产资源，带动经营业户就业增收。

2. 电商平台对人才培训方式的改变

支持有条件的职业院校、企业深化校企合作，依托大型农业企业、知名村镇、大中专院校等建设一批农村创新创业孵化实训基地，要为返乡入乡创新创业带头人提供职业技能培训基础平台，也要通过新型空间开展研学旅行等活动，为大中小学生提供体验教育的新型空间，推动我国研学教育全面展开。

充分利用门户网站、远程视频、云互动平台、微课堂、融媒体等现代信息技术手段，提供灵活便捷的在线培训，创新开设产品研发、工艺改造、新型业态、风险防控、5G技术、区块链等前沿课程，提高创新知识的转化效率。依托农村创新创业园区、孵化实训基地和网络平台等，通过集中授课、案例教学、现场指导等方式，创立"平台+导师+学员"服务模式，丰富教与学的互动形式，提升乡村地区科技文化的转化普及率。注重乡村创新知识的转化特征，根据创业导师和创业人员实际，开展点对点的指导服务，通过"一带一""师带徒""一带多"等精准服务方式，促进创新型的隐性知识转化成为创新的自我超越型知识。在乡村人才汇集的众创空间中，推行"创业+技能""创业+产业"的培训模式，开展互动教学、案例教学和现场观摩教学，提升受训学员的知识技能掌握水平。发挥农村创新创业带头人作用，讲述励志故事，分享创业经验，扩大创新激励的影响范围，提振大众创业、万众创新的信心。

　　根据返乡入乡创新创业带头人的特点，积极探索"创业培训+技能培训"的发展模式，开发一批特色专业和示范培训课程，打造线上线下互动式的教学平台。开设农村创新创业带头人创业经验研讨课，丰富知识转化形式，推动创新知识和创新技能的有效转化。组建专业化、规模化、制度化的创新创业导师队伍和专家顾问团队，建立"一带一""师带徒"培养机制，将特色农产品生产及加工中的文化遗产传承下去，使得文化传承与振兴成为乡村振兴的重要内容。积极培育市场化中介服务机构，建立"互联网+"创新创业服务模式，吸引海内外更多创业创新人才投入到当地特色农产品开发之中，为创新人才培育提供更多的便利，为农村创新创业主体提供灵活便捷的在线服务。

　　要加快知识产权保护、普惠金融支持等方面的持续深化改革，降低新业态新模式创新发展成本。有些特色农产品经过数代开发，具有较强的知识产权特征和专利特征，要严格落实各类特产园区设立用地审核要求，依托现代特产产业园、特色农产品加工园、高新技术园区等，选育优良的知识产权明晰的特色农产品品种，建设一批乡情浓厚、特色突出、设施齐全的创新创业园区，建设一批集"生产+加工+科技+营销+品牌+体验"于一体、"预孵化+孵化器+加速器+稳定器"全产业链的创新创业孵化实训基地、众创空间和星创天地等，帮助农村创新创业带头人开展上下游配套创业。

第七章
乡村振兴背景下农村职业教育发展路径

第一节　我国农村职业教育政策变革的动因

◆ 一、城镇化的快速发展拉大了城乡差距

城镇化是我国扩大内需、建设强大国内市场的重要支撑，在促进我国高质量发展、推动社会主义现代化建设中具有不可替代的作用，城镇化也是满足人民群众对美好生活向往的重要途径。20世纪50年代以来，我国经历了世界历史上规模最大、速度最快的城镇化进程。

我国长期实行的城乡二元社会管理体制，利用农业和工业之间的"剪刀差"，在比较短的时间内建立起了相对完善的工业体系，实现城镇化的快速发展。我国城镇化发展的突出标志是农村剩余劳动力大规模地向非农产业转移，向沿海地区和城镇流动，新型城镇化飞速发展，农民工大量入城；但与此同时，一些地区产生了诸如农村空心化等问题，给乡村治理带来了挑战。随着城镇化的加速发展，城市规模不断扩大，很多乡村不断凋零，甚至消失。

纵观世界各国城镇化发展历程，在城镇化进程的不同阶段，都出现了相应的社会问题，中国也不例外。中国作为传统的农业国家，在特殊的发展战略及经济规律的运作之下，通过人为或非人为的方式塑造了城乡二元格局，使城市和农村之间的差距拉大，城乡差距成为中国城镇化进程中的主要矛盾之一。

城镇化和城市发展意味着城镇人口的增加和城市建设范围的扩张，这通常以虹吸农村人口、鲸吞农村土地为代价。这也就带来农村人口尤其是青壮年劳动力的大量流失，土地利用类型的变更和农业生产效益的相对降低，也使抛荒、撂荒问题日益突出；加上城镇化的发展有时需要牺牲农民这一特定群体的利益，如以"以地生财""土地财政"等理念指导实践，在农地转变为建设用地的巨大收益面前选择大量征用农地。

我国现在正处在城镇化加速发展时期，随着城镇化的不断加速推进，农村萎缩问题

日趋严重，甚至出现一些"农村消亡"的看法与论调，城乡发展不平衡已经成为制约经济发展的重要因素，也引起越来越多的关注。中国特色社会主义进入新时代，为我们走新型城镇化道路、解决"三农"问题提出新任务、新要求。新型城镇化要坚持以人为本，深入实施城乡一体化发展战略，通过对农业农村的政策倾斜与扶持，有效推动农村经济发展，缩小城乡差距，实现城乡融合发展。

◆〉二、缩小城乡差距需要振兴乡村

城市和乡村是互促互进、共生共存的，城与乡具有同等重要的价值，交相辉映，相得益彰。我国城市化水平已经超过60%，城乡关系正在变化，农业农村正在走向现代化。党的十九大报告提出要继续推进新型工业化、城镇化、信息化与农业现代化同步发展。在"四化同步"发展中，农业是短板，因此，要坚持农业农村优先发展。要实现四化同步发展，关键任务是补短板，即"小康不小康，关键看老乡"。农业农村的短板决定整个社会发展的水平。中国能否实现现代化，关键看农业农村。和城市基础设施建设的大规模投资、公共服务水准的大幅度提升相比，乡村，特别是一些偏僻落后的贫困山区，连最基本的水、路、电等基础设施投资都很少，更谈不上享受更多的公共服务。城乡之间不平衡不充分发展之间的矛盾日益突出，严重制约乡村的全面发展和振兴。处理好城乡关系，不断缩小城乡差距，补齐城乡协调发展的短板是关乎社会主义现代化建设全局的关键。党的十九大报告提出的乡村振兴战略，正是顺应了亿万农民对美好生活的向往和期盼，力求解决人民日益增长的美好生活需要和不平衡不充分的发展之间的矛盾，这是实现中华民族伟大复兴的战略选择，也是提升人民群众幸福感的必然选择。

中央农村工作会议提出"走中国特色社会主义乡村振兴道路，让农业成为有奔头的产业，让农民成为有吸引力的职业，让农村成为安居乐业的美丽家园"；在党的二十大报告中，提出坚持农业农村优先发展，坚持城乡融合发展，畅通城乡要素流动。加快建设农业强国，扎实推动乡村产业、人才、文化、生态、组织振兴。全方位夯实粮食安全根基，全面落实粮食安全党政同责，牢牢守住十八亿亩耕地红线，逐步把永久基本农田全部建成高标准农田，深入实施种业振兴行动，强化农业科技和装备支撑，健全种粮农民收益保障机制和主产区利益补偿机制，确保中国人的饭碗牢牢端在自己手中。

农村经济社会发展得怎么样，说到底，关键在人。农民是乡村振兴的主体，是乡村振兴的受益者，所以在实施乡村振兴战略中必须要把亿万农民群众的积极性、主动性和创造性调动起来。乡村振兴战略的实施，关键是培育一支"懂农业、爱农村、爱农民"的新型职业农民队伍。

◆ 三、乡村振兴需要培育大批新型职业农民。

2023年中央一号文件提出，抓紧抓好粮食和重要农产品稳产保供、加强农业基础设施建设、强化农业科技和装备支撑、巩固拓展脱贫攻坚成果、推动乡村产业高质量发展、拓宽农民增收致富渠道、扎实推进宜居宜业和美乡村建设、健全党组织领导的乡村治理体系、强化政策保障和体制机制创新。乡村振兴的关键是人才的振兴，按照习近平总书记要求，让愿意留在乡村、建设家乡的人留得安心，让愿意上山下乡、回报乡村的人更有信心，激励各类人才在农村广阔天地大施所能、大展才华、大显身手，打造一支强大的乡村振兴人才队伍，在乡村形成人才、土地、资金、产业汇聚的良性循环，乡村振兴才有底气。人才再多也不嫌多，关键是如何把人才的心留在乡村。乡村振兴不仅要关注高精尖的农技、管理人才，也要重视"土专家"、"田秀才"等乡土人才。既要"筑巢引凤"引进外来人才，也要就地孵化本土人才，推动资本、技术等资源流向乡村建设，让乡村成为乡土人才干事创业的乐园。"一门手艺能带活一门产业，一个手艺人就能带活一片乡村。"要从人才的培养、职称评审和资金扶持等方面，拿出"政策干货"，为人才更好地在乡村发挥技能、带强产业、带动致富铺路架桥，使各类人才在乡村振兴中发光发热。

（一）发展现代农业需要培育新型职业农民

实施乡村振兴战略的目标是实现农业农村现代化。产业兴旺是乡村振兴的基石，而发展现代农业是产业兴旺的重要内容，只有加快现代农业的发展，才能逐步实现乡村振兴战略目标。在我国现代化进程中，农业是最基础最薄弱的环节，是现代化进程的短板，要求通过技术和管理创新，提高农业的机械化和科技化水平，推动农村以农业生产为主的单一产业与农产品生产、加工和服务三产融合发展，促进农业转型升级。与传统农业相比，现代农业是技术、人才和资本密集型产业，要求从业人员具备较高的素质，因此，农业的现代化发展离不开农民的现代化，需要加强对农民人力资本的投资，使其更新思想和观念，掌握必要的知识和技能，促进其生产方式和生活方式的转变，实现从传统农民变为现代职业农民。

（二）建设现代化新农村需要培育新型职业农民

实施乡村振兴是新农村建设的超越与升华，从"农业现代化"到"农业农村现代化"，体现乡村振兴的目标是不断加强农村基础设施建设，提高农村公共服务水平，发展农村生产力，不断缩小甚至消除城乡差距、地域差距，使城乡居民能够享有平等的生活环境和公共服务。加快农村经济社会发展的关键在人，实施乡村振兴战略，建设社会主义新农村的着力点是加快培养造就一批适应美丽乡村建设要求的新型职业农民。农民的素质决定乡村振兴的质量，新型职业农民是建设新农村的中坚力量，能有效推进乡村振兴战略的实施。因此，大力培育新型职业农民，加速农民的职业化是建设现代农村的现实要求。

（三）现代职业属性需要培育新型职业农民

长期以来，我国一直没把农民当作职业群体看待，而是把其看作身份和社会地位的体现，事实上，农民与其他职业一样，是社会分工的产物。随着城镇化与农业现代化的发展，对农业从业者的要求越来越高，分类也越来越细，便出现了生产型、技能型、服务型等不同类型的职业农民。要实现农业的转型升级和农村的发展，需要一批既有专业知识，又有生产技能，还懂经营管理的新型职业农民，以从事农业生产、加工、经营获取利润作为主要收入来源，并以此作为长期奋斗的事业。因此，要根据不同类型的新型职业农民所需的知识、技能和素质要求培育一批用得上、留得住的新型职业农民。

◆ 四、返乡创业农民工是新型职业农民的主力军

随着乡村振兴计划的实施，传统农业必将被现代农业取代，这就需要培育一支"懂农业、爱农村、爱农民"的新型职业农民队伍，但是大量农村精英劳动力的外流导致农业劳动力老龄化、弱化现象严重，"谁来做农民？""谁来种地？""谁来建设新农村？"显然成为新时代"三农"问题的焦点。县域经济的发展、新农村建设、现代农业发展都需要掌握现代科学技术和管理方法的农民，农民的素质提高是解决新时代"三农"问题的关键。乡村振兴要求专业大户、家庭农场、合作社和龙头企业等新型经营主体成为我国现代农业发展的基础性支持，而大量返乡创业的农民工群体在新型经营主体发展壮大中扮演着不可或缺的重要角色，成为乡村振兴的重要力量。返乡创业农民工这支生力军能为农村带来新的活力，是激发农村社会价值的重要力量。农民工返乡创业不仅能够有效缓解农村空心化和"三留守"等社会问题，而且能够充分发挥创业带动就业的"倍增效应"，促进农村闲置资源的开发与凋敝乡村的复兴，是解决体制性、结构性问题的有效突破口。近几年，农民工返乡创业呈现增速发展，不仅规模在扩大，速度在加快，而且呈现"主动回流"的特征。农民工返乡创业问题已然成为政界和学术界共同关注的焦点，劳动力由农村向城市和发达地区单向转移为主的局面被打破，城乡间双向流动的格局正在形成。然而，目前我国留守在农村的农民以老人、妇女和儿童为主，农业劳动力老龄化、妇女化，农村空心化问题严重，仅仅将留守农民培育为新型职业农民已不现实。农民工返乡就业创业这场逆向运动的到来是一个非常有利的条件，让返乡创业农民工这一群体加入新型职业农民培育将事半功倍。返乡创业的农民工多为有一定文化程度

的青壮年劳动力，经过市场经济洗礼的返乡创业农民工，不仅积累了一定的资本、技术和人脉，而且见识广、眼界宽、思路活，他们能够将务工所学的生产技能和管理经验与当地生产实际和市场需求相结合，而且他们熟悉家乡的环境，能够有效利用家乡的社会资源，为成功创业打下了一定的基础。

《国家中长期教育改革和发展规划纲要（2010—2020 年）》（以下简称《纲要》）的制定与颁行让人们强烈地感受到统筹城乡教育发展的政策精神与要求。无论是否要求，统筹城乡教育发展这条主线都非常清晰地贯穿其中。《纲要》把办好人民满意的教育和建设人力资源强国作为教育发展的指导思想，把促进公平作为国家基本教育政策，把加快发展面向农村的职业教育作为重要的发展任务。农业农村农民问题是关系国计民生的根本性问题，党的十九大报告提出坚持农业农村优先发展，实施乡村振兴战略，这一战略的提出为今后一段时期我国农业农村改革发展指明了方向，也为农村职业教育发展指明了方向。党的二十大报告中对全面推进乡村振兴进行重要部署，强调"坚持农业农村优先发展""加快建设农业强国"。全面建设社会主义现代化国家，最艰巨最繁重的任务仍然在农村，"三农"工作须臾不可放松。

大力发展农村职业教育，要全面建立职业农民制度，实施新型职业农民培育工程，优化农业从业者结构，改善农村人口结构。要整合各渠道培训资金资源，建立政府主导、部门协作、统筹安排、产业带动的培训机制，实施现代青年农场主培养计划、农村实用人才带头人培训计划、新型农业经营主体带头人轮训计划，培养更多爱农业、懂技术、善经营的新型职业农民，使他们能够适应农业产业政策调整、农业科技进步、农产品市场变化，成为乡村振兴的主力军。鼓励新型农业经营主体带头人通过"半农半读"、线上线下等多种形式就地就近接受职业教育，积极参加职业技能培训和技能鉴定。特别是要扶持和培养一批农业职业经理人、经纪人、乡村工匠、文化能人和非遗传承人等。

大力发展农村职业教育，有助于明确解决不同阶段的关键问题，聚焦国家"精准扶贫"战略的突破口，努力缩减城乡和区域发展的差距，促进全面建设小康社会的实现。大力发展农村职业教育是新时期促进我国工业化、信息化、城镇化、农业现代化同步发展的重要战略举措，对于加强社会主义新农村建设，推动城乡一体化发展，建设人力资源强国有十分重要的意义。乡村振兴需要农村职业教育履行好"三农"工作人才培养的重任。乡村振兴，既要培养造就一支懂农业、爱农村、爱农民的"三农"工作队伍，也要培养大批有文化、懂技术、会经营的新型职业农民，需要农村职业教育在人才培养与培训方面大力创新，以实现人才培养质量的同步升级；乡村振兴需要农村职业教育承载好农业实用技术研发的使命。

新时代迫切需要农村职业教育提升实用技术研发水平、协同创新能力和成果转化能力，架起农业科技通往现实生产力的桥梁，提升农业科技贡献力；乡村振兴需要农村职业教育履行好社会服务的使命。土地确权等政策法规宣讲、乡村建设发展规划和田园综合体建设指导等新任务、技术培训与推广的升级要求，都在呼唤农村职业教育拓展服务功能，创新服务模式，不断提升服务经济社会发展的能力；乡村振兴需要农村职业教育担负起优秀乡村文化传承的使命。农村职业教育要发挥人才和基地优势，通过校村共建、法规和文明宣讲、送文化下乡、传承优秀乡村文化等举措，增强村民法律意识，推进移风易俗，弘扬农耕文明和优良传统，培养良好家风、社风、民风，促进乡村文化繁荣，激发乡村活力，提升乡村魅力，助力乡村文化与精神文明建设。

◆ 五、农村职业教育的发展需要政策的支持

教育政策是一个政党和国家为实现一定历史时期的教育发展目标和任务，依据党和国家在一定历史时期的基本任务、基本方针而制定的关于教育的行动准则。它对教育教学活动和人们的行为具有引导作用，有助于协调和平衡各种教育关系；为了预防或解决教育问题而制定的制度和政策，能够起到约束和规范人们教育行为的作用。

农村职业教育的发展离不开政策的支持。20世纪50年代初期，我国农村经济几乎处于瘫痪状态，生产资料高度集中和公有，城乡二元结构问题十分突出。恢复农业、发展农业生产建设成为该时期农村职业教育政策的主要目标，而这个阶段单一的社会主义计划经济体制和高度集权的社会管理方式也决定了农村职业教育发展类型的单一性及管理的高度集权性。1958年颁布的《关于教育事业管理权下放问题的规定》对当时的农村职业教育发展起到重要的促进作用。改革开放以后，中国的政治环境整体鼓励改革开放、鼓励多元化发展，为了改变中国农村贫穷落后的面貌，解决日益突出的社会矛盾，1958年颁布的《中共中央关于教育体制改革的决定》中指出："发展职业技术教育要同经济和社会发展的实际需要密切结合。"为了适应社会主义市场经济体制改革的需要，农村职业教育政策进入了市场化改革探索阶段，农村职业教育政策的主要目标是提高农业生产效率，促进农村经济和社会的全面发展，迅速扩大教育规模；我国的城乡差距问题也体现在教育领域，全国农村的重点校、优质校数量和城市相比都很少。

进入新时期，国家认识到城乡差距已经成为严重制约我国全面现代化、全面建设小康社会的主要因素。习近平总书记多次在不同场合强调"小康不小康，关键看老乡"，出台多层面的政策促进城乡一体化发展。在教育领域，设计出台一系列支持农村教育发展的政策，消弭城乡教育差距，促进城乡教育均衡发展。以工补农，以城哺乡的力度不断加大，这在支持农村发展的职业教育和成人教育的政策法规中都有体现。尤其在进入21世纪以后，随着城乡差距的进一步扩大，"三农"问题成为这一时期党和政府工作的重心，而"三农"问题的关键是"人"的问题，解决农民"素质"问题，培养懂技术、有文化、会经营的"新型农民"成为农村职业教育追求的主要目标。在"以人为本"的执政理念引导下，这一时期农村职业教育政策鼓励城镇职业院校面向农村扩大招生规

模，支持农村的发展。

新型职业农民是城乡融合发展下的农村精英在农村运用现代化的理念、科学知识、经营管理方式和市场化手段从事第一、二、三产业融合发展的现代化农业产业体系的现代职业群体。我国"留守"在农村的农民质量普遍不高已是不争的事实，新型职业农民队伍建设单靠现有的留守农民很难实现，因而需要通过政策扶持农业农村的发展，吸引一批返乡下乡人员加入新农村建设，其中有资金、有技能、有经验、有农村情结的返乡创业农民工是新型职业农民培育的核心力量。随着部分产业由城市向农村的转移，农民工在城市就业压力增大，而且由于我国城乡二元经济结构的长期存在使农民工难以享受到与城镇居民平等的待遇，市民化难度大，再加上城市高昂的生活成本使他们有了回乡的念头。同时，随着"互联网+"、创业创新、精准扶贫、乡村振兴等国家战略的实施，农村基础设施建设有了很大的改善，城乡差距不断缩小，许多农民工在权衡城乡生活成本和收益之后会主动选择返乡就业创业。因此，吸引一批有志于投身现代农业农村建设的高素质农民工返乡创业，壮大新型职业农民队伍，是各级政府有效解决"三农"问题，实施乡村振兴计划的重要举措。政府高度重视农民工返乡创业问题，颁布了支持农民工返乡创业的相关政策，尤其在提出"大众创业，万众创新"以来，国务院每年都出台政策支持和引导农民工返乡创业，其他部委也发布相关配套政策，这些政策的出台有效地促进了农村职业教育的发展，为乡村振兴培育了大批人才。

第二节　我国农村职业教育发展政策的特征

◆ 一、农村职业教育发展政策的梳理

农村职业教育作为解决"三农"问题的重要突破口，对发展现代农业、加快农村劳动力转移、繁荣农村经济具有重要的现实意义和长远的战略意义。只有大力发展教育，尤其是农村职业教育，完善农村教育体系，才能从根本上解决"三农"问题，实现可持续发展。随着我国经济社会的不断发展，农村职业教育发展政策也在不断调整和演变。

目前，学术界根据不同的研究起点和划分依据将我国农村职业教育发展政策的沿革分为不同的发展阶段。有的学者以新中国成立为起点，将我国农村职业教育的发展分为三个阶段：第一阶段是20世纪50年代初期至70年代末期的恢复发展阶段；第二阶段是70年代末期至21世纪初期的改革发展阶段；第三阶段是21世纪以后的完善阶段。这三个阶段的发展使我国的农村职业教育实现由培养大量中等水平的社会主义建设者，到尝试、探索社会教育体制改革，再到强调突出"以人为本"城乡职教"统筹发展"的跨越

式前进。自党的十九大以来，我国发展迈入新时代，全面深化改革、现代化建设加快、产业结构升级，农村职业教育和新农村的建设也势必要顺应新时代的发展趋势。国家通过采取多元化的政策措施，大力推进农村职业教育的创新发展，从而培养社会主义新时期的新型农村劳动者，这一时期国家出台了一系列相关政策推进农村职业教育的发展。

◆ 二、21世纪以来农村职业教育政策重点的转变

党的十九大报告提出"乡村振兴计划"，中央一号文件对乡村振兴战略进行了全面的部署实施。随着越来越多农村青壮年劳动力外出务工，"农民荒"现象在我国愈演愈烈，振兴乡村所需的高层次地方精英人才更是匮乏。新型农业经营主体、新型乡村致富带头人、创业型新型职业农民的缺失严重影响乡村振兴的进程。"三农"问题是新常态下"四化同步"发展的重点和难点，而解决这一问题的关键便是培育一批新型职业农民，带领农民建设新农村、发展现代农业、增收致富，推进城乡一体化发展。

关于"新型职业农民"这一概念，早在20世纪末期，在对实施"跨世纪青年农民科技培训工程"报告的重要批示中就提到要"培养觉悟高、懂科技、善经营的新型农民"。21世纪初提出要"培养有文化、懂技术、会经营的新型农民"；随后，在《关于实施农村实用人才培养"百万中专生计划"的意见》中提出"职业农民"这一概念，即"具备初中及以上文化程度，在农业及农村社会经济发展等领域就业的农村劳动力"；提出要培养"有文化、懂技术、会经营"的新型农民；要培育具有科技素质、职业技能、经营能力的"新型职业农民"，取代了"新型农民"的表述。在"互联网+"背景下，阿里研究院在《中国新农人研究报告》中又提出"新农人"这一概念。从"新型农民"到"职业农民"，再到"新型职业农民""新农人"概念表述的变化，可以看出新型职业农民的概念具有时代特征，显现农村社会经济发展对农民素质要求不断提升。"新型农民""职业农民""新型职业农民""新农人"是一脉相承的，新型职业农民既不同于传统农民，也不同于兼业农民，它是新型农民与职业农民的有机结合，是城乡一体化发展对农民职业化的要求。在城乡二元经济结构下，农民是身份的象征，而城乡一体化发展要求农民职业化。随着互联网在农村的不断普及和农业现代化发展，农业已经从传统的第一产业发展为集一二三产业为一体的产业，这要求农民具有较高的科学文化素质。随着现代农业对农民需求层次的提升，农民的来源也从农村户籍人员拓展到城乡劳动者，实现城乡劳动科技的不断发展，从业人员需求层次不断提高。

21世纪10年代以来，大力培育新型职业农民，全国实施新型职业农民培育试点，培育了一大批乡村振兴人才。振兴乡村，关键靠人才。但是由于我国城乡社会经济发展存在一定的差距，大量农村精英劳动力的外流导致农业劳动力老龄化、弱化现象严重。因此，要培育新型职业农民，一方面可将留在农村的青壮年劳动力、"两后生"（初、高

中毕业未能继续升学的贫困家庭中的富余劳动力）、农村妇女等培养成新型职业农民，另一方面需要将农村户籍的大中专毕业生、返乡农民工、退役士兵、有志从农的城镇居民等有知识、有技能的高素质人才吸引到农村，这都离不开政府政策的支持。我国政府高度重视乡村振兴人才的培育，各级政府出台了许多新型职业农民培育和支持返乡农民工创业的相关文件，国务院每年都出台政策支持和引导农民工返乡创业，其他部委也发布相关配套政策。

◆ 三、21世纪以来乡村振兴人才培育政策的特点

随着我国社会经济的高速发展，农村的经济基础有了一定的改变，具有一定的再生能力。国家对农村的支持政策也有所调整，由过去的单纯外部援助转向外部援助和内部创生相结合，不断创新政策运行机制，进一步完善农村教育体系。在不断提高农村义务教育质量的同时，农村的职业教育、成人教育都得到不断的加强。"三教统筹"水平提高，"农科教结合"效益明显。重视农村人力资源的开发，农村实用人才培训工程、农村劳动力转移培训工程、新农村建设等的实施，大大提高了农村的劳动力素质，农民、农村、农业自身发展能力不断增强，内生力不断提高。通过对21世纪以来国家、省、市各个层面乡村振兴人才培育政策文件的整理与归纳，发现我国支持乡村振兴人才培育的政策主要围绕人、财、物持续发力，以工程、项目、计划、经费保障等方式推进城乡教育协调发展。党和国家坚持科学发展观，愈加突出国家兴办农村职业教育的主体责任，实现"人民教育人民办"向"人民教育国家办"，"农村教育农民办"向"农村教育政府办"的转变，重视教育均衡发展，积极构建新的农村教育治理方式。尤其支持和注意引导农民工、大学生、农村"两后生"等高素质年轻人才回乡创业。农民工等返乡创业成为新型职业农民可以为农村经济发展带来活力，为新农村建设和现代农业发展提供人才支撑，他们将现代科技、生产方式和经营模式引入农业，他们的加入可以优化农业从业者结构，加快乡村振兴人才建设，破解"三农"发展的人力资本瓶颈。就现有政策来看，主要有以下几个方面的特点。

（一）新型职业农民的内涵不断发展与丰富

"新型职业农民"这一概念的表述从最初的"新型农民""职业农民"到现在统一使用的"新型职业农民"，并非简单的名称改变，而是反映人们对新型职业农民本质属性的认识，反映现代农业发展对现代农民提出的新要求。新型职业农民这一概念是在农业现代化、城乡一体化背景下提出的，撇开农民世袭身份的象征，其作为一种职业，既不同于传统农民，也不同于新型农民和职业农民，而是新型农民与职业农民的有机结合，标志着我国农村从封闭走向开放、农业从传统走向现代、农民身份走向职业，既是农民

专业化发展的要求，也是我国农村社会经济转型升级和农业现代化发展的要求。与此同时，对新型职业农民的类型进行了明确界定。在与传统农民、新型农民、职业农民、兼业农民的特征比较中形成了将新型职业农民分为生产经营型、专业技能型、社会服务型三种类型，每种类型又分低、中、高三个层次，"三类协同""三级贯通"的新型职业农民制度框架逐步形成。

（二）新型职业农民的来源与培育对象不断拓展

从对农村从业的村干部、农村种植养殖大户、大学生村官的教育培训等到对新型农业经营主体的培育，再到鼓励、吸引返乡农民工涉农创业、对大学生到农村就业创业培训，培育对象打破了城乡户籍限制，不仅包括农村户籍的潜在新型职业农民，还包括非农户籍的劳动力，真正实现职业与身份的剥离。支持返乡创业农民工培育新型职业农民的文件政策有几个特点：一是频度高。自首次提出大力培育新型职业农民以来，各个层面出台的新型职业农民培育的相关文件几乎都提到了支持农民工返乡创业的相关内容。二是范围广。一方面，现有支持农民工返乡创业的政策涉及创业环境、信贷力度、资金支持、创业培训等多个方面；另一方面，新型职业农民培育制度对遴选、培育、发展和保障全方面进行了部署，政策覆盖比较全面。三是各地有支持返乡创业农民工培育新型职业农民的差异化配套措施。国务院办公厅发布《关于支持农民工等人员返乡创业的意见》，在健全农村的金融体系、加大政策的落实、健全信用机制、拓展融资渠道等方面完善农民工返乡创业支持政策。在国家层面支持农民工返乡创业政策的文件颁布以后，各级政府也纷纷出台具体措施，在用地、资金、培训等多方面支持农民工返乡创业。例如，江苏省人民政府办公厅在国家颁布《关于支持农民工等人员返乡创业的意见》之后立刻出台了《关于支持农民工等人员返乡创业的实施意见》，从创业门槛、减税降费、财政支持、金融服务和创业园建设等方面提出对农民工返乡创业的政策支持。

（三）高度重视农民工返乡创业工作

党和政府向来高度重视"三农"问题，实施乡村振兴计划，促进农村第一、二、三产业融合发展，既要注重物质投入的硬件环境建设，更需重视提高乡村人口素质的软件建设。乡村振兴背景下的农民不能再像过去的传统农民那样，自给自足，单纯满足于种好自家的一亩三分地，而要适应适度规模化经营的现代农业，善于利用新技术和新方法，能根据市场需求使农产品商品化，实现经济增收，并且具备一定的带动作用，是能够推动产业进步的新型职业农民。乡村振兴关键在人，农民是乡村振兴的主力军，农民的思想水平、文化素质和技能水平的高低，直接影响乡村振兴计划的实施效果，培育一支既懂农业、爱农村、爱农民，又有一定的学习能力、经营能力和新技术应用能力，具备基本的互联网知识的新型职业农民队伍是当前迫切需要做的一项工作。返乡创业农民工是新型职业农民的重要来源之一，农民工返乡创业和培育新型职业农民的要求可谓不谋而合，鼓励和吸引农民工返乡创业成为新型职业农民，使大量流失的农村人力资源和社会资本回流农村，是准确把握乡村振兴内涵，补齐农村人力资本短板的重要举措。各级政府在充分认清当前面临的国内外经济形势的基础上纷纷出台多项鼓励和引导农民工返乡创业的扶持政策，明确提出"返乡下乡创业培训专项行动""返乡下乡创业带头人培养计划""返乡下乡创业服务能力提升行动""育才强企计划和引才回乡工程"。党和政府对返乡创业农民工在土地、资金、技术、培训等方面的政策性扶持及一系列惠农政策的实施有效改善了农民工返乡创业的软硬件环境。

（四）新型职业农民培育体系逐步完善

从大力发展农村职业教育、中等职业教育参与新型职业农民培育，到农业广播电视学校应该成为新型职业农民培育的主体，再到鼓励高等院校设计相关专业培养乡村工匠，"一主多元"的新型职业农民培育体系逐步完善。各级政府都很重视引导返乡农民工创业。返乡创业农民工是新型职业农民的核心力量，要吸引更多的高素质农民工返乡创业，加入新型职业农民队伍，需要合适的软硬件环境支持，硬件环境主要是指农村基础设施建设，尤其是农村互联网的普及应用和城乡在教育、医疗、社会保障等方需缩小差距；软件环境包括农村职业教育和创业培训跟踪服务。而这些软硬件环境的达成离不开资金的支持，资金的支持又离不开政策的支持，国家和各级地方政府纷纷出台了很多支持农民工返乡创业的政策，农民工返乡创业在土地、贷款、税收等方面都有优惠，有些地方，例如江苏的苏州，甚至出台了新型职业农民职称制度和养老制度，大大调动了农民创业的积极性。

（五）扶持新型职业农民教育培训的政策越来越全面

各级政府不仅从农村土地改革、改善农村生活、教育培训资金投入、教育培训补贴、创业扶持等多方面出台政策，多方面、全方位扶持新型职业农民教育培训工作，而且在网络方面也彰显政府对新型职业农民教育培训工作的重视。"互联网+"对我国的经济社会及人们的生活产生了全面而又深刻的影响。随着人口红利的逐渐减弱，"互联网+"为中国农村经济发展提出新的思路，其正在重塑中国的农村、农业和农民。随着"互联网+"在"三农"领域的广泛应用，农村资源配置的不断优化，农业组织化程度的不断提高，网络将在农产品生产、流通、销售和服务等多方面发挥重要作用。正是由于各个层面、各个层次的政策向"三农"倾斜，农村基础设施和网络设施得到快速地普及与提高，为农业农村的发展，新型职业农民的培育提供良好的环境。

第三节 我国农村职业教育发展政策的评析

教育政策的制定涉及很多因素，并非所有的教育问题都会转化为教育政策。21世纪以来国家支持乡村振兴人才培育的政策制定注重非跳跃性和连续性，选择重大问题，在一定时期适时制定新的教育政策，由点到面，逐步解决农村职业教育的诸多问题，确立"循序渐进"的国家教育政策发展模式，取得显著的效果。党中央高度重视"三农"问题，21世纪连续出台十多个中央一号文件聚焦并解决"三农"问题。为了振兴乡村，各级政府出台了许多乡村振兴人才培育的相关政策，吸引城镇居民、农民工、大学生向农村回流，培育一支留得住、用得上的新型职业农民队伍引领农村的发展。培育新型职业农民，离不开教育培训，尤其是农村职业教育，通过对21世纪以来乡村振兴人才政策的梳理可以了解新型职业农民培育的政策沿革，发现政策对新型职业农民培育的积极作用和存在的漏洞，以期针对性地提出建议，更好地服务于乡村振兴人才培育工作。

◆ 一、乡村振兴人才培育政策的积极效应

大力培育新型职业农民、全面建立职业农民制度是实施乡村振兴战略的重要举措，是城乡间人才要素双向畅通流动的制度性安排，也是农村基本经营制度的补充完善，有利于培养和造就更多的乡村人才，吸引、留下和储备更多高素质劳动者投身农业，破解乡村振兴面临的人才制约问题。各级各类扶持乡村振兴人才的政策在实施中取得显著的效果离不开各级政府的政策安排，具体而言，乡村振兴人才培育政策的积极效应体现在多个方面，这里主要就相关政策促进新型职业农民培育和返乡创业农民工培训的方面进行阐述。

（一）新型职业农民培育的政策效应全面显现

1. 新型职业农民培育得到广泛重视

新型职业农民培育工作是关乎"四化同步"发展能否实现的系统工程，各级政府做好顶层设计，有利于从整体上把握新型职业农民培育的制度和政策创新，提高政策的针对性和有效性。

随着新型职业农民培育工作的不断开展，各地政府纷纷响应中央号召，扩大培育规模，将为现代农业发展培育大批新型职业农民作为一项重要任务来落实。正是从中央到

地方各级政府连续的、具有层次的、各部门之间相互合作协调的政策出台，为新型职业农民的培育规模不断扩大提供了有效保障。

2. 新型职业农民培育经费持续增长

一方面，国家财政投入的新型职业农民培育的直接经费，即直接用于农民培训的经费持续增长。另一方面，中央财政在涉农专业免学费政策、农民助学金政策、农民培训补贴政策等多方面的间接经费也在持续大幅增长。《关于扩大中等职业教育免学费政策范围进一步完善国家助学金制度的意见》规定："农民学员只要能够完成省级教育行政部门认定的全日制教学计划，均应该享受免学费和助学金政策"；国家制订了"对符合条件的中高等学校毕业生、退役军人、返乡农民工务农创业者给予补助和贷款支持的专门计划"。

3. 新型职业农民培育的制度环境不断完善

为了能顺利培育出一大批新型职业农民，党和各级政府高度重视，不断完善新型职业农民培育的制度环境，完善对新型农业经营主体的金融服务。《中共中央关于制定国民经济和社会发展第十三个五年规划的建议》提出，"农村土地三权分置，深化农村土地制度改革"；要求"建立健全职业农民扶持制度，相关政策向符合条件的职业农民倾斜，鼓励有条件的地方探索职业农民养老保险"。浙江、江苏、四川等各级地方政府也都出台了具有地方特色的、符合本地区发展特色的新型职业农民培育工作的地方性法规。浙江省出台的《关于推进乡村人才振兴的实施意见》要求农民教育培训工作围绕高水平推进乡村振兴人才队伍建设，以培养农村实用人才为重点，按照"分层分类、融入产业、强化培育、以用为本、规范管理、提质增效"的原则，整合培训资源，规范培训管理，创新培训模式，提高资金效益，推进培训品牌建设、跟踪服务和线上培育，打造农民教育培训精品工程，为高水平推进乡村振兴提供人才支撑。这些政策的出台不仅为新型职业农民适度规模经营奠定了基础，提供了资金和政策保障，而且还提高了职业农民的吸引力，为现代农业发展、新农村建设培养了一批具有农业科学知识和实用技能的专业人才。

（二）农民工返乡创业有效推进

1. 农民工返乡创业规模不断扩大

随着农民工返乡创业扶持政策的实施和各地具体措施的出台，越来越多的农民工开始关注返乡创业，希望能够借着政策利好回到家乡干一番事业。农民工返乡创业规模的扩大可以弥补农村有效劳动力不足，壮大新型职业农民队伍。

2. 农民工返乡创业环境不断改善

进入21世纪，返乡创业的农民工增长速度加快，这一现象的出现很大一部分原因是农村创业环境的不断改善，吸引高素质农民工返乡创业，提升了新型职业农民质量。一方面，每年的中央一号文件都关注新型职业农民培育，还提出"乡村振兴计划"，由此可见党和政府建设美丽乡村的决心。各地政府也纷纷制定新型职业农民培育规划，出台美丽乡村建设的具体可操作措施，农村基础环境得到很大的改善。另一方面，各级政府的支农惠农政策的实施使城乡统筹发展速度加快，农村经济呈现更快更好的发展态势，为劳动力回流提供吸纳空间，激励农民工返乡创业的积极性。我国外出农民工整体素质高于留守在农村的农业经营者，返乡农民工的主动加入使新型职业农民队伍质量显著提升。

3. 农民工返乡创业带动就业效应日益凸显

随着各级政府支农惠农优惠政策的实施与完善，农村环境不断改善，吸引了一大批有知识、有技术、有经验的青壮年农民工返乡创办家庭农场、农业企业和合作社等新型农业经营主体。这不仅为乡村振兴计划的实施提供人才保障，而且还带动一大批农民就业，提升农民的整体人力资本水平，实现脱贫致富；此外，还解决了因农村大量青壮年劳动力外流而产生的"三留守"问题，打破城乡分割的局面，实现城乡的有效互动。农民工带着多年打工积累的资金、技术和人脉回乡创业，创造大量的就业岗位，带动乡亲就业增收，脱贫致富，促进家乡经济发展和产业结构升级。

随着返乡创业农民工数量的增多，新型职业农民结构得到优化，越来越多的返乡创业农民工意识到抱团合作的重要性。他们通过信息共享，积极运用新理念、新技术和新装备创办新型农业经营主体，主动对接小农户，带动农民脱贫致富。

4. 农民工返乡创业领域不断融合

随着农村电商的不断完善和农村第一、二、三产业融合发展，新产业新业态新模式不断涌现，新型职业农民不仅包括生产经营型、专业技能型和社会服务型三类，每一类都有低、中、高层次之分，即便是同一类也包括许多不同的职业，例如生产经营型包括种植养殖大户、家庭农场主、农业企业带头人、农业合作社理事长等。因此，支农惠农政策的不断落实，使农村基础设施不断优化、农民规模化经营程度不断提高、农业经营纯收入不断提高，农业领域必将成为农民工返乡创业最有潜力的领域。据报道，返乡农民工创办的企业有80%以上都是新产业、新业态、新模式和产业融合项目。这些企业的出现，让农村能够更好地融入整个国家的发展，城乡之间畅通的信息、物流网络，使农村优质资源和城市消费市场的有效连接成为可能。

返乡创业农民工可以充分利用乡村有利条件进行规模化种植养殖或者创办农业龙头企业，家庭农场、农业合作社等集生产、加工、经营、销售为一体的农村第一、二、三产业融合发展的中小微企业和乡村旅游度假酒店、农家乐、民宿等。

◆〉二、乡村振兴人才培育政策的不足

职业农民是现代农业建设的主体，农业现代化的发展推动了农业劳动主体由传统农民向职业农民的转变，支持农业劳动力转移、农业经营主体发展和农业社会保障体系等政策的出台，为农民职业化提供了外部环境和条件。然而，农民职业化具有其自身的发展规律，需要与本国政治制度、经济状况、自然条件等外部环境协同配合，更需要考虑农业产业具体发展阶段的人力需求和约束条件。

（一）乡村振兴人才政策的精准度和有效性不足

现有的新型职业农民教育政策在组织实施、宏观管理和层次定位等方面都做了比较详细的规定，但具体在哪些方面的支持提及较少，政策精准度不高。如现有的政策未能明确规定新型职业农民在贷款、利息、奖励、社会保障和成果使用等方面的具体优惠；新型职业农民通过培训获得绿色证书也不能与相关生产扶持政策挂钩，农民无法真正感受参训获证带来的政策优惠；也没有出台针对新型职业农民后继人才培养的相关政策。另外，目前我国出台的扶持农民工返乡创业的政策靶向性不强，驱动效应不足。主要表现在以下三方面。

一是有些地方政策比较笼统，内容缺乏调查研究和具体分析，未与本地区经济发展相结合，忽略本地区返乡农民工的群体特点和实际需求，缺乏针对不同对象、不同行业和不同投资规模的企业的具体的实施细则和分类指导标准，扶持政策缺乏可操作性，不能满足返乡农民工有差异性的创业需求，无法激发返乡农民工的创业动机。

二是在政策落实过程中，一些地方重结果轻过程，缺少对返乡创业农民工创业技能培训的监督落实和跟踪问效机制，导致返乡创业农民工创业技能缺失，创业成功率不高。

三是有些地方政府注重落实省市一级粗线条政策文件，缺乏县乡一级专门针对农民工返乡创业的配套文件，政策落实缺少抓手，地方政府未能根据上一级政策制定符合本地区产业特色和返乡农民工需求的具体实施计划，提供相关的创业项目，无形中削减了返乡农民工的创业机会。此外，政策的有效性不足。如2017年国家职业资格证书拥有者仅为7.5%，农民技术人员职称认定者仅为15.5%，新型职业农民中正在接受学历教育的人仅为21.1%。职业农民全面发展的制度体系尚未建立，缺乏严格的资格认证体系，教育培训内容缺乏针对性，培训方式脱离实践，农民主动参与率低，重农业技术轻经营

能力，缺失社会资源广泛参与的机制。

（二）新型职业农民培育工作缺乏有效的监管与考核制度

政策是一个有机体，包括决策、制定、实施与监控等环节，而监控是政策结构系统的最后一个环节，关乎政策系统整体功能的发挥。检验乡村振兴人才培育政策实施的成效离不开政策监督与评估，为了深入推进乡村振兴战略的发展，增强政策执行的监督与评估自然成为题中之义。为此，要进一步健全教育政策执行监督评估的组织机构，健全监督评估制度，将政策监督评估落在实处，贯穿政策执行的全过程。要及时发现与诊断政策执行中出现的"执行失真"问题，及时纠偏，以使政策执行顺利推进。美国学者埃里森认为：在达到政策目标的过程中，政策方案确定的功能只占不到10%，而其余90%则取决于其有效的执行。如果执行不当，那么执行过程中出现政策执行的表面化、偏离、缺损、泛化和附加性就在所难免。然而，长期以来，从我国农村职业教育政策结构来看，监控环节的政策明显缺失，专门针对政策执行及政策效果监督和评价类政策数量较少。主要表现在以下方面。

第一，我国各个地区对新型职业农民培育工作的重视程度不同，发展极不平衡，有些地方甚至出现村干部套取农民补贴、培训经费等现象。这是因为从现有的政策来看，不管是在国家层面还是地方层面都缺乏明晰的监督机制，没有明确的监督主管部门，也没有具体的监管处罚措施，导致政策的执行力度不够，各地执行政策有很大的随意性。

第二，缺乏对地方政府进行新型职业农民培育的考核制度。一些地方的新型职业农民培育工作之所以具有随意性和无序性，与缺乏对地方政府进行新型职业农民培育工作的检查考核制度有关。目前，许多省市还缺乏省、市级对各地方政府新型职业农民培育工作的专项检查和考核制度，在培训机构的建设、培训的组织与管理、资金的使用和管理、师资队伍的建设、教学档案材料的管理等方面，考核制度的缺乏影响了新型职业农民教育培训的质量。

第三，我国扶持新型职业农民发展的政策落实不到位。扶持政策具有规模偏好性，新型农业农民在资金支持、技术指导等方面的需求容易被忽视。

（三）促进乡村振兴人才培育的职业教育培训制度有待完善

农村职业教育政策在受制于农村政治、经济发展的同时也引领农村社会的进步。农村职业教育政策从指向服务政治需要到指向服务经济发展，最终落脚到服务农民的发展，体现农村职业教育政策价值的不断提升。21世纪以来，农村职业教育的发展目标超越了经济功能、政治功能和技术培训功能，赋予了农民现代社会生活的文化知识和能力，更加注重以人为本，追求公平的价值。

我国农村职业教育政策在多年的发展中，逐渐形成了自己独有的特征，并日臻完善。新型职业农民培育是一项涉及多部门的、长期的、复杂的系统工程，基于农村职业教育的农业性、产业性、民生性属性，使其在实际运行中表现为一种"跨界"教育。具体到政策制定和实施层面也表现为"跨界"性，即不仅要求在政策制定时由不同部门协同进行整体规划，而且要求在政策贯彻落实环节也由跨部门协同合作来推进。然而，许多政策尽管在政策文本上是"多部门"联合制定，但是在贯彻落实层面却缺少部门之间的协同合作，致使政策难以产生协同增值效应。如在农村职业教育组织实施过程中，主要由县乡政府、农业、教育、人社、财政、科技等部门按照上级部门培训部署的要求，各自分散决策，分部门、分层次制定计划，分别组织实施培训，但由于培训缺乏统一的目标和规划，培训内容雷同、建设重复；培训中形式主义较为严重，重政绩工程，轻实际社会效益。因此，要使该项工作顺利有效、有序地开展，需要政府部门不断提高认识，做好顶层设计，统筹协调各部门的职责，合理分工。发达国家的实践经验表明，职业农民的培育离不开完善的以政府为主导、农业院校为基地、培训机构为补充的农业教育、科研、推广相结合的职业农民培育体系。另外，就现有的政策而言，新型职业农民作为一种职业，缺乏职业准入制度和职业资格等级证书制度，还未制定出不同类型、不同层次的新型职业农民的岗位标准和岗位晋升制度，新型职业农民接受继续教育的相关配套制度也有待完善。

第四节　乡村振兴人才培育政策的变革取向

◆ 一、明确职能，强化政策与制度建设

（一）出台具有针对性的法规和政策

政府尤其是中央政府和省级政府，在新型职业农民培育中居于顶层设计的主导地位。要有效推动新型职业农民培育工程的实施，必须建立相应的制度与政策，这是解决新型职业农民培育中制度顽症及政策失灵问题的关键。就新型职业农民的职业教育培训而言，需要制定和创新许多相关政策和制度，如涉农企业校企合作制度、贫困农村地区农民职业教育培训援助制度、后继农民培育制度、新型职业农民认定制度等。国内外培育职业农民的实践结果表明，健全的、具有执行力的法规是保障农民职业教育培训开展卓有成效的重要基础。

我国必须结合国情及各区域实际，加快制定新型职业农民培育专门法，省级政府及县市级地方政府，也要制定一些地方性的法规或者管理条例。通过完善的法规，建立新

型职业农民培育的财政引导机制、各利益主体及社会公益组织主动参与职业农民培育的动力机制和激励机制、规范和提升职业农民培育效能的制约机制，以及形成多层次、多形式、多元化的培育新型职业农民的社会服务体系。返乡创业农民工相对于留守农民具有自身的优势，结合返乡创业农民工的兴趣和擅长领域，加强教育培训的针对性、实用性和有效性，将其培育成新型职业农民，培育成当地现代农业的带头人，是乡村振兴计划顺利实施的重要举措。因此，政府作为政策的制定者，需要考虑返乡创业农民工的主体需求，在用地、资金、培训等方面体现差异化帮扶，出台具有靶向性的政策。

首先，返乡创业的农民工年龄集中在20—45岁，占比96.5%，青壮年农民工作为返乡创业农民工主体，其创业意愿强，需要政府在制定创业政策时充分考虑这部分群体的特征。其次，调查结果显示，返乡创业农民工因自身禀赋、社会资本、风险态度、所创企业类型和经营状况不同，对创业扶持政策的需求也体现多元性，其中对创业技能培训、创业项目支持和创业用地优惠等的需求最为迫切，这就需要各级政府根据返乡创业农民工的实际需求，因地制宜、因时制宜地为他们提供最急需的、操作性强的配套扶持政策，通过政策扶持和项目支持农业现代化建设，吸引更多的返乡创业农民工加入新型职业农民队伍，真正实现农民职业化，使其成为名副其实的农业金领阶层。

(二) 建立乡村振兴人才培育制度

第一，要建立新型职业农民准入和认定制度。从事现代农业生产，与其他许多职业一样，要求从业者具有技术性强、社会责任大的特点；与此同时，经营现代农业越来越需要人们有绿色环保、生态经营、安全等现代生产理念，这些都意味着现代农业生产必须由新型职业农民来进行。实施职业农民准入制度，既有利于提高人们对农民职业意义的认识，提高新型职业农民群体的社会地位；又有利于推进现代化农业的发展，从根本上解决农业后继者的培育问题；还有利于为国家对农业实施精准扶持和管理提供依据。

为提高职业农民培训质量，许多国家都建立了严格的认定标准和程序。欧洲各国普遍实行严格的农民职业资格认定制度，规定其必须完成两年以上的农业职业教育与培训。从发展角度来看，我国应该制定专门的促进农民职业教育的培训法规及其他相关的配套制度，从法律上对职业农民教育培训的相关问题进行明确规定，同时对培训主体的市场准入进行规定与规范，为新型职业农民培育提供法律保障。

第二，建立各级各类农民职业教育培训评价制度。建立职业农民职业教育培训评价制度，既是保证培训质量的需要，也是对职业教育培训市场进行有效规范与监控的需要。建立科学的农民职业教育培训评价制度，一是要建立一套科学的农民职业教育培训质量评价指标体系；二是既要重视对培训结果的评价，又要注重对培训过程的评价，要更多地通过受训者满意程度等外部评价来综合衡量培训绩效；三是要建立参与新型职业农民职业教育培训的市场准入规则。这是确保培训质量，提高培训效能的基础工作和前提。

第三，建立农民和农民工培训成本补偿制度。各级政府经常组织开展各种类型的针对新型职业农民培育的农村职业教育培训，甚至用大力气积极推动有关培训工程的实施。但是，为什么这些免费的、对职业技能提升或者素质提高有积极作用的培训，在许多地区、许多时候却不受农民兄弟欢迎呢？主要原因之一在于，农民或者返乡农民工在参加培训过程中，必须承担相应的时间成本与经济成本。所以，要解除农民、返乡农民工参加职业教育培训的后顾之忧，有必要建立相应的培训成本补偿制度。即对于农民或返乡农民工参加培训，各级政府必须给予相应的经济补偿，政府应有专项经费预算。国外早就有农民参加培训，政府进行补偿的做法。总结各地经验，建立健全职业农民扶持制度，相关政策向符合条件的职业农民倾斜。那么，能否从财政支农资金中拨出一部分资金，作为农民、返乡农民工参加培训的补偿工资呢？在国家试图完善，或者未来出台的有关法律中，应对此做出明确规定，从而调动农民、返乡农民工参与职业教育培训的积极性。

第四，建立新型职业农民培训公益反哺制度。在相当长的时期，我国实行的是区别化的城乡发展政策，这实际上是以牺牲农民利益为代价的。今天，我国已经具备工业反哺农业，城市支持农村的条件与环境，因此，国家和各级政府应该通过财政转移支付等多种方式，对参加新型职业农民培训的各类人员进行"反哺"和"支持"；特别是实现"四化同步"发展，促进城乡一体化，既是我国的一项发展战略，也是一项具有伟大公益性的事业。所以，通过财政对农民、返乡农民工进行新型职业农民培训的公益投入是必要的，也体现了工业对农业、城市对农村的反哺。这种反哺目前已经启动，并初见成效，但从未来新型职业农民培育、返乡农民工创业的实现来看，一方面，需要加大财政反哺的力度，另一方面，要将反哺的重点放在新型职业农民培育、返乡农民工创业的培训上。这是我国政府在顶层设计中必须考虑的。

◆ 二、积极宣导，营造乡村振兴人才的成长环境

（一）通过政策宣传提高社会对职业农民的认识

长期以来，农民是身份的象征，是贫困、落后的标志，因而，在我国，农民职业既没有得到广泛认可，也没有应有的地位，更没有多少人尤其是年轻人愿意从事农业工作。所以，在我国农村，孩子读书最直接的动机就是跳出"农门"进"城门"。职业教育发展至今，农科类专业少有人问津，这些都是我国传统的狭隘的观念所致。所以，要培育千千万万现代农业发展需要的新型职业农民，必须通过各种路径做好舆论宣传工

作，使人们逐步认识到，农民已经不再是身份的象征，而是一种职业，而且是大有可为的职业；通过宣传及制度化的规定等，促进企业不仅积极投资现代农业发展，而且主动参与新型职业农民的培育；通过宣传，让更多的非政府社会公益组织或者个人参与新型职业农民的职业教育培训。

（二）通过政策宣传提高农民对政策的认识

农民工返乡创业不仅能够解决城市就业难问题，也为农村经济发展注入强大动力，解决农村闲置劳动力的就业问题，还有助于国家精准扶贫工作的有效推进。因此，加强农民工返乡创业和新型职业农民培育工作的政策宣传，引导农民工树立创业意识，积极返乡创业，壮大新型职业农民队伍是实施乡村振兴计划的重要举措。

借助各种媒体多渠道、多途径、多层次地对农民工返乡创业援助政策进行宣传，营造良好氛围的同时提高返乡农民工对政策的知晓度，改变其就业观念，认识创业，从而提高他们的创业信心和创业积极性。一是向全社会宣传农民工返乡创业对新农村建设、农业现代化发展、农民增收、乡村振兴、缩小城乡和区域差距的重要作用，改变社会对农民工返乡创业的歧视，引导全社会尊重、重视和支持农民工返乡创业；二是通过广泛的舆论宣传、树立创业典型并予以表彰和奖励，改变农村"小富即安"的传统观念，形成返乡创业示范效应，唤起农民工的创业激情和创业动机，培育农民工返乡创业文化，营造"想创业、敢创业、会创业"的良好社会氛围；三是大力宣传和解读农民工返乡创业扶持政策及地区产业政策、产业发展方向、可能的商机和各种创业信息，使广大有创业意愿和动机的返乡农民工充分了解、理解和善于利用各项优惠政策，明确创业方向、降低创业成本。通过政府和社会观念的转变，营造积极的创业氛围，强化返乡农民工创业动机，释放其创业能力，放大政策效应，形成良好的互动局面，有效加快将返乡创业农民工培育成新型职业农民的进程。

政策具有制约规范作用，更具有导向激励作用。要从根本上调动人们，尤其是青年人、返乡务工人员，甚至大学生愿意务农，经营现代农业，成为新型职业农民的积极性，一方面，需要国家和各级地方政府给予积极有力的法律援助和政策支持。这些政策主要包括积极的财政支持政策、有力的土地经营、税收减免和职业教育培训免费政策等。另一方面，要通过积极的政策宣讲，引领农民利用国家政策积极创业，激励农民在新农村建设，现代农业发展上成就事业，形成立志务农、乐于务农的精神状态和良好的心理境界。

要通过对取得成就的职业农民典型案例的宣传等，使更多有志于成为职业农民的人们坚定信心，相信自己作为职业农民同样会有这种获得感，包括经济收益的提高，能够使人们清晰地看到务农不比务工收益低，务农者同样能够成为获取高收益的老板；获得感还包括，使职业农民感到自身社会地位明显提高，具有真正的幸福感、获得感。

◆ 三、强化监督，确保政策的有效执行

目前，我国的农业供给侧改革正处于转型与提升阶段，各级政府要高度重视各级政府之间政策的改革、衔接、落实及相关政策的配套与落实。乡村振兴、农业现代化的发展、新农村建设关键要靠农民，规范农村土地流转、加大农业金融支持、加强涉农创业培训等政策的执行力度，各级相关部门统筹兼顾、协调配合、保障政策有效落实，构建政策叠加的最大红利是保障乡村振兴人才培育工作的有效途径。调查数据显示，各类扶持政策落实力度不一，有些政策容易落实，落实力度大，有些政策落实难度大。例如，金融政策、用地政策和创业培训政策，落实力度就小。因此，各级政府要强化政策的执行，加强监督、追踪与审查，确保各项优惠政策落实到位。例如，针对返乡创业农民工融资难的问题，各级政府可以通过大力发展适合农村和中小企业信贷需求的金融组织机构和融资平台，简化贷款手续，开发小额信贷产品、创新企业融资模式和担保服务模式，为返乡创业农民工提供资金支持；针对返乡创业农民工用地难问题，各级政府可以通过鼓励创业落户、取消户籍限制和扩大城镇医保覆盖范围等方式吸引农民工到小城镇创业，积极探索农村建设用地合法流转机制，鼓励土地向有资金、有技术、会管理的返乡创业农民工流转。

建立监督、检查、管理、反馈机制。为了确保各级政府能落实好相关政策，建立监督检查机制，使农村职业教育或者其他学校涉农专业软硬件条件和学生平均经费都能达到国家规定的标准，同时对于各项经费的使用也要监管到位。针对地区政策不平衡的现象，可以鼓励各地制定差异化政策。例如，就返乡农民工创业而言，劳务输出大省返乡创业农民工是新型职业农民的最主要来源，应该制定针对返乡农民工涉农创业的具体可操作性政策，而东部沿海地区经济发达，很少有返乡农民工，可以制定更具操作性的新型职业农民扶持资助和教育培训的相关政策，促进新型职业农民发展。

随着计算机网络、数据库技术在教育培训管理中的广泛渗透与普遍应用，农民教育培训工作逐步从课堂向网络教学培训转变，新型职业农民可以利用互联网进行咨询、报名、交费、选课、查询、学籍（历）管理、作业与考试管理等。这迫切需要通过建立网络教育培训质量监管、评价体系，从理论、技术、能力等维度，通过多种形式检测、评估教育培训质量。因此，一方面，政府要加强网络教育培训过程的监管，建立网络评价系统，这有助于在各培训主体中形成竞争，督促培训主体提高培训质量，从而提升农民教育培训效果，保障农民"互联网+教育培训"质量；另一方面，应加强对农民网络教育培训经费使用的监管，做到专款专用，保障新生代农民网络教育培训的有序开展，对于促进网络教育培训市场规范、可持续发展具有积极意义。此外，还要建立乡村振兴人才教育培训的跟踪反馈机制，跟踪了解返乡农民工的创业全过程，了解他们的实际需

要，设计一体化的"创业培训—创业孵化—创业实践"扶持政策。各级政府实施农民"创业培训+后续跟踪服务"计划，能为乡村振兴人才提供持续的指导和支持，提供创业前、中、后一条龙服务，进一步优化职业培训扶持政策。

◇ 四、加强统筹，完善和健全政策体系

（一）乡村振兴人才培育的环境支持体系

习近平总书记强调，实施乡村振兴战略，要增加农业农村基础设施建设投入，加快城乡基础设施互联互通。《乡村振兴战略规划（2018—2022年）》明确了新时代农村基础设施建设的主要任务和提档升级的着力方向。当前，实施乡村振兴战略，需要补齐农村基础设施建设的短板，推进城乡基础设施互联互通，着力解决好农村基础设施建设不平衡不充分的矛盾。完善通达的基础设施，是新时代实现乡村振兴、开启城乡融合发展和农业农村现代化建设新局面的必要条件。但是，目前，我国农村基础设施建设相对落后，一方面，农村基础设施供给数量偏少、质量不高，尚未有效支撑起农业强、农村美、农民富的发展需求。农村基础设施不平衡不充分的矛盾较为突出，部分地区更多关注乡村道路、农村电网等生产性基础设施、生活性基础设施及流通性基础设施建设，对农村互联网普及等人文基础设施建设关注相对较少，农民获得感、幸福感有待增强。另一方面，农村基础设施管护机制不健全，工程长期效益尚未得到很好发挥。长期以来，在农村基础设施建设过程中存在重建设轻管理、管护机制不健全、资金使用过程缺乏有效监督等问题，农村基础设施长期运行和效益发挥缺乏足够保障。以乡村道路建设为例，部分前期建成的公路由于标准较低、抗灾能力较弱、安全设施不到位、养护投入严重不足，一些地方已出现"油返砂"现象，工程长期效益尚未得到很好发挥。

各级政府要以城乡融合发展为导向，推动城乡基础设施互联互通。以一盘棋的思维推动城乡基础设施建设的联动，通过共建共享，让基础设施红利成为城乡融合发展的保障条件。首先，要提高城市要素参与农村基础设施建设的主动性、积极性，构建合理的城乡基础设施红利分配机制。其次，要着眼于农业农村优先发展，精准识别农村基础设施建设的短板，对农村基础设施的供给类别进行精准排序，把财政资源向亟须补齐的短板倾斜，实现财政对其优先保障。最后，针对目前我国农村互联网基础设施建设滞后的现状，各级政府应统筹规划，强化农村网络光纤通信基站互联网应用基础设施建设，尽快构建以信息资源、信息网络、信息技术应用、信息技术和产业、信息化人才、信息化政策法规及标准为六要素的国家信息化体系结构，建立市、县、镇、村逐级配套延伸网络，扩大农村网络覆盖范围，打通教育培训信息进入农村的"最后一公里"，畅通农村通信网络，推进互联网进村入户，提高农村的信息化程度。尽快推进网络提速降费的进

程，发展农产品电子商务，构建农产品网络销售体系，完善农村网络消费服务体系，鼓励更多的新生代农民通过互联网接受教育培训、就业创业。针对手机消费门槛低、技术成熟度高、在新生代农民群体中使用较为普及等特点，尽快实现无线网络全覆盖，帮助新生代农民随时随地接受教育培训，提升自身素质。乡村振兴除了要加强基础设施建设硬环境的支持，还要培养一支新型职业农民队伍，实现软环境的支持。各级政府要以县为单位建立农民培训数据库，对农民培训需求进行科学预测，根据农民的实际需求组织培训，构建健全的现代农村职业教育体系。

（二）乡村振兴人才培育的资金支持体系

第一，要加大农村基础设施建设的投入。加大对农村高速公路、用水、用电、用气和通信等配套设施的投入，改善农村投资硬环境滞后的局面，"筑巢引凤"，吸引一批高素质农民工返乡创业，壮大新型职业农民队伍，建立美丽乡村。第二，要加大财政资金支持，设立专项经费，用于改善教育培训设施设备、聘请师资、建立实训基地等。例如，为符合条件的返乡创业农民工积极提供资金、技术和政策倾斜、农业政策性补贴、创业项目补助、社会保险补贴和税费减免优惠政策，简化贷款手续，使其可根据所创企业的规模、性质、类型等申请不同额度贷款支持。在高职涉农专业率先实行免费教育培训，使选择涉农专业的初、高中毕业生及参与全日制学历提升的农民均可以享受免除学费政策，还可以通过助学金和奖学金制度补贴生活开支；定期免费开展针对农民技能提升的短期培训，使参训农民可以享受误工补贴，对按照规定让员工接受继续教育的涉农企业提供低息贷款，提高农民和涉农企业参与教育培训的积极性。第三，要建立政府主导、企业资助、社会参与和个人负担相结合的农民职业培训的多元化融资体系。根据教育成本分担理论中谁受益谁负担的原则，政府在不能完全免费提供培训经费的前提下，要创造条件吸引利益相关者参与返乡创业农民工培训。第四，要给予农民税收优惠支持。通过农民涉农创业前三年减免税收、所创企业获利之前不征收所得税、固定资产加速折旧计税等灵活多样的方式，切实减轻创业农民的税费压力。第五，要完善农村金融体系，拓宽融资渠道。鼓励引导商业银行在农村设立网点，成立村镇银行，创新金融产品，尝试小额度民间信贷，放宽信贷的抵押担保，为农民创业解决融资难问题。通过相关政策倾斜鼓励和吸引社会各界参与关心新型职业农民培育，让更多的社会资本流入农村职业教育，保障农村职业教育健康稳定发展。

（三）乡村振兴人才培育的法律支持体系

乡村振兴人才培育工作离不开政府的政策支持，但是政府政策的有效、及时落实则需要法律体系的保驾护航。我国各级政府出台了很多关于农民工返乡创业和新型职业农民培育的相关政策，但是有些政策实施难度大，难以落地，以致农民工返乡创业依旧困难重重，这与我国缺乏相关的法律支持体系不无关系。纵观世界发达国家职业农民培训经验，无不重视农民教育培训的立法。因此，要顺利实施乡村振兴计划，保障新型职业农民培育工作有序地开展，首先，我们必须尽快出台促进乡村振兴人才培育的相关法律，从立法层面对涉农创业问题进行全面规定，根据农民创业的特点及我国区域经济的差异制定《乡村振兴人才职业培训法》，规定涉农创业在用地、资金、教育培训等方面的具体实施细则，以及所创企业的规模、类型与可享受的相关扶持政策的关系，为其创业成为新型职业农民创造良好的社会环境和法律依据；其次，加快土地流转相关法律的研制，破除农业规模化经营的制度性障碍。

第八章

城市化场景下的乡村振兴之路

第一节　乡村振兴的希望

◆ 一、城市的今天与乡村的明天

（一）当前城乡居民家庭特征

第一，从家庭人口来看，城乡的家庭成员数量都很低，城市人口户均甚至不足三人，农村户均人口虽然比城市人口略多，但相差不大。这表明城乡家庭结构已经趋同，农村劳动力数量出现萎缩的迹象。

第二，受教育程度，城乡之间有差别，农村中大专受教育程度低于城市。

第三，就业方面，在行政、事业和国营企业等国家体制内单位就业的人数，城市也远超农村，而且城市主要为工薪阶层。农村就业依然以从事家庭农业生产为主。但是，从事第二产业（可以看作制造业）的人数，城乡却相差不大，而从事第三产业者，城乡却差距巨大。

第四，收入方面，农村居民的收入远远落后于城镇居民。在城乡居民的收入构成中，现金收入差距不大，表明农村的市场化程度也很高，只是农村的现金可支配收入及人均消费支出远远低于城镇。

通过对城乡家庭状况的对比，可以发现城乡之间的主要差距在于城市的公共服务水平远远高于农村，这体现在户主的受教育程度、城乡居民在国家体制内的就业机会、所从事的职业等差距上。特别是在就业方面，除了第二产业比较接近之外，城乡之间最大的差距在于农村以农业为主（第一产业），而城市则以服务业（第三产业）为主。

因此，让农民脱离农业，转型从事非农职业，获取工资收入，并提升农村的教育水平，是弥合城乡差距的主要方向。这说明农村居民停留在农村，很难改善自身地位。如果要提高农民的非农化水平，则必须提高城市的发展能力，提高城市的人口集聚规模，以及提高城市居民的收入水平。一方面，可以为进城的农村居民提供更多的就业机会；另一方面，也能够扩大城市的消费，从而提高农业的市场化水平。对城市生活方式的羡慕和向往，吸引农民向城市转移，城市的生活方式也是农村居民的追求目标，这反而成为乡村振兴的驱动力。

（二）城乡居民收入差距构成的含义

1. 非农收入差距是城乡居民收入差距的主要原因

从收入上来看，城乡居民之间的收入差距较大，但分析城乡居民收入差距的构成，更能够发现城乡不同发展轨迹的意义。在收入来源的构成上，则体现了城乡收入不同的性质，以及差距产生的原因。

工资性差距是城乡差距的根源。相比于城镇居民的人均收入，农村居民除了家庭经营收入略高以外，其他项目都低，依次排序为财产净收入、转移净收入和工资性收入。

农村居民唯一超过城镇居民的是家庭经营收入，即农村居民传统的农业收入——土地经营的收益。无论城乡，居民的财产性收入（可看作资本性收入）都不高。这表明中国的投资渠道不多，民间缺乏投资动力，对于社会的创新和创业十分不利。而农村居民几乎唯一的资本就是土地，但在"礼治市场"经济的条件下，农村居民的市场权限非常小，导致农村土地难以作为资本抵消农民进城所需的高昂成本。

这种收入结构还有一个耐人寻味的意义，那就是，尽管农民进城大多就职于城市居民不愿做的行业和收入较低的职位，务工收入依然高于农村家庭经营收入。这表明，作为农村最核心资产的土地，如果仅仅按照传统方式进行土地经营，其收入并不乐观。

这也从另一个方面说明，至少从收入水平来说，农村土地的经营收入无法改变农民的弱势地位，如果农民不能离开农村进入城市寻求更多的发展机会，在农村致富的可能性很低。因此，要想提升农村居民收入不外乎从两个方面进行改进，一是提高工资性收入水平，二是增加财产性收入。

2. 农村居民提高非农收入的瓶颈

提高工资性收入，取决于受教育程度、城市户口和国家政策的普适性，但当前，各项政策都对农村居民不利。首先，在教育方面，农村教育落后于城市，短期内提高农村地区学生的受教育水平，还是一个比较艰巨的任务。

至于提高财产性收入，农村更为艰难。从资源的稀缺性而言，随着城市的快速扩展，土地成为稀缺资源。农村的土地如果改变用途，一是受制于国家政策，农民自己没有变更土地用途的权利；二是农民土地如果变成建设用地必须由国家征收，再经过招拍挂的方式投放市场，这导致农民手中的土地无法作为重要的资产，无法获得财产性收入；三是在土地集体所有制的条件下，所获得的土地财产收益很难在集体成员中得到公平处置。当然，土地财产的收益也与地理位置有关，一般而言，大城市近郊的土地升值更快。

由此可见，农村经济发展的希望在城市。而农村城市化却面临着重重阻力，这些阻力主要来自市场经济的不完善，在"礼治市场"的条件下，农民难以获得与城市相同的市场权限。一方面，农民受教育程度无法与城市居民相比，在就业能力上有巨大不足；另一方面，农民进城缺乏财产变现能力，导致他们进城后没有更多的资本改善在城市的处境，增添了他们脱离农村的成本。

◆ 二、乡村振兴之路：现代化的转型

（一）"乡村"振兴还是"农村"再生？

在中国，"乡村"与"农村"一般不加以区分，乡村就是农村，农村也是乡村。在分析"乡村"振兴之前，还是有必要区分"农村"和"乡村"的。

费孝通认为，传统农村是乡土社会，大家自小就熟悉，是个礼俗社会。从经济形态来说，"农"的约束，赋予了"农村"以"农业"为基础的根本属性。因此，对"农村"的理解是传统意义上的乡土社会，中国是一个传统的农业社会，农村构成了中国社会的基础。根据这个理解，可以将"农村"理解为从事农业生产活动的人群聚落，这是以传统礼俗维系，以传统农业生产为经济形态的人类聚居形态。

"乡村"的定义有许多，绝大多数定义都是以"城市"为参照，将"乡村"定义为城市以外的区域，并设定了不同的人口密度标准。从事农业活动并不是"乡村"的必要特征，而自然生态与"乡村性"则成为许多"乡村"定义的主要阐述内容。"农村"偏重于从"农民"的身份认识，"乡村"侧重于从居住形式上区分，因此，居住于"乡村"的居民不一定是从事农业的农民，而居住于"农村"的居民一定是以农业为业。

虽然长期以来，国内对于"农村"与"乡村"并没有严格的界定，很多时候两者可以混用，但这种用法没有考虑到在不同的经济体系中，以及在传统与现代的社会变迁中，"农村"或"乡村"存在不同的意义。

因此，"农村"一词更具有传统含义，是基于乡土社会形态与传统小农经济的理解。而"乡村"则是从现代城乡一体化的角度加以认识，是与"城市"相对应的一种人类生存方式。

传统中国是以农村为主体的社会形态，城市的社会属性与农村相同，只是维系农村乡土社会的政治节点。现代"乡村"则要求与"城市"社会属性相同，通过市场交换而不是通过"朝贡"的形式实现资源的交换。现代乡村与城市只有人口密度的差异，没有

社会形态的差别。现代乡村与城市是经济上分工的不同，乡村有两大职能，一是为城市提供农副产品，二是作为全球自然生态形态的屏障。

从这个意义上说，农村不可能再生，而"乡村"可以振兴。这是因为在农村快速推进城市化的过程中，城市化的变化不仅仅发生在城市，更多的是发生在农村。城市化对农村的冲击，远远大于城市。人们以往只是看到城市的外在风貌发生巨大变化，就认为城市化取得了巨大进展，可城市化根本性的改变在于人们的思维习惯和生活方式的市民化。并且，这也包括农民市民化。因此，在传统的小农框架内，农村不可能再生，必须在城市化的进程中实现乡村的蜕变。

城市化的发展，打破了乡土社会的礼治秩序，促使乡村生活方式向城市看齐。乡土社会的礼治秩序既已打破，乡村的振兴不再可能是重建新的礼治社会，而是在城市化的基础上实现乡村的振兴。

（二）"农村"无法再生

如果对农村振兴进行定义的话，就是传统农村在原有的乡土礼治秩序的基础上再生。传统农村的衰败一般是在天灾人祸的打击下，田园荒芜，收入年成不好，迫使农民背井离乡外出逃荒。一旦逃过荒年，外出的农民又会返回家乡，农村将重新焕发生机。

新时代的农村危机，是在城市化与市场化快速发展的背景下，城乡生活水平和生活方式出现了巨大的落差，农民进城寻找更好的机会，而导致农村人口大规模逃离，出现了传统农村危机。在传统的农业社会观念中，农村居民与城乡居民之间的认识差距不仅仅体现在生活水平、公共服务、医疗与教育的巨大落差上，更多的是对自身身份地位的自卑感。

城市化推动农民义无反顾地冲进城市，寻找在城市立足的各种方法。虽然受到户籍和各种就业标准的限制，但进城的农民再也不愿意回到曾经养育自己的农村，即使是回到家乡，也是炫耀在城市所取得的成就，并模仿城市生活、炫耀在城市的见闻。20世纪90年代第一批进城的农民工，不少人仍然回到故乡养老，而他们的下一代宁可在城市漂荡，也不再愿意回归田园。

于是，农村的空心化日益严重，自给自足的小农经济难以维持。农业生产不得不受市场经济影响。农民的日常生活也以城市标准为参照，传统农村习俗也开始变味，原先具有礼俗内涵的各种农村节庆活动，越来越只具有表演性作用。人民公社的建立使国家政权力量深入穷乡僻壤，冲击了传统农村的宗族自治势力。人民公社解体后，虽然国家权力还能够左右行政村，但宗族势力开始抬头，在国家行政权力和宗族势力的博弈过程中，乡村能人脱颖而出。这些乡村能人在不少地区有可能变成乡村黑恶势力，乡规民约和乡村良俗的约束力日益淡薄。利益纠葛导致农村的传统文化被破坏，宗族礼俗秩序不被认同，城市流行性消费成为农村年轻人的追求目标。此外，对"农民"身份的自卑感，以及现实中农村常常处于行政权力的末梢，更让农村居民对农村传统文化的认同感降低，他们希望追逐城市的流行性消费趋势，紧跟城市现代消费产品的更新换代，以摆脱自身"农村"的烙印。为此，农村发展的首要做法是拆除传统建筑，改建现代化的大屋。其实这是一种文化认同感的危机，是急于摆脱农村身份的一种急切表达。

不仅农村传统文化变味，农村的自然环境也在退化。在一般人印象中，农村生态环境应该比城市好。农村的农业生产，在引入城市的生活方式、引入工业化成果提高产量的同时，并没有学会遵守工业化的规则，也没有学会制定和遵守与城市的生活方式相应的现代行为准则。

农民传统的生产方式也在大规模地改变，各种节省劳动力和提高产量的方法被大规模使用。例如，机械、除草剂、杀虫剂和化肥的大量使用。农民祖传的各种依据大自然的变迁，适时从事各种农事活动的方法逐渐被遗弃。农民的传统智慧完全不能应对城市化和市场化所带来的农业生产需求。

农民现在需要学会生产各种新奇的农产品，这些农产品不是土生土长的，而是农业科技引入的。这些新奇的农产品可能有较大的市场需求，农民不可能不受到诱惑。农村传统的所谓土特产，再也难寻踪迹。传统的一方水土养育一方人观念，在工业化农业冲击下，早已变味。

由于工业化农业的冲击，而且农民并没有学会遵守工业化的法则，对化肥和农药大多是在"差不多"的观念下使用。这种在"模糊"观念指导下的现代农业生产技术推广的结果，就是化肥、农药和除草剂的大量使用。这导致农村土地乃至地下水广泛而全面性的污染，这种农业的污染甚至一点儿不亚于工业工厂的污染。更严重的是，工厂污染是在特定的点，污染的范围小，烈度大。农业的污染是全面性的，治理的难度可能会更大。

在现代市场化的大潮中，由于农业生产季节的特殊性，农产品收获时，产品大规模上市，农产品生长时，农产品普遍缺乏，因此，传统小农必然会在市场中产生无力感。传统农业对农民而言只能保证不挨饿，要想通过农业致富，特别是在财富以货币形式计算时，难度很大。

在以城市化为标志的现代化转型的大背景下，决定了传统框架内的农村不可能振兴。一是从经济形态来说，自给自足的小农经济一去不复返，市场经济已经占据了主导地位，农业也必然以市场为导向从事农业生产活动，以及其他经济活动；二是从社会形态来说，建立在乡土礼治基础上的农村，随着农民进城，以及经过城市文化熏陶的农民工返乡，传统的乡土社会形态不可能重生，只会与城市市场经济文化相适应；三是农村不再是单纯的农业生产者聚居区，而是各种职业的居民混合社区，也就是说居民的结构必将发生根本性的改变。

（三）"乡村"才能振兴

传统农村无法再生，只有现代乡村才能振兴。

农村衰败与整个农业社会转型过程中的征兆是一致的，即传统农业社会无法抗拒市场化与城市化带来的强大物质文明的冲击。我们拥抱了工业化和城市化所带来的物质文明，却抗拒了隐含在物质文明背后的工业化和城市化的法则。农村的衰败，表现的是整个农业社会的衰败，因此在原有的框架体系下不可能实现重生，只能在适应整个城市化的大潮中，才能实现"乡村"的振兴。

也就是说，乡村振兴的希望在于城市化的完成，并通过城市化实现对农村的改造，将"农村"发展为"乡村"。

21世纪初期，国家提出"新农村建设"恰逢出现"刘易斯拐点"迹象。此时全国各地出现了所谓"民工荒"，这表明经过二十多年的改革开放，工业化得到快速推进，农民进城的趋势出现了一个转折点，农村居民向城市转移的现象开始退潮。这并不意味着农村城市化完成，只是意味着农村城市化进入一个新的阶段，就是农民开始在城里买房定居。以往农民进城打工，最终还是要退回到农村，但随着中国经济的快速发展，城市规模迅速扩大，特别是随着改革开放后农村新一代居民的成长，他们只习惯城市的生活，再也无法退回到农村重新开始农村生活。

因此，乡村振兴可能是一个非常漫长的过程。

第一，从二元经济形态转变为完全现代经济形态。根据刘易斯的二元经济理论，中国需要通过发展现代工商业经济，在一个完全的农业社会中培养现代经济元素，经过鸦片战争后一百多年的发展，中国已经实现了以现代经济为主体。但二元经济并未消失，传统农业依然占有较大的比例。虽然近年来，农业生产引入了较多的现代生产技术，但仅仅是个体农民为了减轻劳动强度的一种替代，农业生产方式依然是粗放的，是不属于现代农业生产方式的转变。因此，从二元经济转型为现代经济为核心的一元经济，是实现乡村振兴的前提。

第二，城市公共管理和公共服务体系向农村覆盖。城乡的最大差距在于公共管理和公共服务体系。近年来，城市逐渐完善了公共管理和公共服务的概念，社会保障、基础设施、环境卫生、文化教育等各个领域，基本建立了较为完善的体系。但农村公共服务体系的建立还将有一个较长的过程，而公共管理在宗族社会中，几乎完全依靠行政力量推动。在农村的行政力量和宗族力量相互碰撞中，农村的乡土社会将逐渐向城市社区形态转型。

第三，城乡要素市场的统一。城市化的过程是从乡土社会向城市社会转型，在这一过程中，来自乡村的乡土礼治传统，与城市的市场经济体系混合，形成了具有乡土礼治传统的市场经济，这种形式的市场经济，主要表现为全国一盘棋，市场主体拥有一定的行政级别。行政级别越高，市场等级越高，能够获得的市场政策就越多。一方面，经济发展离不开要素市场的活跃，要素市场的流动性则具有较为典型的行政等级色彩。由于农村处于行政体系的底层，因而农村的要素市场等级最低。这导致农村的土地要素比较容易流向城市。另一方面，由于乡村地区的行政等级最低，获利机会不多，城市的资本要素缺乏向乡村流动的动力。因此，乡村振兴的必要条件就是形成城乡统一市场，尽可能消除乡土社会的礼治传统约束所导致的市场权限与政策的差异。只有实现城乡要素市场的统一，消除市场政策的差异，才能实现城乡要素的对流，推动城市资本流向乡村，从而引导城市市民返回乡村以实现乡村振兴。

第四，城市市民对乡村的改造。乡村的振兴不在于农业的振兴，而是将乡村发展为与城市一样的聚落，乡村社区的居民可以从事农业，也可以从事非农职业。城市与乡村只是居住形式不同，不是生活方式不同。乡村将保留传统文化的符号，如建筑、乡野环境、地方语言等，乡村居民将与城市居民在生活习惯、思维方式、法治意识等方面逐渐趋同，最终只有乡村和城市不同的居住形式，没有城乡二元经济和社会形态。

第二节　乡村振兴，条件与出路

◆ 一、乡村振兴条件

（一）在"礼治市场"条件下要素向城市流动的机制

费孝通在《乡土中国》中指出，中国是一个礼治社会。当中国开启城市化道路之时，市场经济机制开始发挥作用，但传统农耕社会所形成的礼治文化依然发挥巨大的惯性作用。于是，在从传统农业社会向城市市场经济社会转型过程中，形成了独特的既有等级差异，又有市场平等的局面，经济的发展受到礼治传统与市场经济的共同影响，我们可以把这种市场体制称为"礼治市场"。

礼治市场的主要特点就是，"大一统条件下的等级制市场"。"礼治市场"经济规则表现为任何市场要素首先要进行市场体系划分；其次进行等级排比；再次在同一个市场体系内根据等级顺位赋予市场权力；最后根据市场权力的大小进行交易，交易主体平等，可以遵循市场等价交换原则，市场权力不平等则等级低的要对等级高者进行一定形式的补偿才能进行交易。

一般而言，中国城市化规模，是按照"首都—直辖市—沿海开放城市—省会城市—计划单列市—地级市—县级市—县城—镇"的降序级差而产生的差异。不仅是城市规模与此有关，城市的市场权限（即特殊政策的授予）、城市居民的收入、城市居民的自豪感也同样与这种级别有关，因为城市的级别也是人们对于社会身份的参照系。

城市经济要素的集聚效应与城市的级别成正比关系，这种现象是传统礼治城市特征的体现。这不仅仅是因为高级别城市可能获得更多的市场特权，还与中国城市的税收体系有关，也就是税收分成，高级别城市所获得的税收资源大于低级别城市，同时这些税收收入按照礼治的"亲疏"差序格局关系，更多地在高级别城市就近消费。

因此，"礼治市场"从两个方面塑造中国社会特质，一是从社会层面来说，通过对市场权力的等级划分，使得资源向高等级阶层倾斜，社会财富的分配呈现倒金字塔形；二是从社会个体层面来说，价值观的评价是单一线性的，每个社会个体都是追求尽可能高的社会身份排序，从而使得社会构成呈现金字塔形，金字塔形的社会结构与倒金字塔形的财富构成，形成了"礼治市场"社会的菱形结构。

菱形结构除了难以造就一个市场经济条件下的市民群体之外，更主要的是难以将传统农村纳入以市场经济为基础的城市经济范畴，也就是难以实现以城市经济为基础的城乡一体化。而实现以城市经济为基础的城乡一体化，才是中国最终完成城市化的根本标志。

由于乡村处在等级体系的最底层，始终无法获得与城市相称的市场权力。也始终不能确权，这使得现代资本缺乏进入乡村的动机（不能把城市向农村扩展，以及将在农村的土地上建设工厂看作资本下乡，这些不是资本下乡，而是城市增量，资本下乡仅仅是指城市经济对传统农村社区的改造）。近年来，中国形成了一股对海外农业投资的热潮，却没有形成在国内农村投资的趋势，其根本原因就在于农村市场权力的贫困。国内资本宁可赴海外投资农业，也不愿对国内农村进行改造，就是等级制市场造成的。

这是一种按照城市行政级别依次递降的城市化。因此，当前农村出现的空心化现象，也在县城出现。人口日益向高等级的城市集中，而低等级城市会趋向于萧条。特别是对于中西部县城，这种现象会更严重。不仅出现空心村，而且会出现空心镇、空心县。当然，从另一个方面来说，人口的集聚是城市化的必然要义，问题在于由于乡村市场权力的贫乏，使得城市资本无法实现下乡对传统农村改造的目的，其结果就是无法将广阔地域的乡村纳入城市市场经济体系之内，或者说无法将广大乡村纳入城市文明的体系。

可见，由于这种菱形社会与财富分配结构，资源配置不是完全通过市场配置，而是按照行政主导下的市场调节，由于农村处在行政等级的底座，所能获得的市场权限最少，要素的流动只能从底层向高层流动，很少会从高层向底层流动，这是导致城市发展，农村却不能得到同步发展的主要原因。

（二）逆城市化与生产要素的逆向流动

在完全市场经济条件下，交易主体是平等的，当农村人口减少，人均耕地数量大幅度提高时，资本为追逐利益下乡实现对传统农业的改造。资本下乡的主要目的是实现对传统农业的改造，这取决于两个方面，一是乡村具有获取外来资本的动力；二是下乡的资本必须是有别于传统农业资本性质的现代资本。

舒尔茨总结了三种方式：一是传统型的。这就是农业技术状态，以及作为收入流的农业要素偏好与动机长期保持不变。二是现代型。农民会及时使用现代农业生产要素。三是过渡型。在前两者之间存在大量的失衡现象，这种失衡的根源在于农业要素的价格与农业生产率价值相比不平等。大多数传统型农业国家都属于这种过渡型，改革的重点在于建立单独的统一市场，只有通过投资才能改变。

舒尔茨提出对传统农村的改造，重要的是建立城乡统一市场，从命令型经济（如以前的人民公社）转为市场经济型。从这个意义上说，农村城市化除了由于城市的发展，农民被吸收进城，实现农民向现代工业部门转化之外，还包括传统农村、传统农民向现代农业和现代社区转化。这就是农村既要在经济上实现与城市的统一，其居民也必须实现市民化。

舒尔茨提出的资本下乡，不是在传统农业的框架内的资本下乡，而是在建立城乡平等市场关系基础上，在实现完善市场经济条件下的资本下乡，而这可以看作现代农业的转型。资本只是催化剂，关键是促使传统农村的自我转型。所以舒尔茨对改造农村的资本重新进行了解释，特别是对农村的人力资本改造进行了特别说明。他认为在传统农业的框架内，传统农民已经能够在祖祖辈辈的生活基础上做到最优；如果是面向市场经济，那么显然传统农民就无能为力，而必须由经过现代教育体系培养的人才从事现代农业，才可以看作现代农村的人力资本。

这种以宗族聚落关系为主，以小农生产为家庭经营单位的模式，一方面无法形成现代的城市型社区关系，另一方面也阻碍以市场经济为导向的现代农业生产。因此，当前的农村土地流转有两个局限，一是农村土地的流转难以吸引资本下乡，从而很难使现代农业在农村落地生根。二是由于宗族社区关系，农村土地大多只能在村落内部流转，难以向村外流转。当前不少农村以外的资本确实有下乡的冲动，但这些资本或者附着在政权的背后，很容易与农村传统社区产生冲突；或者是与农村当地宗族势力相妥协，带来较大的投资风险。

按照舒尔茨的理论，给予农村与城市平等的市场权力，建立与城市对接的市场经济体系是实现对传统农业改造的前提条件。这就要求资本下乡应该给农村带来两个变化，一是建立与城市相一致的以市场经济为基础的现代农业的生产方式；二是改变农村的社区关系，建立起与城市管理相一致的农村社区形式。因此，资本下乡只是一个催化剂，是催生农村发生变化的外在力量。由于资本的天然逐利性，农村在传统农业的框架下，资本的回报率不高，同时传统农业对于资本的需求也并不强烈。

从20世纪至21世纪新旧世纪之交农村的现象来看，空心村问题是农民走了，农村继续存在。仅仅有城市的发展并不能表明中国实现了城市化的现代转型，但是，中国传统农村不能实现与城市市场经济对接，很难说中国完成了农村城市化的过程。

在全国城市化的高潮之后，不可能将广阔的农村排除在城市化之外，但是农村的改造不能在传统农业的框架内进行，必须与城市化的发展相联系。这就是在中国城市化达到一个临界点的时候，城市必然会出现物理扩张的极限，城市发展的物理边界一定会到来，中国也必然会出现逆城市化现象，这种逆城市化是由现代资本下乡为先导，实现对传统农业及对传统农村的改造，就是将传统农村纳入现代城市的体系，实现传统农业向现代农业转型。

当中国的城市化，导致人口向一个个城市"点"聚集时，绝不可能放弃广阔国土上的农村"面"。农村的"面"，是城市的"点"存在的腹地，而农村的"面"也不可能由传统农业来维持，因此，逐步赋予乡村同等的市场权力，以城市经济改造传统农业经济是中国城市化发展唯一也是必然的选择。

◆ 二、乡村振兴出路

（一）民国时期乡村建设与21世纪新农村建设比较

民国时期，乡村建设运动的主体目的和内容是试图对旧有的农村政治、农业经济和农民素质进行具有一定现代化性质的改造，即在政治上实行乡村自治化和民主化的制度改革；在经济上对农业经济推行企业化和市场化的股份制合作社建设；在文化教育上对农民素质实施知识化和文明化的普及教育，从而显示了一种农村改造的现代性模式。从这些内容来看，乡村建设运动的目标是力图对农村政治、农业经济和农民素质进行全面的改造。

民国时期乡村建设以民间力量为主体，不同的人物根据不同的思路推动了乡村建设运动。晏阳初希望通过乡村的公民教育，推行乡村自治，接轨现代市场经济，将乡村带入现代社会；梁漱溟希望通过恢复传统良俗，引入现代经济成分，实现乡村振兴。

此外，民国时期的乡村建设还有其他模式，例如卢作孚秉承实业救国的思路，希望通过举办乡村实业，改造乡村经济，以企业家的眼光，推动乡村走工业化道路；黄炎培等则希望借助职业教育，着眼于提升乡村人力资源的素质。国民党官方也对乡村建设投入了一定的资源和精力，同样以提升教育为主要内容，并推动"新生活运动"希望改变乡村居民生活面貌，但总有形式大于内容的特点。

改革开放后，出现的"三农"问题是伴随农村城市化而来的，与民国乡村建设的背景相同。因此，进入21世纪以来，开始了一场以"新农村建设"为主题的新的乡村建设，这次乡村建设不再以民间力量为主体，而是实行政府主导的方式。

我国教育科研工作者刘彦随认为，新农村建设的目的"需立足于我国城乡'二元结构'的体制矛盾，以切实解决农村发展中所面临的农业比较效益低下、农村集体经济弱化、村镇环境不断恶化、城乡差距持续拉大等关键问题，以提升农村自我发展能力和统筹城乡协调发展"。新农村建设的方式是："沿海地区重点构建'以工促农、以城带乡'的长效机制，实现城乡经济联动，逐步缩小城乡差别。在市（县）域层次，划定自主型、自助型和扶持型等不同发展能力与水平的农村类型，强化政府对公共资源配置的调控作用，坚持农民在新农村建设的主体性与创新性，引导农民、企业、社会团体积极参与建设规划。"而新农村建设应该"突出体现'三大'理念，即确立土地集约利用的理念、强村富民的理念、城乡整体规划与和谐发展理念。"

比较民国时期和21世纪的乡村建设，可以发现前者为民间主导，后者是政府主导。前者强调乡村地区的平民教育，提升乡村人力资源素质，经济上推动小农经济走市场化与合作化道路，政治上提倡乡村自治，社会改造方面引入公民概念。后者侧重乡村基础设施建设，改善乡村村容村貌，推动城市公共管理体系向乡村覆盖，经济上推动土地流转，引入外来资本，实施农业集约化经营，政治上加强行政化管理。

从乡村建设的效果来看，民国时期新兴的文教医疗卫生等事业的发展缺乏现代工商业经济的支撑，增加了农村经济负担，一定程度上导致农民的抵触。民国时期的乡村建设确实给乡村地区带来一定的变化，但由于政局动荡，城市经济发展缓慢，缺乏可持续的现代经济的支持，致使民国时期的乡村建设成就有限。

民国时期乡村建设本着对乡村苦难的悲悯，面对着乡村衰败会带来对城市发展的巨大威胁，民间有识之士希望为乡村带去现代经济细胞及现代教育体系，带动乡村跟上城市的发展脚步。民国时期的乡村建设，由于城市经济发展程度不高，中国的工业化水平除了上海达到较高程度外，其他城市的现代工业体系完全没有建立，这对于乡村建设的辐射能力非常低下，这是民国时期乡村建设成效不显的根本原因。

21世纪的新农村建设是在工业化与城市化取得较大进展，全球一体化的大背景下展开的，政府拥有较大的经济能力推动乡村基础设施建设，特别是"村村通"的提出与实施，大幅度地将乡村地区的基础设施提升到接近城市的水准。但是，这一波的新农村建设主要关注乡村地区的硬件建设，城乡之间在文化教育、人力资源、乡村政治建设等软件部分依然远远落后于城市。由于城乡要素市场的阻隔，等级市场的约束，乡村地区一直单向对城市输出资金和人才，缺乏城市生产要素向农村的输入。

（二）农民进城条件下的乡村经济

21世纪80年代，中国的乡镇企业曾经为乡村的经济发展发挥了较大的作用，但20世纪90年代以来，乡镇企业普遍步入困境，很难对乡村经济发展继续发挥作用。当初的乡镇企业是为了减少农民进城给城市带来的压力，在人均耕地收入难以保证乡村居民温饱的情况下，希望放开乡村地区发展工业，解决乡村居民的隐性失业。因而，当时有"无农不稳，无工不富，无商不活"的说法。发展乡村经济的目的是在乡村地区创造新的就业机会，在乡村传统和现代化之间找到新的平衡，促使乡村地区基础设施的改善，支持乡村社区经济的发展，提高乡村地区农副产品的附加值，改善乡村社区居民的生活质量。

在农民大量进城的过程中，乡村经济的发展主要可以从乡村地区居民生活方式、就业状况变化，以及由此引发的乡村地区社会结构的调整等方面加以说明。

一般来说，乡村地区的经济发展，传统上以农业为主，即小农经济形态，生产与消费的目的是满足小农家庭自身消费需要，能够向市场提供的农业剩余产品有限，乡村居民如果要获得货币收入，大多要通过非农经营才能实现。因此，传统乡村地区相对较为富裕的家庭，大多拥有手艺或者拥有一定的市场信息资源或人脉资源。总之，农民的货币化收入大多来自非农经营。

这些非农经营不可能有较大的投资和复杂的商业运作。因此，乡村社区本身的经营活动大多是小商小贩、旅游商品销售和餐饮业，以及为城市地区提供档次不高的农副产品和劳务输出等。

长期以来中国实行计划经济体制，个体私营经济的经营活动受到很大的限制，再者国家几乎对所有经济领域都实行准入制度。相对于乡村居民的身份和经济实力而言，大多数的经营准入门槛都较高。农村的经济发展模式相比于城市，还多了一重集体组织。乡村本地的经济活动，凡是有一定规模的，大多是农村集体组织成为核心的经营主体。

"集体"经济是公有制经济运行模式，既不同于股份制企业，也不同于经营个体。作为从事经济活动的主体之一，乡村集体组织在乡村经济发展中扮演着比乡村居民个体更重要的角色。不少乡村居民个体从事的经济活动，是在集体组织的许可或组织下进行的。由于乡村经济发展的要素大多被集体组织垄断，只有那些乡村集体顾及不到，或经济不成规模，又或是集体组织自身的市场经济观念不强的地区，乡村居民个体的经营活动才可能成为市场活动的重要成分。

乡村居民对于陌生的经营活动比较谨慎，他们既缺乏抵抗风险（哪怕是很小的风险）的能力，也没有从事市场经营活动的经验，因此大多数村民还是喜欢从事较为熟悉的传统农业经营，而在传统农业经营中，他们也只是接受了农药化肥等现代技术手段，而对使用这些技术手段的后果却不甚了解。由于农民大量进城，乡村地区的劳动力开始紧张，从事农业家庭经营的多半是中老年农民。因此，他们大量采用化肥替代传统农耕模式的有机肥料（如冬天种植红花草、积肥等）、采用除草剂代替耘禾等田间管理、采用中小农机替代人工等。

农民个体家庭式经营，包括出租与承包农田、水面、山地等生产资料经营等。个体经营的产品基本上是资源型产品，缺乏深加工。产品种类不多，形式单一，档次较低，只能满足乡村地区周边范围的市场需要。农民必须首先保证自身生活需要，在还有余力的条件下，才能为市场提供剩余农副产品及劳务。同时，农民由于缺乏技术指导和市场意识，无法对当地农产品进行品种改良，或根据市场需要引进新品种。这种生产方式，很难满足大规模市场化需要。

在一些乡村地区，也有村集体组织主持的生产经营，具有一定的规模化效应，一定程度上克服了小农经济的弱点，这种经营既有股份制企业的成分，还有村社宗族团体的传统，例如它的分配方式，就带有较为明显的村社宗族色彩；此外，也保留了很浓厚的人民公社管理方式，例如社会事务的管理。

市场经济促使乡村地区的社会结构发生了较大的改变，政府的不少行政政策不得不经由宗族力量推动。但市场化也在消解乡村传统的行政和宗族势力共治的方式，城市生活方式也对乡村居民有强大的示范作用。

农民进城，一些乡村开始荒废，耕地也出现抛荒的趋势。一家一户的乡村居民传统农业经营方式依然是在满足自身消费之外，更多地面向市场生产。集体组织对于乡村经济发展影响力大幅度降低，但由于土地集体所有制依然存在，集体组织对于乡村重大的市场要素流向，如土地的承包、征地与拆迁等依然有较大影响力，一些乡村地区甚至以集体为主实行公司化经营。

（三）逆城市化条件下乡村建设

根据民国时期乡村建设和21世纪的新农村建设成效来看，乡村振兴必须是承接城市化的资源外溢结果，也就是通过逆城市化来实现。传统农业属于无技术增长，因此其边际效用是递减的；现代城市的发展是技术增长，属于非农性质的创新增长。传统农业经济与现代城市经济的货币化程度有较大不同，根据刘易斯的二元经济论，农民进城的终结点在于"刘易斯拐点"的出现，此时，农村劳动力停止向城市转移，城乡（或者说工业部门和传统农业部门）之间的工资水平趋于一致，即由竞争性劳动力市场决定。当"刘易斯拐点"出现，意味着逆城市化的趋势形成。

逆城市化的最终结果是自给自足的传统农业被淘汰，农村部门彻底实现"市场化"和"货币化"。农村实现市场化和货币化的途径是通过农村商品、金融和劳动力等要素市场的效用发挥，实现城乡之间市场连通，这是市场引导下的逆城市化过程。

人口和就业的扩散是多层次的，扩散中蕴含集中。"逆"只是相对大城市而言，对中小城镇又表现出集中趋势。此外，迁入城郊和乡村地区的居民并未返回第一产业，没有改变城市身份和社会职能，仍是城市型的生活方式和价值标准，而且人口性质也未发生改变，改变的只是居住环境。

既然逆城市化是城市生产要素向乡村地区外溢，那么要分析哪些要素在向乡村地区外溢，是什么原因导致城市要素开始向乡村地区外溢。

从城乡双方优势要素来看，乡村地区土地资源丰富，自然环境优越，人口稀少；城市则资金充裕，消费力旺盛，居民受教育程度较高。那么为什么会出现逆城市化现象，从而导致城市要素外溢？

逆城市化，一般的方向包括：一是城市向郊区扩展；二是城市居民向乡村地区移居，形成新的城镇；三是原籍乡村的城市居民，重新返回原籍定居；四是城市资本到乡村地区投资，这就是通常所说的资本下乡。

（四）精心编制乡村发展规划

规划是建设的龙头，规划过程是统筹各方资源、形成共识合力、产生集聚效应、减少和消除盲目投资的过程。我国乡村面广量大，既有城市化程度高低的差异，也有山区、丘陵、平原等形态上的差异，乡村振兴既要考虑整体规划和统筹推进，也要考虑基础和条件差异，根据不同村庄的发展现状、区位条件、资源禀赋等，按照集聚提升、融入城镇、特色保护、搬迁撤并的思路，分类推进乡村振兴，不搞"一刀切"。我们需要根据经济社会发展的实际情况，突出特色，重点规划，因地制宜地发展现代农业和乡村特色产业，优化产业模式，促进一二三产业融合发展，引导投资，聚集各方力量，培育和壮大新型特色产业，推进乡村经济和产业的多元化、生态化；在空间布局上，要顺应村庄发展规律和趋势，区分中心村镇和一般村镇，集中建设具有区域带动作用的中心村镇和不同功能定位的专业村镇，差异化建设基础设施，配置公共服务功能，推动不同村镇联动发展，促进城乡要素平等互换和公共资源均衡配置，形成以工促农、以城带乡、工农互惠、城乡一体的新型工农城乡关系。

（五）建立城乡协同发展机制

乡村振兴要重塑城乡关系，走城乡融合发展之路。城市与乡村是密切联系的统一体，城乡应发挥各自的功能和优势，推动城镇化与乡村振兴战略协同推进。乡村侧重于发挥食品安全、休憩空间、环境涵养、文化传承等功能，城市侧重于发挥经济、社会、文化、创新、交流等中心区功能。推进乡村振兴，当务之急是解决农业农村发展基础薄弱问题，建立城乡协同发展机制，使城乡居民权利平等、机会均等、服务同等，加大乡村地区教育、文化、卫生投入，逐步建立和完善乡村社会保障制度，加大城市的生产要素向农村流动，技术、资本要素与农村的土地要素融合，统筹城乡发展，进一步消除城乡之间的分离和对立；实现城乡服务功能一体化，促进城乡就业、教育、医疗等全方位融合；实现城乡社会进步一体化，全面统筹城乡物质、精神、政治、文化、生态建设。只有坚持城乡平等发展理念，建立城乡合作伙伴关系，才能重塑新型城乡关系，促进要素对流，形成城乡互补共荣的融合发展格局。

（六）培育和发展农村基层党建

乡村振兴离不开组织振兴、人才振兴，实施乡村振兴战略，最根本的要靠各级组织的坚强领导，要发挥农村基层党组织和广大党员的先锋模范作用，基层党组织是促进农村发展、农民增收的坚强堡垒，只有不断地发挥党建的引领作用，才能早日实现乡村经济的持续发展和农民的持续增收。要建立健全党员干部责任落实机制、考核激励机制、党组织带头人选拔机制，保障村集体经济持续健康发展；充分调动农民群众的参与积极性，鼓励青年积极参与农村农业发展事业；重视提升农民参与乡村振兴的能力，积极培育新型经营主体、乡村发展带头人，加大对农村创业就业的支持力度，营造留住人才的良好环境，培育壮大乡村振兴的内生动力。

（七）因地制宜发展特色乡村经济

振兴乡村要寻找符合发展规律与时代主题的经济发展模式，因地制宜，我国地大物博，乡村类型复杂多样，各地应根据自身的社会经济发展情况、风土人情制定适宜的特色乡村经济。特色乡村经济包括特色产业、农家旅游农事体验等。要找到合适的商业模式，立足于产业的发展需求，聚集有效资源，产业化生产，强化顶层设计，配以独特的设计、包装，经过物流运输、广告宣传和市场营销，延长产品的产业链，通过特色产业的发展创立属于自己的特色品牌，形成"一村一品"，提高乡村经济的质量和在国内国际市场上的竞争力，大力开发乡村特色经济是有效解决当地农民就业，增加农民收入，促进乡村振兴的重要途径。

第三节　乡村振兴，宜居与宜业

◆ 一、重建乡村文化生态

（一）"礼治市场"条件下的乡村文化秩序

传统乡村文化生态正在经历完成了市场化和工业化洗礼的城市文明的空前冲击，这种冲击既有城市工业化的强悍力量，更有传统农耕礼治文化自身体系的惯性作用。

在中国传统礼治文化秩序中，有两大特点：一是确立"大一统"体系，即全国必须是一个统一体。在大一统的体系之内，又有许许多多自成一体的大大小小"大一统"体系，也就是俗称的"土围子"，这些土围子可以是一个个宗族性自然村，也可以是城市中的一个个"单位"，甚至可以是根据一定的人际关系要素组成的"朋友圈"。在土围子之间，是排他与平行的关系。每个土围子都要服膺于一个权威，并以此权威为中心，形成土围子内部的"差序格局"。二是"大一统"体系内实行严格而细致的等级排列，这是身份特征，每个大一统内的个体一定会有一个等级身份，人的行为不得逾越自己的等级身份。

因此可以说，中国传统农耕社会的礼治文化秩序就是"大一统"体系下的等级制。这种礼治秩序也可以人格化，即将所有社会事务都纳入大一统体系内的等级排列。梁山英雄排座次，就属于这种礼治文化的反映。

在中国开始市场化改革之后，这种乡土礼治文化会自动对市场经济进行"礼治化"改造，形成了"礼治市场"特征，即在行政管辖范围内，区分不同的等级身份，拥有不同的市场权限。由于乡村地区的等级最低，因而所能得到的市场权限最少。

这种市场不平等，同样体现在城乡不同的文化表现上。由于城市拥有更多的财富，又是政治中心，在以行政级别作为等级身份主要划分标准的礼治传统文化中，乡村的社会地位也较为低下。这是推动农民进城，也是乡村文化解体的主要原因。

因此，在城市化进程中，农耕时代乡土社会的礼治秩序与新兴的城市市场经济秩序相结合，乡村文化对城市物质文化顶礼膜拜，而对城市的法制、契约精神、守秩序等品质却难以接受，甚至将这些城市精神看作对"乡下人"的歧视。同时，城市不仅意味着就业机会多，收入更高，也会提升居民对城市的自豪感，城市的等级身份也是居民个人社会地位评价的参照体系。

这种对社会等级身份的追求，将乡村乃至中小城市的居民吸引过来，却无法让大城市的居民反向往乡村流动。甚至城市居民对城市中心地带的迷恋也与这种身份的认同感有关，人们似乎认为越能居住在市中心，越体现出居民在城市中的身份更高。

这种文化生态配合礼治条件下的市场经济，导致新的乡村文化生态处在混沌之中，既不能延续旧的农耕文化礼治秩序，也无法适应城市市场秩序。

而民国时期的乡村建设主要目的就是重建乡村文化秩序，由此形成两大乡村建设流派，一是晏阳初通过引入公民教育、现代市场化经济建设，意图提升乡村现代性的尝试；二是梁漱溟通过在文化上提升传统文化的自豪感，以抵御西方文化的冲击。但在经济上却要引入工业发展，增加乡村经济，提高农村的经济实力。由于时局动荡，两者在乡村的实验都未能取得实际效果。但他们希望重建乡村文化生态的动机却是一致的，而且他们完全认识到民国乡村社会危机产生的根源就是来自城市市场经济秩序的冲击。

（二）逆城市化条件下的乡村文化生态

乡村文化生态是由传统农耕生活方式创造的，并与乡村自然环境相结合而形成的社会环境。乡村衰落也是乡村文化生态的衰落，而这种文化生态的衰落也是在城市文化的冲击下，乡村转型的迷惘和困境。

乡村振兴只能适应城市化的发展，当中国真正形成了自身特点的城市文化生态，逆城市化就将通过要素向乡村地区的流动实现对乡村的改造，从而使乡村文化生态与城市文化生态融为一体。因此，如果说乡村的衰败是乡村的乡土礼治文化的衰败，那么乡村振兴的目的就是在城乡一体的条件下重新建构乡村文化生态。

民国时期乡村建设主要有两种方式，一是晏阳初模式，二是梁漱溟模式。前者是按照现代城市文明的需要对乡村居民进行改造，后者是希望能够在保留传统礼治文化的基础上引入现代经济，两者的区别主要是如何在市场化的冲击下保留传统文化品质。

这为传统农村地区带来了不可回避的外来力量，就是市场化对农村的影响。作为以农业生产方式为基础的中国传统农村，历来都是自给自足，较少参与市场交易活动，生产的目的主要是满足自身消费需求。在城乡一体化的条件下，农业生产的目的必然也要满足市场需求，而不仅仅是满足自身家庭的需求。

对农村来说，市场化的冲击可以从两个方面体现，首先，表现在农业生产方面，市场化表现为农民尽可能生产可以获得货币化收入的农产品品种，农业生产的安排完全以市场为导向，根据市场需要进行生产；其次，表现在农民消费方面，无论是生产性消费还是生活性消费，农村居民都是通过市场购买所需物品。

市场化的冲击给乡村文化生态带来巨大的观念上的变化，在传统社会中实行的是差序格局，在每个相对独立的乡村"大一统"体系内，个体的社会地位与其出身高度相关；在城市化发展的市场经济秩序中，个体的社会地位与其经济实力密切相关。传统礼治文化生态的"大一统"体系下的等级制，根据个体身份划分等级，转变为市场经济秩序中以金钱为等级划分标准。

因此，梁漱溟的乡村建设希望能够保护乡村文化传统，加强传统文化的自信心，但他也看出传统自然经济在城市的市场经济冲击下完全不堪一击，他赞成引入工业补充传统农业。同时，梁漱溟又不希望传统经济消失，而传统乡村个体小农经济的实力太过弱小，他希望乡村能够发展合作经济。

因此，民国时期乡村建设的主要流派中，突出"经济发展"的卢作孚，提倡复兴传统文化的梁漱溟，以及提出对农村社会进行改造的左翼理论都是从本土文化出发，要求坚持自身的文化传统，引入西方经济形态，并以乡村经济振兴推动传统文化振兴。

民国时期的诸多乡村建设流派中，唯有晏阳初的乡村建设理论明确提出了希望引入公民教育的方式，提升乡村的人力资源，改变乡村的乡土文化生态。这种乡村建设的思路与舒尔茨的改造传统农村的人力资源理论不谋而合。晏阳初的乡村建设理论，可能和他在美国接受现代教育有关。晏阳初不仅引入现代经济经营方式帮助乡村，更重要的是积极引入公民教育，改造传统文化生态。

对城市市场经济条件下的公民文化认同，反而能够促使乡村居民平等对待自身文化生态特点，提升乡村居民在市场经济中的竞争能力，从而提升对传统文化的自信心。

因此，逆城市化条件下的乡村文化生态是由经历过城市文化熏陶，具有城市市民思维方式，生活方式，本质上属于市民的人群，重新在乡村地区所建立的新兴城市文化生态，而这种城市文化生态，将乡村文化生态纳入自身体系当中，最重要的是城乡之间形成了新的市场经济形态下的价值观。在逆城市化条件下，城乡之间仅有生存环境的差异，没有价值观的区别。

◆ 二、村镇之间

（一）城居与村居

乡土社会构成了传统中国的骨架，它多半是聚族而居，一村为一姓，在一地定居往往在百年以上。乡村居民居住较为分散，主要便于就近耕作自己的农田。因此很多自然村的人口并不多。人民公社时期，将多个不同姓氏的自然村合并成立为生产大队，而自然村则是生产队。国家行政权力也进入乡村，打击了乡村宗族自治，从此宗族势力必须借助国家权力才能发挥作用。人民公社解体之后，随着行政权力的放松，生产大队转变为行政村，生产小队则回到自然村的状态，乡村宗族势力也有一定程度的回潮。改革开放后，传统村落开始解体，这种解体是基于乡村居民逃离村落，前往城市定居。

（二）振兴乡村还是再造市镇？

在"乡居"向"城居"的转型中，随着"乡"与"村"的消失，"镇"并没有得到相应的发展，"城市"则快速提升。这实际上依然属于单向的农民进城的过程，还没有出现"市民下乡"的潮流，所以才会导致"镇"的兴起十分缓慢，镇也缺乏独立兴业的条件，工作机会的欠缺也必然影响生活水平的提升。因此，镇依然只能以农业生产为主，这其实只是管理方式与城市接轨，但生产方式和生活方式并没有多大的改变。

真正实现从"乡"到"镇"的本质转变，有赖于"镇"的经济体系脱离农业，转向非农产业。

传统上，中国的镇也是乡间因手工业和商业兴起，经济属性较强，虽然镇的手工业和商业都是服务于当地的农村和农业，但镇往往与县城不同，县城纯粹是政治中心，其产业特征大多围绕县城的政治活动形成。

在计划经济时代，绝大多数的乡镇都被人民公社取代，而在人民公社解体后，公社驻地成为乡镇政府驻地，因此这些乡镇就成为乡镇政治中心，一旦乡镇被撤并，乡镇政府驻地就立即萧条。

随着乡镇企业的崛起，在沿海经济发达地区，乡镇的经济形态开始脱离农业，具有了独立的经济发展能力，而在经济能力得到提升的同时，这些乡镇的人口聚集度也得到提升，因而这些乡镇成为独立的城市市区，有些乡镇逐渐成为新的城市市区。当然，更多的乡镇蜕变为城区，是因为与大城市距离较近，成为大都市房价上涨后，人口迁移到新的定居地。可以说，这些依托大都市，或者依托新兴工业园区开发兴起的小镇，具有现代市镇的特征，脱离了农业和农村的生产与生活方式。

在大多数地区，虽然"乡"的名称越来越少，"镇"的名称越来越多（这意味着对城市的管理方式越来越多），但这些被称为"镇"的地方，经济生活方式并没有完全脱离对农业的依赖。当然从另一个角度来说，这些"镇"的农业可能主要面向市场，而不是以自身消费为主，这可以看作"镇"的城市变迁中的一个重要表现。

在"城"与"村"之间，"镇"起到连接的作用，从城市的角度出发，"镇"能够疏导城市的人口集聚方向，提升城市的生活质量；从乡村的角度来看，"镇"能够集聚乡村人口，为乡村提供新的生活方式，为乡村人口提供农业之外的就业渠道。

在"城"与"村"之间，从城市化与逆城市化的角度来看，人口从城市流向市镇属于"逆城市化"；人口从乡村向市镇集聚属于"城市化"。因此，乡村振兴的重点不在于重建传统农村，而在于再造新的"市镇"。

那么，再造新的"市镇"，要有传统的延续，更有现代城市的本质，再造"镇"是从生活和经济方面推动传统乡镇的转型。

当前，"镇"的转型可以从逆城市化和城市化两方面分析。

从逆城市化的角度来说，"镇"的发展来源于城市的要素流入，包括各种工商业投资、房地产开发等。在中国比较流行的是建立各种园区，这些园区在改革开放初期是以工业园区为主，21世纪初出现了以大学城为标志的新城镇开发，各省都以大学扩招为先导。大学城成为国内发展最快的逆城市化"市镇"，当然大学城所有要素都来自城市，乡村除了贡献土地，基本上没有参与。

与大学城类似的，还有行政中心的搬迁，行政中心搬迁至城市新区，是带动房地产开发的另一种方式，它也能够促进新市镇的发展，当然这都是向城市郊区搬迁，很少远离原来的城市市区。

近年来，国家推行"特色小镇"建设，主要是希望借助文化创意产业开发，通过旅游业带动，全面规划和建设新兴小镇，这是大规模的投资拉动型的小镇开发模式。这种小镇距离城市市区有一定距离，地价较为低廉，很大程度上可以通过特色小镇的旅游项目开发，带动小镇的房地产开发，从而为新兴小镇的建设和兴起提供经济发展的基础。

特色小镇人为规划的痕迹太重，主要是行政主导，是否能够通过市场的检验，还很难下结论，但特色小镇建设能够快速将农业用地转为城市建设用地，一定程度上为市镇的房地产开发创造了条件。

如果说，将城市的人财物引入"市镇"地区，是逆城市化的一种做法，那么将农村的传统村落合并到乡镇地区，形成以"镇居"为主的居住形式，就是城市化进程的表现。农民工进城大多数时候是前往城市就业，一部分农民工在城市中站稳脚跟，定居在城市，还有部分农民工既缺乏技术也没有资本在城市立足，便会返回乡村，但他们接受过城市生活的洗礼，再也不可能回到传统的乡居生活，他们之中的相当多的人愿意在距离自己村庄较近的乡镇购房或建房定居，而传统的村落则慢慢被废弃。

可见"逆城市化"形成的市镇和"城市化"形成的市镇有很大的不同，前者是城市的要素流动所形成的全新城市化生活方式，这种市镇往往距离中心城市较近；后者则是未能在城市站稳脚跟的村民，移居到依然是行政中心的乡镇驻地，这些零散传统乡镇，距离中心城市有一定的距离。前者"小镇"的居民基本上不从事农业，而是在政府财政支持的行政事业单位工作，或者是在开发园区的各类企业工作；后者则可能依然以农业为主，但生活方式开始向城市看齐。

（三）传统村庄的蜕变

住房城乡建设部等部门在《关于开展传统村落调查的通知》中提出，传统村落是指"村落形成较早，拥有较丰富的传统资源，具有一定历史、文化、科学、艺术、社会、经济价值，应予以保护的村落"。当然，这是国家行政部门为了保护现存的，具有一定文物价值的传统村落，所制定的关于传统村落的定义。村落的主要载体是传统建筑，但根据此文件，可知现在的村落由于受到城市化的影响，大多数村落都改建为现代建筑，再也难寻传统建筑的踪影，所以需要对这些传统村落进行保护。

但是，这里所定义的传统村庄，是指具有一定历史，由血缘关系和宗族关系集聚而成的，从事传统农业的人群聚落。从这个定义可以看出，中国绝大多数的村庄还是传统村庄。虽然随着城市化向乡村的渗透，乡村的传统建筑越来越少，乡村地区居民的房屋也基本是完全不同于传统建筑风貌的现代建筑。乡村地区现代建筑为主的事实，并没有改变农村依然是宗族式聚族而居的传统聚落形式。因此，乡村的蜕变，就是传统村落的解体，新的村庄形式出现，就是传统乡村的村委会管理形式被居委会形式取代。

村委会所在的行政村，由多个自然村构成，而自然村是适应农村社会的产物。农村的生产和生活都离不开水源，因此，中国传统村落大多傍水而建。村后一般是迎风面的山丘，可以形成集雨面；山后的雨水从村中绕过，汇入村前的池塘，是盥洗、蓄水防旱、防火、污水自然净化地；池塘附近有水井，是村民的饮用水源。村庄周边是农田，房前有庭院，构成所谓田园景观。当然传统村庄最重要的是祠堂，传统村落基本上是聚族而居，因此，宗族祖先的祠堂必不可少，也是维系乡人的核心礼治建筑。

随着社会经济的快速发展，城镇化进程不断加快，自然村分散居住的格局正在改变。由人民公社解体形成的行政村和自然村结构中，行政村实际上成为中国最低层级的行政末梢，因此自然村中除了外出打工定居城市者外，依然在老家生活的村民，大多向行政村聚居，或者向交通沿线和条件较好的地方集聚，越来越多的自然村由此快速消亡，要么被政府整体搬迁，要么被整体废弃。自然村的减少，行政村、中心村的人口聚集程度开始提升。

随着自然村的消失，人口向中心村或者行政村聚居，原来的宗族关系开始拆散，村落的间巷被具有城市特征的街道改变。村社社会功能受到很大冲击，传统宗族加行政的治理方式难以维持，农村基本秩序日益松散，传统习俗日趋衰落，乡村内在价值面临终结。村民在衣食住行等各方面，都在向城市化靠近。如今每家每户至少有一辆机动车，家电家具添置齐全，在房屋装修上更注重舒适和美观，日常饮食也不会像从前那么节省，每天去菜市场或超市买菜已成为生活习惯，生活方式朝着城市化方向发展。

◆〉三、乡村，宜居与宜业

（一）乡村与农业

随着城市化的快速发展，乡村地区先是年轻劳动力不断涌向城市，继之是整个家庭侨居城市，在城市边缘地带形成了一个个以地域联系或宗族联系为纽带的外地居民聚居区。受长期的礼治地位低下的影响，乡村一直被看成贫穷落后的代名词，农村居民自身也有普遍的自卑心态，即使是在农民的老本行农业耕作方面，面临着现代农业科技的竞争，农民的传统生产也越来越不适应现代市场经济发展对农业的要求。随着青壮年农民的离开，农村出现了传统农业耕作接班人严重不足的问题，乡村的传统也难以延续。当前，许许多多的乡村要么整个村庄被遗弃，要么村中只剩下上了年纪的农民继续守着一块土地耕种，自种自收。若干年后，农村也许将再也找不到会种田的农民，农业生产将完全依靠农业科技人员。

这是乡村变化的最大特征，也就是说乡村不一定以农业生产为特征，以传统农业为基本职业的居民聚落，也可以是与城市相区别的一种居民聚居区。其居民组成的成分与城市一样，但生活环境与城市相对应。乡村的居住密度低，居住环境更优越，是市民的聚落。

相比于乡村，城市具有资本、人才和经济规模，以及由此带来的就业优势。乡村则本应该具备城市无法比拟的环境优势，如空气、水源和土壤的污染程度较小。

然而，在城市化进程中，一方面，乡村农民依然保持旧有的生活习惯和思维方式，并且依然保持传统的粗放式的农业耕作方式；另一方面，却开始采用大量能够提升农产品产量的农药化肥等工业用品。旧的生产方式搭配现代的农业生产用品，虽然对于提升农产品产量有帮助，却恶化了农业生产环境。

农村中虽然还有一些具有丰富经验的传统农民，他们也在谨守传统的耕作方式和方法，但是他们的生产能力，只能满足自身消费的需要，不可能向市场提供哪怕是基本的有机农副产品。

有机产品生产和有机产品消费可能会恢复乡村的环境，但有机产品将会成为高消费的表现，其生产环境不可能在传统农业生产的框架中恢复。城市化完成之时，有机产品将只是新的农业技术的产物，因此，未来乡村的有机生产主体将肯定不是传统农民，而是受过现代农业科技教育或培训的城市居民，或者是农业生产企业。有机生产不再可能是传统农业社会的产物，而是现代工业再造的结果。

从城市化发展方向来看，乡村的未来不是作为农业居民聚落的存在，而是城市居民为追求更为宽松的生活条件，追求更为自由的生活方式，而从城市逆向移民的结果。乡村农业生产的主体也不再是传统农民，而是现代农业工人，或者从城市移居乡村的新市民。

农业市场化是农村改革发展的新目标。

（二）乡村社会重组

《乡土社会》一书中指出中国是一个乡土社会，由传统的礼治维系着乡土社会的秩序。乡土社会的人际关系通过权威、亲属朋友关系维系着合作、互助的关系，这种乡土关系一定程度上具有传统乡村社会的社保性质。

但在城市化进程中，随着乡村原有居民进城，传统乡村社会正在快速解体。以礼治宗法维系的乡村社会也开始发生蜕变，主要原因就在于乡村受到城市生活方式的强大影响，乡村原住民中从事传统农业生产的人员越来越少，更多的村民在城市从事制造业或服务业。他们的生活圈子也不再是传统而封闭的小村庄，而是与城市生活或工作相关的各种朋友圈。

在城市化的冲击下，乡村的重组出现了多种方式。城市化的冲击首先表现在城市将乡村居民吸引到城市定居，导致村庄人口越来越少，不少村庄由此废弃。当村庄人口减少时，乡村的重组便有了条件。一般而言，乡村社区的重组主要是村民向中心村、行政村和乡镇、县城迁移，也就是农村居民由分散的、以宗族关系为纽带的传统村庄向集中的、以地缘关系为特征的城市型乡村社区变迁。

当前的乡村重组主要是乡村居民移民并村，向集镇转移所形成的。这还只是一种单向的城市化现象，尚未出现由城市居民向乡村迁移的现象。由于城乡市场经济地位的不平等，要素依然集中在根据行政级别分等级的城市，因而难以实现以市民下乡和资本下乡为表征的逆城市化。

乡村重组在国内很多地区主要是政府主导，大多是通过政策性引导，将分散居住的农村居民向中心村集中搬迁，形成新的村落。这些新的村落，有不少被政府纳入城镇社区管理体制。

除了政府主导之外，也有市场化的主导方式。市场化方式主要是房地产开发，乡村居民为了提升下一代的教育水平，大多愿意到县城，至少到中心乡镇购房定居，从而组成城镇式乡村社区。这些乡村式新兴小镇联系周围的农村社区，同时也成为县城的卫星城。小镇开始取代乡村社区成为从事农业生产活动的村落聚居区，当然，由于村民的收入来源开始大规模地依靠非农产业，因此小镇虽然依然是农业生产的重地，但居民的主要收入却不一定依赖于农业。由于小镇居住人口较为集中，超过了大多数村庄的规模，因而拥有一定的商业街区、中小学体系（高中只有大型乡镇才有，一般的乡镇没有高中）、卫生医疗站、环境卫生所等公共设施。

社区管理方面，乡村社区也在向城市社区靠拢，城市的公共服务体系也开始向乡村延伸。首先是"村村通"工程，基本上实现了柏油路或者水泥公路直接通往村庄。电力供应基本已经实现乡村全覆盖，但供水工程还没能完全实现。乡村居民积极参与乡村地区公共产品供给。在市场经济理念的引导下，乡村居民承担了部分受益范围较小的乡村公共产品供给责任。新开发居民聚集区的自来水供水和污水处理成本主要由用户负担，政府主要负责水利工程建设的宏观规划和监督检查。

同时，农民也开始实施社会保险制度，当然这种社会保险与城市依然有较大的差距。从政府立场考虑，依然认为土地是农村居民的社会保障，在城市地区的社会保障还没有能力覆盖乡村时，固化乡村地区土地的承包权，并控制土地的市场买卖权，以支持乡村居民有一定的土地保障和社会保障同时发挥作用。

但是，由于缺乏逆城市化的资本流动和市民下乡的填充，乡村社区依然以农村原住民为主，因此，乡村社区与城市社区还有较大的差距。

总体而言，乡村社会在城市的冲击下，开始了类似于城市社区特征的变化，乡土社会的礼治传统开始崩解，但并未完全消失。乡村社区既未能建立起尊重契约关系的社会秩序，同时旧的礼治秩序又开始崩坏，于是乡村社区在这种既不是城市，也不像农村的状态中，显得较为混乱。

参考文献

[1] 冯俊锋.乡村振兴与中国乡村治理 [M].成都：西南财经大学出版社,2017.

[2] 刘年艳.乡村振兴发展路径探索 [M].北京：研究出版社,2017.

[3] 杨春光,孟东军.生态文明与产城一体化的理论与实践 [M].杭州：浙江大学出版社,2017.

[4] 孔祥智.乡村振兴的九个维度 [M].广州：广东人民出版社,2018.

[5] 代改珍.乡村振兴规划与运营 [M].北京：中国旅游出版社,2018.

[6] 杜才富,李大雄,程尚明.助推乡村振兴战略 [M].贵阳：贵州人民出版社,2018.

[7] 王昆,周慧,张纯荣.乡村振兴之路 [M].北京：北京邮电大学出版社,2018.

[8] 黄渊基,邹高峰.文旅融合与乡村振兴 [M].湘潭：湘潭大学出版社,2018.

[9] 王宝升.地域文化与乡村振兴设计 [M].长沙：湖南大学出版社,2018.

[10] 张顺喜.大力实施乡村振兴战略 [M].北京：中国言实出版社,2018.

[11] 蔡竞.产业兴旺与乡村振兴战略研究 [M].成都：四川人民出版社,2018.

[12] 吴维海.新时代乡村振兴战略规划与案例 [M].北京：中国金融出版社,2018.

[13] 白雪秋,聂志红,黄俊立.乡村振兴与中国特色城乡融合发展 [M].北京：国家行政学院出版社,2018.

[14] 乔宏.基于乡村振兴战略的农业园区金融支持研究 [M].长春：吉林大学出版社,2018.

[15] 张禧,毛平,赵晓霞.乡村振兴战略背景下的农村社会发展研究 [M].成都：西南交通大学出版社,2018.

[16] 张天柱.创新乡村振兴发展模式田园综合体发展创建与案例研究 [M].北京：中国科学技术出版社,2018.

[17] 赵皇根,宋炼钢,陈韬.振兴乡村旅游理论与实践 [M].徐州：中国矿业大学出版社,2018.

[18] 王洋.旅游与乡村振兴研究 [M].北京：中国纺织出版社,2018.

[19] 薛志省.乡村振兴的践行者 [M].太原：山西经济出版社,2018.

[20] 李文峰.乡村振兴[M].杭州：浙江人民出版社，2018.

[21] 姜长云.乡村振兴战略[M].北京：中国财政经济出版社，2018.

[22] 孙景淼.乡村振兴战略[M].杭州：浙江人民出版社，2018.

[23] 蒋高明.乡村振兴选择与实践[M].北京：中国科学技术出版社，2019.

[24] 黄郁成.城市化与乡村振兴[M].上海：上海人民出版社，2019.

[25] 刘汉成，夏亚华.乡村振兴战略的理论与实践[M].北京：中国经济出版社，2019.

[26] 杨照东.立足"三农"，推动乡村振兴[M].北京：中国商务出版社，2019.

[27] 黄志友，崔国辉.乡村振兴探索：有机乡村[M].石家庄：河北人民出版社，2019.

[28] 王遂敏.新时期乡村振兴与乡村治理研究[M].北京：中国书籍出版社，2019.

[29] 苟文峰.乡村振兴的理论、政策与实践研究[M].北京：中国经济出版社，2019.

[30] 刘新卫，赵崔莉.乡村振兴视域中的农村土地整治[M].北京：知识产权出版社，2019.